畢士源寺

역주 원시

섭섭(葉燮) 저
이태형 역

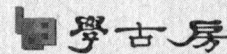

▶ 일러두기

1 이 책은 1999년 상해고적출판사에서 간행한 왕부지(王夫之)가 편찬한 ≪청시화(淸詩話)≫에 실린 ≪原詩≫를 대본으로 하여 역주한 것이다.
2 원문은 앞에 놓았고, 번역문은 뒤에 놓았으며, 주석은 하단에 각주로 처리했다.
3 한자는 필요할 경우 이해를 돕기 위하여 넣었으며, 운문(韻文)은 원문을 병기하였다.
4 원문에 시의 일부가 인용되었을 경우, 해당 시 전체를 찾아 번역문 주석에 밝혔으며, 인용된 구절은 밑줄을 그어 표시하였다.
5 모든 용어는 쉽게 풀어 번역하는 것을 원칙으로 하였고, 현대 일반인에게 별 장애가 없는 한자어는 그대로 사용하였다.
6 본문 원문에 사용된 고리점, 물음표, 느낌표, 반점, 모점, 가운뎃점, 쌍반점, 쌍점, 따옴표, 어미괄호, 서명부호, 고유명사부호의 12종은 중국식 표점부호를 사용하였다. 이 책에서 사용한 부호는 다음과 같다.
   ( ) : 번역문과 음이 같은 한자를 묶는다.
   " " : " "안의 재인용 또는 강조문구를 묶는다.
   ' ' : ' '안의 재인용, 짧게 인용된 단구나 단어를 묶는다.
   ≪ ≫ : 책명이나 각주의 전거(典據)를 묶는다.
   〈 〉 : 책의 편명이나 운문·산문 제목을 묶는다.
   ___ : 인명(人名), 지명(地名) 등 고유명사를 나타내는 데 쓴다.

▶ 원시 서문 1 / 林雲銘

    고서에서는 용운(用韻)을 많이 썼는데 시도 그러했다. 시가 뛰어나거나 졸박한 기준은 모두 리(理)를 이기는데 있다. 후세에 와서 용운으로 시를 쓰는 것을 표준으로 삼아서, 용운으로 문장을 짓는 것은 불필요하다고 여겼다. 또한 시 구절 가운데 비교적 뛰어나거나 졸박한 것의 기준을, 마침내 체식(體式)과 성조(聲調)에 한정하여 판별하였다. 역대이래로 자기의 뜻을 펴서 시를 짓는 전통이 끊어지고 대략 옛것을 높이고, 지금의 것을 천시하는 풍조를 따른지가 오래되었다. 이렇게 된 것은 모두 시의 근원을 보지 못했기 때문이다. 훌륭하신 섭섭 선생은 시문의 종주로 ≪원시≫ 내·외편 4권을 지었는데, 바로 고금의 시 짓는 본령을 탐구하여 후세에 각 시의 유파를 논하는 병폐를 통쾌하게 일소했다. 병인년 9월에 섭섭 선생이 나를 자신의 초당으로 불러서 이 책을 보여 주었는데, 날이 다하도록 무릎을 대고 재촉하며 암송했다.

    나는 일어나서 감탄하며 "지금 사람들이 시를 논함에 서로 옳고 그름을 다투면 끝이 나지 않았는데, 이는 마치 제나라 사람이 우물물을 마시려고 서로 머리채를 잡는 것과 같았다. 이 책을 얻어 보면 바야흐로 시의 정론이 있게 되겠구나!"라고 말했다. 내가 어릴 적에 기록해두고 아직까지 ≪南華經≫와 ≪楞嚴經≫을 읽지 못했다. 매번 나는 우주에는 반드시 하나의 큰 원리가 있을 것이라고 생각했다. 경전에 보지 못했기 때문에 의문으로 여겼다. 이 두 책을 얻어 읽고 나니 황홀해졌다. 하지만 나는 우둔하여 큰 원리를 알지 못했다. 섭섭은 이 책에서 20여년 동안 흉중에서 헤아린 법도를 모두 토해내고자 했다. 토해낼 수 없는 말은 한 번 맛을 보면 금새 익숙해질 것이고, 자신도 모르는 사이에 박수를 치면서 쾌재를 부를 것이다. 이는 옛물건을 얻는 것과 같아서 비록 한마디 말을 더 보태서 얻을 수 없을 것이다. 옛사람의 시의 원리와 우주에 존재하는 모든 원리를 꼭 배울 필요는 없다. 섭섭의 ≪원시≫내·외편 4권도 원시 우주에 반드시 있는 원리라고 할 수 없고, 또한 서로 꾀할 수도 없다. 이처럼 시를 짓는 원리 역시 시를 논하는 원리인 것이다.

천백년간 시의 원리를 이해한 사람을 해질 무렵에 우연히 만났다. 진안(晉安)에서 같이 공부했던 동생 임운명(林雲銘)이 서문을 쓰다.

▶ 원시 서문 2 / 沈珩

　시는 당대부터 이후 명대에 이르기까지 있어 왔다. 6, 700년간 뛰어난 재능을 가져서 스스로 기뻐서 힘과 능력이 위로 〈風騷〉에 도달한 사람이 아니면, 감히 탁월하게 올라서고 나아갈 수 없었다. 또한 치우쳐 편벽된 곳으로 나아갔다. 남은 자식들이 혹은 붙이고 떨어져서 일어났지만 수없이 일컬어지지는 않았다. 원가(元嘉)에서 당에 이르는 400여년간, 붓과 종이를 잡고 견줄만한 자가 없었다. 또한 당이 융성해지자 당시의 작가들이 우열을 논하는 틈에, 대략 종주가 우뚝섰다고 일컬었다. 집안의 문을 얻어 당의 깊은 곳에서 여의주를 찾은 학자는 당대 몇 사람에 불과했다. 그 엄격함이 이와 같았다. 이 때문에 반드시 전문가인 스승을 우두머리로 삼아 입으로 전해져 마음으로 받아들였다. 시가 있기 때문에 시를 논하는 사람이 존재했는데 이 말이 틀리다면, 비록 시를 잘 짓는 대가라 할지라도 숭상하지 않았을 것이다. 오직 그것을 삼가지 않을 수 없었기 때문에 시가 존재했다. 그렇지 않았다면 손에서 사성이 어지럽고, 붓으로 5자나 7자를 두루 섭렵하면 모두 시인이 되었을 것이다. 점점 작게 말을 엮고 꿰매 그 무리들은 갑자기 서로 국색이라 자부하여 집안의 천리마 및 다른 사람의 벽옥이 되어 시가 망하게 되었다. 시가 망하게 되자 오히려 시는 더 만연했다. 잘못된 것을 따르고 유파를 드높이고, 세상과 영합하여 남을 속이며, 음란함에 젖어 들어가는 것이 그치지 않았다. 세상의 도를 쫓는 사람들이 어찌 근심하지 않았겠는가!

근심은 시에만 있는 것은 아니었다. 자고이래로 이른바 대가의 학설이라고 일컫는 것들이 흩어져서 드물게 보인다. 한 가지와 한 마디만 항상 있을 뿐이었다. 여태까지 그것을 식별된 적은 없었다. 종합하여 일가의 말로 만들고, 그 미혹됨을 부수고 그 깨달음을 열었으니, 촉도로 가는 길이 가파르고 험준한 길임을 알지 못하니 어찌 기이하지 않겠는가? 그리하여 절구질한 양식을 수레에 싣고 몰고가서 바꾸려고 생각했다. 섭섭 선생의 그 재능은 온 세상에 휘날렸고 또 수많은 시인들을 몰아서 내달리게 했다.

섭섭의 ≪원시≫를 읽으면 풍격은 진실로 대가의 종주처럼 전해진다. 칼날이나 창끝과 같이 예리하여 식별하여 끊었고 골짜기는 텅 비고 그윽함에 이르렀으니 바야흐로 두보·한유·소식을 삼군자라고 할 만하다. 이내 다시 배우는 자들이 음란함에 빠지는 것을 매우 걱정해서 내가 이를 가로막고자 ≪원시≫내·외편을 짓게 되었다. 내편은 종지를 나타낸 것이고, 외편은 자유롭게 넓리 변별해 놓은 것이다. 시로써 시를 말한 것이 아니다. 무릇 천지간에는 해, 달, 구름, 사물 그리고 산천과 같은 것들이 움직여서 씻기고, 규룡(虯龍)이 깊숙한 곳에서 변하며 족제비와 다람쥐가 슬프게 울부짖기 때문에 신기하다. 황제, 왕, 패, 충신, 현자, 지조있는 자 그리고 호협자를 밝혀 놓았기 때문에 오히려 숭상을 받는다. 귀신은 서로 감응하여 통하게 되는데, 사랑하고 싫어하며 좋고 헐뜯는 것들을 그 틀 속에서 분명히 밝혀 놓았기 때문이다. 조목에서 저 실마리를 인용하고, 저 가는 까끄라기를 모방하여 그렸다. 시의 정변과 많은 시론가들이 주장한고 있는 논지의 득실을 균형잡아. 말 한마디 한마디가 마치 천둥과 벼락 치는 소리가 잠을 깨우는 것과 같으니, 정밀하고도 신기하도다! 그 무늬가 대나무 우리에 만 가지 모양으로 출몰하여 변화했다. 옛날 ≪南華經≫이나 ≪淮南鴻烈≫ 등의 경전에 미치어 세상 사물을 바라보는 여러 학자들이 일가를 이룬 말은 옳지만 오직 이것만은 그렇지가 않다.

　만약 흉금의 인품과 도량으로 표준을 삼아 말한다면, 특별히 옛사람의 심지가 숨어있는 것은 아니고, 시를 천고에 비교해보면, 조정은 나라의 선비를 얻을 수 있고, 교유하던 기운의 무리들 중에 호걸지사와 크고 어진 선비를 얻을 수 있다. 먼지 티끌같은 속세 밖에서 큰사람이 나고, 뛰어나고 빼어난 기인을 얻을 수 있다. 섭섭 선생의 학술저서가 있는데 어찌 작다고 할 수 있겠는가! 선생의 이 책을 읽으면 옛사람들이 시의 종지를 엄격하게 논했음을 알 수 있다. 작자와 더불어 엮어 있는 시의 뜻을 삼가 신중하게 풀었다. 시가 망하게 되기도 했고, 시가 존재하여 세상 사람들이 음란함에 빠져서 그 거리가 멀어지게 되었다. 세상의 도와 사람의 마음은 연결되어 있는데 안타깝도다! 저 대가가 기꺼이 마음에서 얻어 쌓은 것을 듣지 못하고, 배움을 쫓는 자들은 수레에 묶어 실어 떠나보냈다. 섭섭 선생은 여전히 수레의 채찍을 왼쪽 가슴에 가난함을 빌려 숨기고, 다만 시가 음란함에 빠지는 것을 구원하였으니, 이 흉금의 인품과 도량이 얼마나 대단한가!

　강희(康熙) 병인(丙寅)년 겨울 10월 년통(年通) 가문을 모시는 해영(海寧)에서 심형(沈珩)이 절하고 이 글을 짓다.

▶ 원시 서문 3 / 沈楙憙

    시가 있어온 이래로 한 시대의 사람들은 시를 모두 구했다. 옛사람들의 시가운데 기운, 풍격, 성률, 수사, 편장, 자구를 취했다. 한마디 한마디를 갈고 닦아 모방하였으나 그 성정이 조금도 녹아들지 않았다. 아마 이전처럼 밝게 한 적이 없었을 것이다. 청말 민초 여러 노학자들은 오히려 옛것을 답습하는 경우가 많았는데, 오직 섭섭 선생만 홀로 일어나서 ≪원시≫내·외편을 지어 고금의 시가 성쇠하고 정변한다는 학설을 깨부수었다. 리·사·정이 무엇인지 극력 분명하게 밝히지 못하는 것을, 반드시 자신이 가지고 있는 흉금으로 풀려고 했고, 다만 여러시 중에서 구하려는 노력을 그치지는 않았다. 이후에 시를 배우는 사람들은 도리어 여러 성정에서 학술을 추구하였다. 시에 대해 말하지 말라고 하는 사람들은, 시를 말할 수 없는 사람이라고 여기는 것이 옳다. 대략 위로는 옛사람과 더불어 어두운 것이 합쳐지고, 아래로는 책임질 염려가 없는 사람들의 마음이 가득 담아지기를 바랄 뿐이다.

    계묘(癸卯)년 겨울 오강(吳江)에서 심무덕(沈楙憙) 쓰다.

▶ 역자 서문

　무릇 시화는 문학비평의 한 양식으로 작가 자신의 논점을 서술함에 있어 다분히 추상적인 측면이 강하다. 따라서 시학이론에 사용된 언어 또한 주관적이고 추상적이어서 그것을 정확히 우리말로 풀어내는데 어려움이 따른다. 난해한 시어들과 함께 함축적인 표현과 많은 전문 비평용어들로 인해 우리말로 옮기기가 결코 만만하지가 않았음을 고백한다.

　그동안 국내에서는 섭섭의 ≪원시(原詩)≫는 김해명 교수의 ≪섭섭시론연구≫(연세대 박사학위논문, 1989년)로 대표되는 연구성과 외에 몇 편의 논문뿐이라 활발한 연구가 되지 않았다. 역자가 알고 있기로 현재 국내에서 완역된 중국시학비평서로는 ≪시품(詩品)≫, ≪창랑시화(滄浪詩話)≫, ≪시수(詩藪)≫세 종 밖에 없다.

　섭섭의 이 책은 육기의 ≪문부≫, 종영의 ≪시품≫, 유협의 ≪문심조룡≫, 사공도의 ≪이십사시품≫, 엄우의 ≪창랑시화≫등을 계승하여 나름대로 체계화시킨 종합적인 문학이론비평서이다. 섭섭이 관직에서 쫓겨나서 고향인 횡산으로 돌아와 10여 년간 관련 자료를 모으고 심혈을 기울여 지은 책으로 중국고전시가의 원리를 깊이있게 파헤친 매우 중요한 가치를 지니고 있다. 어떤 이는 청대 왕부지와 더불어 청대 시학의 대표주자로 일컫기도 한다. 최근에 와서 이 책은 더욱 중국시론 연구가들의 관심을 끌고 있다. 하지만 아직까지 완역되지 않은 것을 안타까워하고 번역에 착수하게 되었다.

　이 책의 번역함에 있어 몇 가지 원칙을 나열하면 다음과 같다.
　첫째, 원문의 표점방식은 중국에서 쓰고 있는 12종 문장부호를 사용했다.

둘째, 원문의 편장과 조칙을 그대로 하지 않고, 대신 독자들의 호흡에 맞게끔 역자 나름대로 편장과 조칙을 짧게 나누어 원문과 번역문을 대조해가며 읽을 수 있게 편집했다.

셋째, 주석은 최대한 상세하게 달려고 노력했고, 본문에서 한자가 필요할 경우 이해를 돕기 위하여 한글로 병기하였다. 아울러 지명, 인명, 고유명사 등에 대해서 한자로 쓰는 것을 최대한 자제하여 가독성을 높였다.

넷째, 번역은 전체적으로 축자역 방식을 취하였고, 때로는 번역이 거친 부분도 있을 터인데, 이는 원문의 뜻을 그대로 살리기 위해서 최대한 윤색을 가하지 않았다.

또한 이 책의 판본으로는 ≪明代叢書≫本, ≪淸詩話≫本, 霍松林의 ≪原詩校注≫本(인민문학출판사, 1979년)이 있는데, 역자는 왕부지가 편찬한 ≪淸詩話≫를 대본으로 삼았고, 霍松林의 ≪原詩校注≫를 간간히 참고하였으며, 백승규의 ≪섭섭원시역주≫(한국외대 석사학위논문, 2004년)를 많이 참고하였음을 미리 밝혀두는 바이다.

최선을 다해 꼼꼼히 빠뜨리지 않고 역주하려고 노력했으나, 아직 공부가 많이 모자라고 우둔하여 오류와 누수가 많을 것이다. 아무쪼록 강호제현의 많은 질책과 가르침이 있기를 기대한다. 끝으로 난해한 부분을 해결해주신 김종태 선생님께 감사하고, 어려운 출판환경 속에서도 흔쾌히 출판을 허락해주신 학고방 하운근 사장님께 다시한번 고마움을 전한다.

2012년 12월 북산한을 바라보며……

▶ 간략 해제

무릇 시학(詩學)이란 시론과 시평을 포함하는 시에 관한 제반 정신활동, 즉 작시와 그것을 통해 나타나는 시정신, 그것이 반영되는 시작품의 창조 과정이나 시 작품에 대한 논평 등을 뜻한다. 시학의 자료로는 시화, 잡록, 문집에서 찾아볼 수 있는 시를 논의한 문장 등이다.

먼저 작자에 대해 간단히 살펴보면, 섭섭(葉燮)의 字는 星期이고, 1627에 태어나서 1703년에 죽었다. 嘉善(현재 절강성 가선) 사람이다. 康熙帝때 진사가 되었고 벼슬이 寶應 知縣에 이르렀으나 탄핵을 받아 고향으로 돌아왔다. 돌아와 吳縣의 橫山에 살았다. 그래서 사람들이 그를 횡산 선생이라고 불렀다. 저서로는 ≪已畦集≫ 30권이 있다. 같은 군의 汪琬은 고문의 창작으로 명성이 자자했는데, 섭섭은 그의 문장 10편을 뽑아 상세히 분석하고 비평을 가하여 ≪汪文摘謬≫라고 이름지어 그 글 속에서 매우 뛰어난 분석능력을 발휘하였다. 그의 시학은 주로 ≪원시≫에 나타나 있다. 이 책은 총 4권으로 구성되어 앞에 심무덕(沈楙悳)의 서문이 있으며 내편과 외편 각 상하로 구분되어 있다. 내편은 시론의 종지를, 외편은 박변을 펴놓았고 육조시대 문학비평서 ≪文心彫龍≫과 비교할 만큼 높이 평가된다. 청대 문학비평가 왕사정은 "고금을 한 데 녹여 일가를 이루었다."라고 하였는데 실로 지나친 칭찬이 아닐 듯 싶다.

청대 섭섭의 ≪원시≫는 시가의 창작 원리를 과학적이고 체계적으로 밝힌 시학비평서라고 할 수 있다. 이 책에 담긴 주요 시학이론에 대해 요약하면 다음과 같다. 그는 역사적 관점에서 시학의 발전을 고찰하고 창작과정 중의 문제들을 깊이있게 탐구하고 이론에서 새로운 경지를 이룩했다. 그는 문학의 발전을 자연의 운행과정으로 이해했다. 그는 ≪시경≫에서 비롯하여 지금에 이르기까지 시가는 발전해왔으며 상하 삼천년 동안 시의 바탕과 무늬, 체재, 성조, 사구의 변화기복이 서로 같지는 않지만 요컨대 시에는 源이 있으면 반드시 流가 있고, 本이 있으면 반드시 末이 있다고 주장했다. 이러한 중국 고전시가의 진화론적 관점은 각 단계의 문학창작은 모두 그 존재의 이유가 있으면 문학발전의 내재적 법칙에 의해 그렇게 된 것이라고 보았다. 이것이 그의 시가이론의 핵심이라 할 수 있다. 문학은 시대의 발전에 따라 진화하기 때문에 여기에는 계승도 있고 또 발전의 관계도 있다고 주장했다. 예컨대 당시가 고묘하지만 송시도 나름대로의 성취가 있는데, 후대사람들은 당시만을 숭상하고, 송시를 낮게 평가하는 것은 온당하지 않은 편견이라고 보았다. 역사진화론에 입각한 문학발전관으로, '貴古賤今' 사상을 강하게 비판한 것이다. 이러한 견해는 공안파의 학설을 수용하고 계승한 것이기는 하지만 오직 성령을 펴는 것만을 강조하여 주관적인 느낌을 중시했기 때문에 이론이 편파적이라는 평가를 받아 전파될 수 없었다.

한편 청대 섭섭은 주관과 객관의 통일에 착안하여 이 두 가지가 포함하는 여러 가지 중요한 요소에 대해 '理', '事', '情' 세 가지 요소를 도입하여 상세하고도 설득력 있게 분석했다. 그는 객관 사물의 이 세 가지 요소를 시가의 반영 대상으로, 시인이 이 세 가지를 얻어 자연스런 법이 세워지게 된다고 말했다. 그런데 어떠한 사물도 모두가 대립, 통일하고 변화무쌍한 것이므로 시가를 창작하는 데 있어서는 활법을 사용하여야 한다. 그리고 이 활법을 사용하여 변화무쌍한 시가의 표현수법을 동원하는 것은 시인이 가지고 있는 장인정신의 변화에 달려 있다고 보았다.

아울러 그는 선험적인 법(法)을 반대했다. 그는 시가운데 일종의 만병통치약 같은 것은 존재하지 않는다고 보았지만 그렇다고 시가 창작에서 법의 문제를 결코 가벼이 보지는 않았다. 그는 객관 사물을 반영한다는 관점에서 '定位'와 '虛名'이라는 두 개념을 가지고와서 법을 개괄해 내었다. 이것은 시가가 지닌 미학 특징을 견지하면서 그것만을 고집하며 변화를 추구하지 않는 창작방법에 대해 비판하기 위해서였다.

또한 그는 시인의 수준은 '재(才)', '담(膽)', '식(識)', '력(力)' 네 조건에 의해서 결정된다고 주장했다. 섭섭은 이 네 가지의 중요성에 대해 예를 들어 상세하게 분석하고 있다. 특히 이 중에서 '識'을 가장 중요시했다. '식'은 구체적 사물의 '리', '사', '정'에서는 관찰을 가리키고, 객관 세계에 대한 분석과 비판, 식별, 취사선택의 능력을 가리킨다. 시학 원리의 탐구라는 측면에서 보면 이는 식견을 가리키는데 사상 수준의 고하 문제이다. 외계사물을 관찰함에 道 또한 ≪大學≫의 '格物'에서 시작되는 것과 같다. 이렇게 해야 식견을 높일 수 있고 견해도 향상시킬 수 있다. 견해가 고양되면 '膽'역시 장대해지고 '才'도 밖으로 드러나서 이에 '力'에 도달하게 된다. '력'은 시인의 창조력을 가리킨다. 섭섭은 創新을 중시하여 일대의 시풍을 열 수 있는 사람들을 자세히 논하고 있는데, 당시에서는 두보를, 송시에서는 소식을 가장 높이 칭송했다.

또 그는 시가 창작이론에 대해 진일보한 주장을 하기도 하였다. '리', '사', '정'으로부터 그것들을 총괄하여 유지하고 조목지어 꿰는 것은 '기(氣)'라고 주장했다. 기는 일반적으로 유물론자들이 주장하는 물질 본체를 가리키는 개념인데, 그는 그것이 리, 사, 정의 근본이라고 주장했다. 또한 주관적 측면에서 그가 강조한 것은 '흉금(胸襟)'이다. 시인의 주관적 포부를 가리키는 것으로 이것은 '재', '담',

'식', '력'으로부터 결정되는 것이다. 흉금은 후천적인 각종 조건으로부터 형성될 수 있다.

그의 시가이론이 이전 시기보다 뛰어나다고 할 수 있는 것은, 당시 대부분 서정시를 설명할 때 주관에만 편중되었던 결점에서 벗어나서 이론을 유물주의의 기초위에서 형이상학적 형상사유의 비평 방식을 채용한 약간의 변증법적인 요소를 지니고 있었기 때문이다. 이처럼 섭섭은 이전시기 비평가들이 대부분 '시로써 시를 논하는 방식(以詩爲詩)'의 한계를 초극하고 시인의 독창적인 주관과 객관의 요소를 상세히 분석하여 스스로 체계적이고 논리적인 시가이론을 정립하였다.

비록 청대 섭섭은 지위가 낮아 같은 시대 문학평론가 심덕잠(沈德潛), 왕사정(王士禎), 원매(袁枚)에 비해 훨씬 명성이 미지지 못했지만, 그의 새로운 시가이론은 청대 당시 쇠퇴한 시풍을 일으키는 데 어느 정도 역할을 해내었다고 볼 수 있다.

▶목 차

원시 서문 ··· iv

역자 서문 ··· x

간략 해제 ··· xii

본문

    1. 내편(상) ·· 17

    2. 내편(하) ·· 101

    3. 외편(상) ·· 161

    4. 외편(하) ·· 235

찾아보기 ··· 299

1 내편(상)

▶ **1-01**

詩始於 ≪三百篇≫, 而規模體具於漢。自是而魏, 而六朝, 三唐、歷宋、元、明, 以至昭代, 上下三千餘年間, 詩之質文、體裁、格律、聲調、辭句, 遞嬗升降不同。

시는 ≪시경≫[1])에서 시작하였으나 그 규모와 틀은 한대에 와서야 비로소 본격적으로 갖추어졌다. 이때부터 위·육조·당·송·원·명을 거쳐 지금 청초에 이르기까지 위 아래로 삼천 여 년간 시의 문질, 체재[2]), 격률, 성조, 사구 등이 번갈아가며 기복을 겪으면서 다르게 변화했다.

▶ **1-02**

而要之, 詩有源必有流, 有本必達末。又有因流而溯源, 循

---

1) ≪삼백편(三百篇)≫: ≪시경(詩經)≫은 처음에 '경(經)'이란 칭호 없이 시(詩)라고만 불렸는데, 때로는 대략적인 작품의 숫자를 들어 ≪시삼백(詩三百)≫이라고도 불렸다. 총305편이나 개략적으로 삼백편이라고 일컬어진다. ≪시경≫은 중국에서 가장 오래된 시가집으로서 중국 운문문학의 출발 혹은 나아가 중국문학 자체의 출발을 이룬다. ≪시경≫은 西周초엽(BC1122년경)부터 春秋시대 중기(BC570년경)에 이르는 약 500년 동안에 나왔던 시가들을 〈國風〉, 〈小雅〉, 〈大雅〉, 〈頌〉으로 나누어 수록하고 있다. 여기에 수록된 네 부류의 시가들은 각 제후국에서 유행했던 민가의 가사, 왕의 직할지에서 유행했던 시가, 왕실의 연회나 의식에서 쓰였던 시가, 종묘의 제사에 불리던 노래의 가사 등이다. ≪시경≫은 전통적으로 孔子에 의해 편집되었다고 생각되어 왔으나 수록된 시가들의 내력이나 편집자, 편집 시기 등은 정확하지 않다.
2) 체재(體裁): 시의 체재와 형식을 합쳐서 부르는 말이다.

末以返本。其學無窮，其理日出。乃知詩之爲道，未有一日不相續相禪而或息者也。

요컨대 시는 원천이 있으면 반드시 지류가 있고, 근본이 있으면 반드시 끝이 있다. 또한 지류에 의해 원천을 소급하고 끝을 따라서 근본으로 돌아가는 것이다. 따라서 그 배움은 끝이 없고, 그 이치는 날로 싹트는 것이다. 이를 통해 시의 도는 일찍이 하루라도 연이어지지 않거나 간혹이라도 멈춘 적이 없었음을 알 수 있다.

1-03

但就一時而論，有盛必有衰。綜千古而論，則盛而必至於衰，又必自衰而復盛。非在前者之必居於盛，後者之必居於衰也。

다만 어느 한 시기를 두고 논한다면 흥성함이 있으면 반드시 쇠함이 있기 마련이다. 천년이라는 긴긴 시간을 총론하면 흥성하다가 반드시 쇠함에 이르게 마련이고. 또 쇠함으로부터 다시 성하게 된다. 앞이라고 해서 반드시 흥성하는 것은 아니며 뒤라고 해서 반드시 쇠하는 것도 아니다.

1-04

乃近代論詩者，則曰：≪三百篇≫尙矣。五言必建安、黃初，其餘諸體，必唐之初、盛而後可。非是者，必斥焉。如明李夢陽不讀唐以後書。李攀龍謂"唐無古詩"，又謂"陳子昂以其古詩爲古詩，弗取也。"

근대의 시를 논하는 사람들은 "≪시경≫을 거슬러 올라간 고전이며, 오언시는 반드시 건안3), 황초시기의 것이어야 하고, 그 이외의 여러 시체는 반드시 초당, 성당이어야 하며 그러한 연후에야 괜찮다. 이와 같지 않은 것은 반드시 배척해야 한다."라고 말했다. 예를 들어 명대의 이몽양4)은 당대 이후의 글을 읽지 않았고, 이반룡5)은 "당대에는 고시6)가 없다."라고 말했다. 또한 "진자앙7)이 그

---

3) 건안(建安): 한말(漢末) 헌제(獻帝)의 연호인데, 그동안 민간으로 전해오던 5언시나 악부시 등이 이때에 와서 문인들에 의하여 채용되기 시작하면서 공식적으로 문단에 오르는 계기를 마련하게 되었다. 이를 바탕으로 5언시 등은 충분한 성숙을 보게 되었으며, 이로써 건안문학은 자연히 시가 중심이 되었다. 당시에 중국은 정치적으로 분열과 동요의 소용돌이에 휘말여 대단히 불안한 상태에 처해 있었다. 건안시기의 작가들은 이러한 혼란 속에서 생활하는 대중들의 모습을 여실히 묘사해 나갔기 때문에 그들의 작품은 "강개하면서도 처량하다(慷慨悲凉)"는 특징을 가지고 있다. 당시의 문단은 주로 삼조(三曹)라 불리는 조조(曹操)·조비(曹丕)·조식(曹植) 3부자(父子)와 건안칠자(建安七子)에 의하여 영도되었다.

4) 이몽양(李夢陽): 생졸년은 1475~1529, 중국 명대 시인으로 자는 헌길(獻吉), 호는 공동(空同). 山西省 경양위(慶陽衛)의 군인가문 출신이다. 할아버지가 도박으로 가산의 대부분을 탕진해 집안이 매우 가난했다. 1494년에 진사(進士) 시험에 합격했고, 1498년에 북경에 들어가 이동양(李東陽)을 비롯한 시인·작가 들을 사귀었다. 이들 가운데 후세에 당시의 '7재자'(七才子)로 추앙되는 문학가들이 나오게 되었는데, 그들은 왕구사(王九思: 1468~1551)·변공(邊貢: 1476~1532)·서정경(徐禎卿: 1479~1511)·하경명(何景明: 1483~1521)·왕정상(王廷相: 1474~1544)·강해(康海: 1475~1541)·이몽양 등이었다. 이몽양은 왕양명(王陽明)과 친분이 두터웠으며, 그외에도 다른 많은 작가들과도 교우하면서 그들에게 깊은 문학적 영향을 주었다. 이몽양은 의고파(擬古派)의 주요 인물이 되어 옛 작가들을 모방할 것을 주장했는데, 문(文)은 진대(秦代)·한대(漢代)의 것을 본받고 시(詩)는 반드시 성당(盛唐)을 본받으라고 했다. 저서로는 ≪공동선생집(空同先生集)≫이 있다.

5) 이반룡(李攀龍): 자는 우린(于鱗). 호 창명(滄溟). 산동성 歷城에서 출생했다. 이몽양(李夢陽)·하경명(何景明)을 떠받들었으며, 이·하를 중심으로 하는 전칠자(前七子)의 '복고설(復古說)'을 계승했다. 왕세정(王世貞)·사진(謝榛)·서중행(徐中行)·양유예(梁有譽) 등과 더불어 '고문사설(古文辭說)'을 제창, 진(秦)·한(漢) 나라의 고문(古文)을 모범으로 삼고, 한·위(魏)·성당(盛唐)의 시의 격조를 중시하였으며, 송(宋)·원(元) 나라의 시를 배척하고, 이백(李白)·두보(杜甫)를 추앙하며, 원진(元稹)·백낙천(白樂天)을 배격하였다. 저서에는 ≪李滄溟先生全集≫(30권), ≪古今詩刪≫(34권)이 있다.

6) 고시(古詩): 중국의 시체(詩體)로 고체시(古體詩)라고도 한다. 오언고시(五言

고시를 고시로 삼았다고 생각하여 취하지 않는다."라고 말하였다.

▶ 1-05

自若輩之論出, 天下從而和之, 推爲詩家正宗, 家絃而戶習。習之旣久, 乃有起而掊之, 矯而反之者, 誠是也。然又往往溺於偏畸之私說。其說勝, 則出乎陳腐而入乎頗僻, 不勝, 則兩敝。而詩道遂淪而不可救。

이들의 시학이론이 나온 이후로 세상 사람들은 그것을 쫓아 화답하였으며, 시가의 정종으로 추대하여 집집마다 노래하고 암송하며 익혔다. 그것을 배운 지가 오래되자, 이미 세상의 이치란 일어나면 엎어지고 바로잡으면 뒤집히는 것이 진실로 그러하다. 그러나 또 종종 편벽한 사설에 치우치기도 한다. 그 사설이 나으면 진부함에서 벗어났지만 편벽함으로 들어갔고, 만약 그 사설이 낫지 않

古詩) · 칠언고시(七言古詩) 등이 있다. 고시라는 말은 육조시대(六朝時代)에, 그 시대 이전의 고대의 시라는 뜻으로, 주로 한대(漢代)의 시를 가리켰다. 당대(唐代)에 이르러 근체시(近體詩)가 일어난 이후부터는 근체시에 대한 고대의 시, 즉 태고 때부터 수대(隋代)에 이르는 모든 시를 뜻하게 되었다. 그러나 근체시 성립 이전의 시라도 ≪악부체(樂府體)≫의 것은 고시에 포함시키지 않는다. 또 근체시 성립 이후의 것이라도 근체시의 법식에 따르지 않고 그 이전의 시의 체식(體式)에 따라서 지은 것은 고시라고 한다.

7) 진자앙(陳子昻): 생졸년은 661~702, 자는 백옥(伯玉), 재주(梓州) 사홍(射洪: 지금의 四川省 일대) 사람이다. 그의 시는 육조시대의 나약하고 화려한 시풍을 일소하고 한(漢) · 위(魏) 시대의 힘찬 풍격을 드높였다. 〈감우시(感遇詩)〉38수는 조정의 폐단을 비판하고 변방의 군인과 백성들의 고통을 반영했으며, 재능은 있으면서도 인정받지 못하는 자신의 비애감을 나타냈다. 내용이 드넓고 풍격이 호탕하여 당시(唐詩) 혁신의 선구적인 작품이 되었다. 〈등유주대가(登幽州臺歌)〉는 고금을 살펴보고 깊은 울분을 표현했으며 비분강개하는 정조가 드러나 역대로 전송되고 있다. 그의 산문 또한 육조시대 변려체(駢儷體)의 기풍을 개혁했는데, 질박하고 고아한 언어구사는 후대의 고문운동에 영향을 주었다. ≪陳伯玉集≫이 있다. 또한 그는 초당 시단(詩壇)을 대표한 네 시인으로써, 이들은 왕발(王勃) · 양형(楊炯) · 노조린(盧照鄰) · 낙빈왕(駱賓王)에 대표주자였다.

으면 둘 다 피폐해져 시의 이치는 끝내 잠겨 구할 수 없게 된다.

▶ 1-06

由稱詩之人, 才短力弱, 識又曚焉而不知所衷, 旣不能知詩之源流、本末、正變、盛衰, 互爲循環。並不能辨古今作者之心思、才力、深淺、高下、長短, 孰爲沿爲革, 孰爲因爲創, 孰爲流弊而衰, 孰爲救衰而盛, 一一剖析而縷分之, 兼綜而條貫之。

시인이라고 할 만한 사람도 재능이 부족하고 힘이 미약한데 식견도 몽매하여, 마음에서 우러나오는 바를 알지 못하였다. 이로 말미암아 시의 원류, 본말8), 정변, 성쇠가 서로 순환한다는 것을 알지 못할 뿐만 아니라 고금 작가의 사고, 재능, 힘의 깊고 얕음, 높고 낮음, 장점과 단점을 분별할 수 없었다. 무엇을 이어받고 바꿀 것인지! 무엇이 창조이고 인습인지! 무엇이 폐단으로 흘러 쇠하게 되고, 무엇이 쇠함에서 다시 흥성함을 구할 것인지! 이것을 낱낱이 분석하여 하나 하나 구분하고 다시 종합하여 합리적으로 하나로 꿰어야 한다.

▶ 1-07

徒自詡矜張, 爲郛廓隔膜之談, 以欺人而自欺也。於是百喙爭鳴, 互自標榜, 膠固一偏, 剿獵成說。後生小子, 耳食者多, 是非淆而性情汨。不能不三歎於風雅之日衰也!

자못 자기자랑과 뜬구름 잡는 식의 이야기를 하는 것은 남을 속이

---

8) 본말(本末): 鍾嶸의 ≪典論·論文≫에 "문장은 근본은 같으나 말단이 다르다.(文本同而末異)"라고 되어 있다.

고 자신을 속이는 것이다. 그런데 저마다 소리 높이며 서로 자신을 내세웠으며, 한쪽 편으로만 의견이 치우쳤고 기존의 학설을 표절하여 자신의 것으로 삼았다. 후세 사람들은 이것을 그대로 받아들여 옳고 그름이 뒤섞이고 성정이 어지럽혀 졌으니, 시가 날로 쇠퇴함을 재삼 탄식하지 않을 수 없다.

▶ 1-08

蓋自有天地以來, 古今世運氣數, 遞變遷以相禪。古云 : "天道十年一變。" 此理也, 亦勢也, 無事無物不然。寧獨詩之一道, 膠固不變乎?

대개 천지가 생긴 이래로 고금 세상의 운수9)와 길흉화복10)은 번갈아 변천하면서 이어져왔다. 옛말에 이르길 "천도는 십 년에 한 번 변한다."라고 했다. 이는 하나의 이치이며 또한 추세라고 할 수 있다. 어떤 사물도 그렇지 않은 것이 없는데 어찌 오직 시의 도만이 고착되어 변하지 않겠는가?

▶ 1-09

今就 ≪三百篇≫言之 : 風有正風, 有變風。雅有正雅, 有變雅。風雅已不能不由正而變, 吾夫子亦不能存正而刪變也。則後此爲風雅之流者, 其不能伸正而詘變也明矣。

지금 ≪시경≫에 대해 말하더라도 풍11)에는 정풍이 있고 변풍12)

---

9) 세운(世運): 세상의 운세를 말한다. 世는 세상, 세대, 시대를 뜻한다.
10) 기수(氣數): 기의 운수를 말한다. 기는 기풍, 풍조 등을 뜻한다.
11) 풍(風) : 이는 풍화와 풍자를 말한다. ≪시삼백편(詩三白篇)≫의 15「국풍(國風)」은 비교적 폭넓게 백성들의 생활과 감정과 바람을 나타내므로, 기본적으로 백성들의 노래이며, 지역적인 특징을 갖고 있다. 또한 아(雅)와 송(頌)과는 지방악가(地方樂歌)와 조정악가(朝廷樂歌)로 구별된다.

이 있으며, 아[13])에는 정아가 있고 변아[14])가 있다. 풍아[15])는 이미 정으로부터 변하지 않을 수 없고, 공자도 또한 '정'을 보존하자 '변'을 없앨 수 없었다. 이후로 풍아의 흐름은 정을 펼치고 변을 굽혀서는 안 되는 것이었음이 분명하다.

▶ 1-10

<u>漢蘇、李始創爲五言，其時又有亡名氏之十九首，皆因乎 ≪三百篇≫者也。然不可謂卽無異於 ≪三百篇≫，而實蘇、李創之也。建安、黃初之詩，因於蘇、李與〈十九首〉者也。</u>

한대 소무[16])와 이릉[17])은 처음으로 오언시를 만들었고, 그때에는

---

12) 변풍(變風): ≪시경≫의 시체의 하나인 풍의 일종, 세상이나 시대의 변한 추세를 이름.
13) 아(雅) : 아래의 문장으로 보건대, '아(雅)'는 '바름(正)'으로, 왕정(王政)의 흥폐를 논한 것이다. 양계초(梁啓超)의 『석사시명의(釋四時名義)』의 고증에 따르면, "대아와 소아가 합해진 음악은 당시 정성(正聲)이라고 불렀다. …… '아(雅)'와 '하(夏)'는 옛날 같은 글자로 쓸 수 있었다. …… 아음(雅音)은 하음(夏音)으로 중원의 정성(正聲)을 말한 것이다(大小雅合の音樂, 當時謂之正聲. …… '雅'與'夏'古字相通, …… 雅音卽夏音, 猶言中原正聲云爾)" 이 서(序)의 아래 문장 중 "아(雅)는 바름(正)이다"라고 말한 것으로 보아, 아(雅)는 정성(正聲)이란 의미에서 인신되어 나온 것일 수 있다. 주(周)왕조 공경(公卿), 사대부(士大夫)의 노래는 모두 아(雅) 시 속에 포함되어있다.
14) 변풍, 변아(變風、變雅) : 변(變)은 아래의 문장 '사태가 변하게 되다(達於事變)'의 변화를 말하는 것으로, 세상이 쇠한 기운을 맞아 정교(政敎)와 기강(紀綱)이 크게 무너졌음을 의미한다. 〈국풍〉 가운데 〈패풍(邶風)〉 이하의 13풍이 변풍(變風)에 해당한다. 그러나 그중 〈빈풍(豳風)〉은 서주(西周)초기 주공(周公)이 동쪽으로 정벌하던 일을 적었다. 또한 〈대아(大雅)〉에서는 〈민로(民勞)〉 이후의 시, 〈소아(小雅)〉에서는 〈유월(六月)〉 이후의 시가 변아(變雅)이다. 그러나 그 가운데 좋은 정치를 찬양한 것도 있다. 마서진(馬瑞辰)의 경우, 정(正)과 변(變)은 정치적 가르침의 득실 여하에 따라 나누었을 뿐, 시간에 따라 나눈 것은 아니라고 여겼다.
15) 풍아(風雅): 시경의 15국풍의 시와 〈小雅〉와 〈大雅〉의 시를 통칭하는 말이다.
16) 소무(蘇武): 생졸년은 ?-B.C60, 西漢시대의 이름난 신하로 字는 子卿이다. 杜

무명씨의 〈고시십구수〉18)도 있었는데 모두 ≪시경≫에서 연유한 것이다. 그렇지만 오언시는 ≪시경≫과 같다고 할 수 없으며, 실제로 소무와 이릉이 새롭게 지은 것이라고 할 수 있다. 건안 황초 시기의 시는 소무와 이릉 및 〈고시십구수〉에서 연유한 것이다.

▶ 1-11

然〈十九首〉止自言其情。建安、黃初之詩, 乃有獻酬、紀行、頌德諸體。遂開後世種種應酬等類; 則因而實爲創。此變之始也。
그러나 〈고시십구수〉는 단지 그 감정만을 읊었다. 건안, 한초시기의 시에 와서야 헌수, 기행, 송덕과 같은 시체가 있었고, 마침내 후세의 여러 응수 등과 같은 문체를 계도하였으니, 이는 〈고시십구수〉에서 비롯되었으나 실제로는 창작한 것과 다름이 없었다. 이것이 바로 변화의 시작이다.

陵(지금의 陝西 西安 동쪽) 사람이다. ≪文選≫에 그의 시 〈雜詩〉4수가 실려 있다.
17) 이릉(李陵): 생졸년은 (?-B.C74), 西漢시대 사람으로 이름난 신하로 자는 少卿이고, 隴西 成紀(지금의 甘肅 秦安) 사람이다. 전한의 무장. 자는 少卿. 이광의 손. 무제 때 흉노와 싸우다 패하고 흉노에게 투항하여 그곳에서 20년을 지내다가 병사했다. ≪文選≫에 그의 시 〈答蘇武書〉1수와 〈雜詩〉 3수가 실려있다.
18) 〈고시십구수(古詩十九首)〉: 중국 양(梁) 나라 때의 고전인 ≪문선(文選)≫에 실린, 오언 고시(五言古詩) 19수. 후한(後漢) 때에 지어진 시들로 지은이를 알 수 없으며 인간의 보편적인 정서, 곧 이별의 슬픔이나 불우한 처지에 대한 강개(慷慨), 인생의 덧없음에 대한 비탄 따위를 노래하였다. 후대의 시에 많은 영향을 끼쳤다. 서한 시기에 형성되기 시작한 민간의 5언시와 악부에 기초를 두고 중국문학사상 획기적인 전환점을 마련하면서 탄생한 고시십구수는 양나라 소명태자 소통이 ≪문선(文選)≫ 권29 〈잡시(雜詩)〉 상(上)에 이를 고시19수라는 제목으로 수록하면서 그것의 작자를 무명씨로 하고 제작연대를 미상으로 한데 기인하여 그 후에 여러 학자들이 이를 규명하기 위하여 많은 학설을 내세웠으나 아직도 정론을 얻지 못하고 있다.

1-12

≪三百篇≫一變而爲<u>蘇李</u>, 再變而爲<u>建安</u>、<u>黃初</u>、<u>建安</u>、<u>黃初</u>之詩, 大約敦厚而渾樸, 中正而達情。一變而爲晉, 如<u>陸機</u>之纏綿鋪麗, <u>左思</u>之卓犖磅礡, 各不同也。其間屢變而爲<u>鮑照</u>之逸俊, <u>謝靈運</u>之警秀, <u>陶潛</u>之澹遠。

≪시경≫이 한 번 변하여 소무와 이릉이 되었고, 다시 변하여 건안과 황초가 되었다. 건안, 황초시기의 시는 대개 돈후하면서 질박하고 치우치지 않고 바르며 감정을 제대로 다 토로하였다. 다시 한 번 변하여 진에 이르면, 육기[19]가 길게 이어서 아름답게 펼쳐내는 것과 좌사의 탁월한 기세로 각각 서로 달라졌다. 그 사이에 여러 차례 변하여 포조[20]의 준일, 사령운[21]의 정련되고 함의가 뛰

---

19) 육기(陸機): 260~303. 자는 士衡이다. 동생 육운과 더불어 '二陸'이라고 칭해진다. 조식 이후 제일인자로 동생과 함께 진나라에서 벼슬하였다. 화려한 문장을 썼다. 주요 저서로는 ≪文賦≫, ≪陸士衡集≫등이 있다. ≪文賦≫는 중국 문학이론발전사에서 체계적인 창작론을 최초로 제시하여 후세 문학창작과 이론발전에 큰 영향을 끼쳤다.

20) 포조(鮑照): 생졸년은 420~479, 중국 남조(南朝) 송(宋)의 문학가로 자는 명원(明遠). 동해(東海 : 지금의 江蘇省 連雲港市 일대) 사람이다. 출신이 미천하여 벼슬길에 어려움이 많았다. 참군직(參軍職)을 지내서 포참군으로도 불린다. 그의 악부시(樂府詩)는 가사가 아름답고 풍격이 빼어나며, 특히 7언 악부시는 이후 7언가행(七言歌行)의 기초를 닦았다. 대표작은〈行路難〉18수로 속마음을 터놓고 불우한 자신의 신세에 대한 분노를 묘사하여 권문사대가들에게 불만을 표시했다. 풍격이 웅장하고 분방하여 후대에 많은 영향을 끼쳤다. 전쟁을 제재로 쓴 시가 많아, 파수병의 불행한 환경을 동정하거나 전쟁에 참여하여 나라에 보답하는 열정을 찬미하기도 했다. 辭賦로는〈蕪城賦〉가 가장 유명하다. 저서로 ≪鮑參軍集≫이 있다.

21) 사령운(謝靈運): 생졸년은 385~433, 晉·宋代의 시인이다. 본적은 陳郡 陽夏(지금의 河南 太康)이나, 會稽의 始寧(지금의 浙江 上虞)에서 나고 자랐다. 謝康樂이라고 불리우며, 晉나라 귀족 謝玄의 손자이다. 그는 山水詩의 대표적 시인으로, 그의 산수시는 신선하고 참신하여 그 시대에 새로운 풍조를 열었다고 할 수 있다. 동진에서 남조 송대의 시인으로 남조 대표적인 산수시파라고 일컬어진다.

어남, 도연명22)의 담백하고 그윽함이 되었다.

▶ 1-13

又如顏延之之藻績, 謝朓之高華, 江淹之韶嫵, 庾信之淸新。此數子者, 各不相師, 咸矯然自成一家。不肯沿襲前人以爲依傍, 蓋自六朝而已然矣。

또한 안연지23)의 아름다운 문장, 사조24)의 높고 화려함, 강엄25)의 풍류와 아름다움, 유신의 맑고 깨끗함도 있었다. 이 여러 사람들은 각각 서로 스승으로 삼지 않고도 모두 굳세게 스스로 일가를 이루었으며 앞시대 사람들을 답습해서 모방으로 삼으려 들지 않았

---

22) 도연명(陶淵明): 생졸년은 365~427. 중국 동진의 시인으로 이름은 잠이며 호는 五柳先生이다. 405년 팽택현의 현령이 되었으나 80여일 뒤에 〈歸去來辭〉를 짓고 관직에서 물러나 은거하였다. 자연을 질박하고 노래한 시가 많고 당나라 이후 최고의 전원시인이라 불린다. 저서로 ≪陶淵明集≫이 있다.
23) 안연지(顏延之): 생졸년은 384~456, 晉·宋代에 이르는 시인이다. 字는 延年이고, 본적은 琅玡 臨沂(지금의 山東)이다. 〈五君詠〉·〈庭誥〉등 30여 수의 시를 ≪先秦漢晉南北朝詩≫에서 볼 수 있다. 유불에 통달하여 '三世因果'의 설을 주장하였으며 형식미가 풍부한 시를 많이 썼다. 중국 육조시대 송나라의 문인. 유불(儒佛)에 통달해 '삼세인과(三世因果)'의 설을 주장했고, 자제(子弟)에게 처세의 길을 가르치는 데 세심하고 성실했다. 중서시랑(中書侍郎), 영가태수(永嘉太守) 등을 역임했다. 주요 저서에는 ≪정고(庭誥)≫, ≪안광록집(顏光祿集)≫등이 있다.
24) 사조(謝朓): 생졸년은 464~499, 字는 玄暉이고, 陳郡 陽夏(지금의 河南 太康) 사람이며, '永明體' 창시자 중의 한 사람이다. 벼슬은 南東海太守를 지냈다. 오언시에 뛰어났고 당시에 많은 영향을 끼쳤다. 대표적인 저서로 ≪謝宣城集≫이 전한다.
25) 강엄(江淹): 생졸년은 44~505. 남조의 문학가로 자는 文通이다. 송·제·량 세 나라 걸쳐 벼슬했는데 현재 전하는 그의 작품 대부분은 송말기와 제초기에 지어진 것임. 꿈속에서 붓을 들려준 뒤로는 좋은 시를 짓지 못하였다는 고사가 있다. 시 백여수가 남아있다. 그의 시는 모의에 뛰어났고, 특히 사부의 성취가 뛰어나 〈恨賦〉, 〈別賦〉가 유명하다.

는데, 이는 육조26)시대부터 이미 그러했다.

> **1-14**

其間健者如何遜、如陰鏗、如沈炯、如薛道衡, 差能自立。
此外繁辭縟節, 隨波日下, 歷梁、陳、隋以迄唐之垂拱, 踵
其習而益甚, 勢不能變。

그 사이에 빼어난 이로는 하손27), 음갱28), 심형29), 설도형30)과 같
은 사람은 어느 정도 자립하였다. 이외에는 모두 번다스럽고 쓸데
없는 말을 늘어놓으면서 나날이 수준이 떨어졌고, 양·진·수를 거
쳐 당의 수공31) 때에 이르러서는 그 답습하는 것이 더욱 심해져서

---

26) 육조(六朝): 진(晉)에서 남북조(南北朝)를 거쳐 수(隋)대에 이르는 기미(綺靡)
하고 부미한 문풍을 숭상하고 성운(聲韻)에 얽매이든 중국문학사의 한 시기를
말한다.
27) 하손(何遜): 생졸년은 472?~519?, 字는 중언(仲言)이고, 본적은 東海郯(지금의
山東 郯城)이다. 송대의 문인 하승천(何承天)의 증손인 중국의 남조 양대(梁
代)의 시인. 왕족들의 사랑을 받아서 막료(幕僚)를 역임했고, 유효표(劉孝標)
와 더불어 '하류(何劉)'라 불렸다. 청신한 시풍의 가작(佳作)을 남겼다. 陰鏗과
함께 '陰何'로 병칭되는 梁代시인중 뛰어난 시인으로 꼽힌다.
28) 음갱(陰鏗): 생졸년은 미상이고, 남조 진(陳)나라의 시인으로 자는 자견(子堅)
이다. 시풍은 何遜과 비슷하며 풍경묘사에 뛰어났고 특히 오언시를 잘 썼다.
당대 시가에 적극적인 영향을 끼쳤다.
29) 심형(:沈炯): 생졸년은 503~561, 字는 초명(初明) 혹은 礼明이라고 한다. 오흥
(吳興) 무강(武康: 지금의 절강성德淸縣) 사람이다. 沈瑀의 손자로 어려서부
터 머리가 총명하여 尙書左戶侍郎, 尙書左丞을 역임했고 吳令으로 出補하기
도 했다. 江陵이 함락되자 吳中으로 귀국하였다. 御史中丞으로 좌천되어 탄
핵을 받았다. 天嘉 2년 59세로 죽었다. 현재 ≪漢魏六朝百三家集≫집에 ≪沈
炯集≫이 들어가 있다.
30) 설도형(薛道衡): 생졸년은 540~609, 자는 玄卿 혹은 玄淸, 河東 汾陰 사람이
다. 세왕조에 걸쳐 중서시랑, 내사시랑, 사예대부 등의 관직을 지냈다. 중국 수
(隋) 나라 때의 문신(文臣), 문제(文帝)의 신임을 받았으며, 글을 잘 짓기로 세
상에 널리 알려졌다. 그러나 양제(煬帝)에게 미움을 받아 불우한 삶을 살다 죽
었다.

형세가 변하지 않을 수 없었다.

▶ 1-15

小變於<u>沈</u>、<u>宋</u>、<u>雲</u>、<u>龍</u>之間, 而大變於<u>開元</u>、<u>天寶</u>、<u>高</u>、<u>岑</u>、<u>王</u>、<u>孟</u>、<u>李</u>。此數人者, 雖各有所因, 而實一一能爲創。

경운신용 년간 심전기32)와 송지문에 의해 작은 변화가 있었고, 개원천보 년간 고적·잠삼·왕유33)·맹호연·이백 등에 의해 큰 변화가 있었다. 이 여러 사람은 비록 앞시대 사람에게서 연유한 까닭이 있으나 실제로는 하나하나 모두 지을 수 있었다.

▶ 1-16

而集大成如<u>杜甫</u>, 傑出如<u>韓愈</u>, 專家如<u>柳宗元</u>、如<u>劉禹錫</u>、如<u>李賀</u>、如<u>李商隱</u>、如<u>杜牧</u>、如<u>陸龜蒙</u>諸子, 一一皆特立興起。其他弱者, 則因循世運, 隨乎波流, 不能振拔, 所謂<u>唐人本色</u>也。

---

31) 수공(垂拱): 당 예종(唐睿宗) 이단(李旦)의 세 번째 연호로 685.1~688.12월 4년간의 기간으로 실질적으로 무측천(武則天)에 조종되었던 시기였으며 일반적으로 무측천(武則天)의 연호로 간주되고 있다.

32) 심전기(沈佺期): 생졸년은 650?~714?, 당대의 시인이고 자는 운경(雲卿)이고 분주사람이다. 上元 2년 진사에 올랐다. 그는 음악에 정통하여 시작품의 격률이 엄밀하였으므로 근체시의 형성에 공헌하였다는 평가를 받는다.

33) 왕유(王維): 생졸년은 701~761. 자는 마힐(摩詰), 성당 산수전원시파의 대표시인이다. 731년 진사에 합격, 태악승(太樂丞)이 되었다. 후에 제주(濟州: 山東省 茌平縣)의 사창참군(司倉參軍)으로 좌천되었으나, 734년 우습유(右拾遺)로 발탁되어 감찰어사·좌보궐(左補闕)·고부낭중(庫部郎中)을 역임했다. 이후 다시 등용되어 상서우승(尙書右丞)의 자리까지 벼슬이 올라갔다. 그 때문에 왕우승이라고도 불렸다. 시는 산수·자연의 청아한 정취를 노래한 것으로 수작(秀作)이 많아 당대 자연시인의 대표로 일컬어진다. 또 그는 경건한 불교도이기도 해서, 그의 시 속에는 불교사상의 영향을 찾아볼 수 있는 것도 하나의 특색이다. ≪왕우승집≫(28권) 등이 현존한다.

집대성한 사람으로는 두보이고, 걸출한 면으로는 한유이며34), 전문적으로 시를 짓는 작가로는 유종원35)·유우석36)·이하·이상은·두목37)·육구몽과 같은 사람이 일일이 특출나게 나타났다. 나머지 미약한 사람들은 시대의 운수를 따르고 시류를 쫓았기 때문에 자신을 뜻을 펼쳐지 못했다. 그래서 이른바 당나라 시인들의 본색이라고 일컫었던 것이다.

---

34) 한유(韓愈): 생졸년은 768~824, 당대의 문인으로 자는 퇴지(退之)이고 창려(昌黎)라고 일컫기도 했다. 당대 고문운동의 영수이며 당송팔대가중의 한 사람이다. 고문과 시에 뛰어났다.
35) 유종원(柳宗元): 생졸년은 773~819, 당대의 문인으로 자는 자후(子厚). 하동해(河東解: 지금의 산시 성 원청[運城]) 사람이다. 일찍이 유우석(劉禹錫) 등과 함께 왕숙문(王叔文)의 혁신단체에 참가했으나, 실패하여 영주사마(永州司馬)로 좌천되었다. 후에 유주자사(柳州刺史)를 지내 유유주(柳柳州)라고도 한다. 한유(韓愈)와 함께 고문운동(古文運動)을 제창하여 거의 1,000년 동안 귀족 출신의 문인들에게 애용된 변려문(駢儷文)에서 작가들을 해방시키려고 했다. 한유와 함께 당송8대가에 속하여 '한·유'(韓柳)라고 병칭된다. 특히 잡문(雜文)에서 전형적인 사물을 예로 들어 심오한 철리(哲理)를 제시했다. 그의 산수유기(山水遊記)는 널리 알려져 있는데, 특히 경물(景物)의 특징을 묘사하는 데 뛰어났다. 또한 세상에 대한 울분을 자연풍경에 이입하고, 속세와 떨어져 있는 기이한 산수에 마음의 울분을 기탁하여 작품에 반영했다. 시의 내용은 담백하며, 유배생활을 반영한 작품과 경치를 묘사한 소시(小詩)는 매우 뛰어나다고 평가된다. 저서로 ≪유하동집(柳河東集)≫이 있다.
36) 유우석(劉禹錫): 생졸년은 772~842, 당대 유명한 시인으로 자는 몽득(夢得)이고 洛陽(지금의 河南) 사람으로 강남에서 태어났다. 정원연간에 진사에 올라 감찰어사가 되어 왕숙문의 정치개혁에 참여하다 朗州司馬로 좌천되었다. 이후에 벼슬이 예부상서에 올랐다. 특히 유종원, 백거이와 막역한 교유를 깊었다. 저서로는 ≪劉賓客文集≫ 등이 있다. 白居易와 함께 '劉白'으로 불리어졌다. 그의 〈竹枝詞〉·〈楊柳枝詞〉·〈踏歌詞〉등은 민간의 정취를 민가체로 엮은 연작으로 사람들에게 널리 읽혀지고 있다.
37) 두목(杜牧): 생졸년은 803~853, 그의 자는 목지(牧之)이고 京兆 萬年 사람이다. 大中년간에 고공낭중, 제제교, 중서사인 등을 지냈다. 만당 부미한 유미주의 대표시인이다. 두보와 구별하여 '少杜'라고 일컬어진다.

1-17

宋初, 詩襲唐人之舊, 如徐鉉、王禹偁輩, 純是唐音。蘇舜欽、梅堯臣出, 始一大變。歐陽修亟稱二人不置。自後諸大家迭興, 所造各有至極。今人一概稱爲宋詩者也。自是南宋、金、元, 作者不一。大家如陸游、范成大、元好問爲最, 各能自見其才。

송대 초기의 시는 당대 시인들이 쓰던 옛것을 그대로 답습하였으니 서현, 왕우칭과 같은 사람들은 단지 당나라 시풍만을 따랐다. 소순흠38)과 매요신39)이 등장하면서 비로소 일대의 변화가 일어났

---

38) 소순흠(蘇舜欽): 생졸년은 1008~1049, 자는 자미(子美). 면주(綿州) 염천(鹽泉) 사람이다. 1034년 진사(進士)가 되어 광록시(光祿寺) 주부(主簿)에 제수되었고, 1044년 범중엄(范仲淹)의 천거를 받아 집현교리(集賢校理)·감진주원(監進奏院)이 되었다. 당시 범중엄과 함께 신정(新政)을 추진하던 두연(杜衍)의 사위가 되었다가 신정을 반대하는 왕공진(王拱辰) 등의 탄핵을 받아 관적을 박탈당했다. 그 뒤 蘇州로 가서 창랑정(滄浪亭)을 짓고 그곳에서 독서하며 시문(詩文)을 통해 울분을 토로했다. 1048년 관적을 되찾아 호주장사(湖州長史)에 임명되었지만 부임하기 전에 병으로 죽었다. 그는 북송 시문혁신운동의 참가자로서 매요신(梅堯臣)과 함께 '소매'(蘇梅)라고 불렸다. 그의 시는 호방하고 강건한 반면 매요신과 같은 세밀한 관찰은 보이지 않는다. 때로는 예리하고 강력한 현실비판을 시에 담기도 했다. ≪소학사문집(蘇學士文集)≫16권이 있다.

39) 매요신(梅堯臣): 생졸년은 1002~1060, 자는 성유(聖兪). 그의 시는 '고문'(古文) 운동과 관련된 새로운 시 형식을 출발시키는 데 기여했다. 매요신은 송의 다른 관료출신 시인들과 마찬가지로 과거시험을 통해 관직에 진출했지만 정치경력은 그다지 두드러지지 않았다. 관직에 있으면서 관리이자 고문운동의 대표적 옹호자였던 구양수(歐陽修: 1007~72)를 만나 친구가 되었다. 이들 고문운동 주창자들은 성리학적 이상의 영향을 크게 받아 문학이 현시대의 생활을 반영·비평해야 한다고 생각했다. 따라서 매요신은 사회적·정치적 문제를 시의 초점으로 삼았고 일상적인 사건과 사람들 속에서 소재를 찾았다. 당시에는 사(詞) 형식이 유행했는데, 이것은 애정을 노래한 민요에서 유래되어 정교한 표현과 과장법을 사용했다. 그러나 매요신은 이를 거부하고 과거의 '율시'(律詩)로 돌아가, 보다 평이하고 산문적인 형식을 완성하여 그의 주제의식과 소재에 보다 적합한 '자유로운' 목소리를 완성했다.

다. 구양수는 두 사람을 자주 끊임없이 칭찬했다. 이후 여러 대가들이 번갈아 나와서 뛰어난 작품을 지었고, 이를 요즘 사람들이 천편일률적으로 송시라고 일컫는 것이다. 이로부터 남송과 금·원에 이르기까지의 작가를 하나로 뭉뚱그릴 수는 없지만, 그중 육유40)·범성대41)·원호문42)이 가장 뛰어난 권위자로 제각기 자신의

---

40) 육유(陸游): 생졸년은 1125~1210, 자는 무관(務觀), 호는 방옹(放翁). 많은 산문과 1만여 편의 시를 남겼다. 시인으로 출발하여 간단하고 솔직한 표현, 사실주의적인 묘사로 당시 유행하던 강서시파(江西詩派)의 고상하고 암시적인 시풍과는 다른 시를 써서 명성을 얻었다. 그러나 형식에 있어서는 보수적이어서 고체시(古體詩)를 많이 썼다. 또한 당대(唐代)의 위대한 시인들이 완성한 것으로 평측(平仄)·압운(押韻)·대우법(對偶法)이 복잡한 근체시(近體詩) 가운데 하나인 율시(律詩)에서 탁월한 재능을 보였다. 그는 시에서 뜨거운 애국심을 표현하여 지금까지 애국시인으로 불린다. 시를 통하여 과감하게 직언하다가 네 번이나 지위가 강등되었다. 결국 문관직을 사임하고 고향으로 갔다. 은퇴 후 전원생활을 예찬하는 시를 썼다. 도연명(陶淵明)의 시풍을 따라 평범한 소재로 전원생활을 묘사했는데, 생생하면서도 세밀한 비유법을 통해 전원생활의 분위기와 풍경을 묘사하는 데 있어서는 도연명을 앞질렀다. 저소로 ≪검남시고(劍南詩稿)≫가 있다.
41) 범성대(范成大): 생졸년은 1126~1193, 자는 치능(致能), 호는 석호거사(石湖居士)이며 오군(吳郡: 지금의 강소성 蘇州) 사람이다. 소흥연간(紹興年間: 1131~62)에 진사가 되었고 관직은 참지정사(參知政事)에까지 이르렀다. 처주(處州)·정강부(靜江府)·명주(明州)·건강부(建康府)의 지방관을 역임했으며 부임하는 곳마다 공적을 쌓았다. 금(金)나라에 사신으로 간 적이 있는데, 언변이 바르고 힘차서 사신의 사명을 훌륭하게 수행했다. 만년에 스후 호[石湖]에서 은거했다. 시에서 이름을 날려 육유(陸游)·양만리(楊萬里)·우무(尤袤)와 함께 남송4대가라고 일컬어진다. 작품집으로는 ≪석호시집(石湖詩集)≫과 ≪석호사(石湖詞)≫가 있다.
42) 원호문(元好問): 생졸년은 1190~1257, 자는 유지(裕之), 호는 유산(遺山). 태원(太原) 수용(秀容: 지금의 산서성 忻州市) 사람으로 어렸을 때 신동으로 불렸다. 중앙으로 들어간 뒤로는 상서도성연(尙書都省掾)·좌사도사(左司都事)를 거쳐 좌사원외랑(左司員外郞)을 지내던 중 금나라가 망했다. 이후로는 벼슬에 대한 생각을 버리고 화북 각지를 유랑하다가 여생을 마쳤다. 이백(李白)·두보(杜甫)로부터 시작되어 소동파(蘇東坡)·황정견(黃庭堅)에 이르러 끊어졌던 중국시의 정통을 계승했다. 그의 오언고시(五言古詩)는 풍격이 높으며, 악부(樂府)는 금제(今題)를 사용하여 신선미가 돋보인다. 나아가 5·7·9

재능을 저절로 드러낼 수 있었다.

▶ 1-18

有明之初, 高啓爲冠, 兼唐、宋、元人之長, 初不於唐、宋、元人之詩有所爲軒輊也。自不讀唐以後書之論出, 於是稱詩者必曰唐詩。苟稱其人之詩爲宋詩, 無異於唾罵。

명나라 초기에 고계[43]가 가장 뛰어났는데 당대·송대·원대 시의 장점을 두루 겸비하였고, 애초에는 당대·송대·원대 시에서 우열[44]을 나누려고 하지는 않았다. 하지만 "당대 이후의 글을 읽지 않았다"라는 논평이 나온 이후 무릇 시인이라고 일컬어지는 사람들은 필히 당시를 언급했다. 만약 어떤 사람이 시하면 바로 송시다고 말한다면 그것은 침을 뱉고 욕하는 것이나 다름없다.

언을 뒤섞은 잡언(雜言)의 장편시도 많이 써서 새로운 분야를 개척했다. 특히 그의 〈논시절구30수(論詩絶句三十首)〉는 한(漢)·위(魏) 이래의 시가를 통해 비교적 체계적으로 자기의 문학주장을 표명한 것으로 문학비평을 연구하는 데 중요한 자료이다.

43) 고계(高啓): 생졸년은 1336~1374, 자(字)는 계적(季迪), 호는 사헌(槎軒)이며 지금의 강소성(江蘇城) 소주시(蘇州市)인 장주(長洲) 출신이다. 원말에는 오송강(吳松江) 가의 청구(靑丘)에 은거하며 청구자(靑丘子)라고 스스로 불렀다. 성격이 소탈하여 예법에 구애되지 않았다. 양기(楊基), 장우(張羽), 서분(徐賁) 등과 더불어 '吳中四傑'이라 불리웠으며 그의 저서로는 ≪靑丘高啓迪詩文集≫ 25권이 있다. 고계는 시문으로 이름이 났다. 시풍이 웅건하고 여러 장점들을 겸비했으며 歌行, 律詩 등 미치지 않는 데가 없었지만 특히 가행에 뛰어났다. 고계는 명대 시단에서 가장 높은 성취를 이룬 문인의 한 사람이다. 그의 작품에는 명대에 유행했던 의고주의(擬古主義) 기풍이 보인다. ≪사고제요(四庫提要)≫에서 이르기를 "그는 시에 있어 한위(漢魏) 육조(六朝) 및 당송(唐宋) 등 모든 시대 고인들의 장점을 겸비했다"고 했다.
44) 헌지(軒輊): '軒'(수레 앞의 높은 부분)과 '輊'(수레 앞의 낮은 부분). 즉 고저·대소·경중·상하·우열이 있음을 말한다.

1-19

謂 '唐無古詩', 並謂 "唐中、晚且無詩也." 噫！亦可怪矣！今之人豈無有能知其非者？然建安、盛唐之說, 錮習沁入中心, 而時發於口吻, 弊流而不可挽, 則其說之爲害烈也.

"당대에는 고시가 없다."라고 일컫고 아울러 "중당·만당에도 시가 없다."라고 말했다. 아! 이 얼마나 괴이한 일인가! 요즘 사람들 중에 그것이 어찌 잘못되었다는 것을 모르는 자가 있으랴? 하지만 건안과 성당을 따라야 한다는 견해가 확고해서 마음속에 깊이 박혀서 늘 입 밖으로 내뱉으니, 그 폐단이 정도를 넘쳐흘러 돌이킬 수가 없게 되었으니, 그 학설의 폐해가 너무나 해롭고 심했다.

1-20

原夫作詩者之肇端, 而有事乎此也, 必先有所觸以興起其意, 而後措諸辭、屬爲句、敷之而成章. 當其有所觸而興起也, 其意、其辭、其句, 劈空而起, 皆自無而有, 隨在取之於心；出而爲情、爲景、爲事, 人未嘗言之, 而自我始言之, 故言者與聞其言者, 誠可悅而永也.

무릇 시를 짓는 사람은 시심을 불러일으켜서 훌륭한 작품이 탄생하려면 반드시 먼저 마음이 외부 사물에 감화되어 그 뜻을 불러일으킨 뒤에, 언어를 사용하여 시구를 만들어 펼쳐서 문장을 이루어야 한다. 부딪쳐서 일어날 때에 그 뜻, 언어 그리고 시구가 허공을 가르며 나타나는 것으로, 모두 무에서 유가 만들어져 수시로 마음에서 얻어지는 것이 있다. 이로부터 감정, 경치, 일이 되는 것이다. 다른 사람들이 일찍이 말하지 않았고, 내가 처음으로 이 말을 하는 것이다. 그러니 말하는 사람과 듣는 사람이 진실로 기뻐하며 길게 읊었다.

1-21

使卽此意、此辭、此句雖有小異, 再見焉, 諷詠者已不擊節。數見, 則益不鮮。陳陳踵見, 齒牙餘唾, 有掩鼻而過耳。

만약 이 뜻과 이 언어 그리고 이 시구를 보고 약간 남다른 점이 있다 해도 다시 보게 되면 흥얼거렸던 사람은 더 이상 박자를 치지 않게 된다. 자주 보게 되면[45] 자못 신선하지는 않다. 진부한 앞시대 사람들의 말로만 가득할 뿐이며 결국 사람들이 코를 막고 빨리 지나갈 뿐이다.

1-22

譬之上古之世, 飯土簋, 啜土鉶, 當飮食未具時, 進一臡, 必爲驚喜。逮後世臛膡炰膾[46]之法興, 羅珍搜錯, 無所不至, 而猶以土簋土鉶之庖進, 可乎?

이것을 비유해보면 다음과 같다. 상고시대에 흙으로 만든 제기[47]에 밥을 담아먹고, 흙으로 만든 국그릇[48]에 국을 담아 먹고, 음식이 아직 다 준비되지 않았던 때, 만약 절인 고기를 진상하면 반드시 놀라서 기뻐할 것이다. 하지만 후세에 이르러 고깃국[49]과 부침개, 고기를 불에 굽고, 생선을 회로 쳐서 먹는 등 여러 가지 조리법들이 생겨났다. 진귀한 음식을 모아 섞어서 이르지 않는 곳이 없었다. 하지만 여전히 상고시대에 흙으로 만든 제기에 담은 밥,

---

45) 종건(踵見): ≪莊子·德充符≫: "노나라에 발가락이 절단된 사람이 있는데 그를 숙산무지라고 부른다. 그는 발꿈치를 들어 공자를 자주 보았다.(魯有兀者叔山無趾, 踵見仲尼)"라는 구절에서 나온 말이다. 자주 본다는 뜻이다.
46) 학전(臛膡): 고깃국과 부침개(지짐)을 말한다.
47) 궤(簋): 제기 이름을 말한다.
48) 형(鉶): 국그릇을 말한다.
49) 연(臡): 저린 고기를 말한다.

흙으로 만든 국그릇에 담은 국을 부엌에서 차려서 바친다면 되겠는가?

▶ 1-23

上古之音樂, 擊土鼓而歌〈康衢〉。其後乃有絲、竹、匏、革之制。流至於今, 極於九宮南譜。

상고 시대의 음악에 비유해보면 다음과 같다. 당시에는 흙으로 만든 북을 두드리며 〈강구의 노래〉50)를 부르던 것이 이후에 사51)·죽52)·포53)·혁54)과 같은 악기가 만들어지고 널리 퍼져서 지금에 이르렀고, 극에 다하여 구궁남보55)에 이르렀다.

▶ 1-24

聲律之妙, 日異月新, 若必返古而聽擊壤之歌, 斯爲樂乎?

---

50) 〈가강구(歌康衢)〉: 강구(康衢)는 사통팔달(四通八達)의 큰 거리를 이른다. 다섯 군데로 통한 길거리를 이른 것이다. ≪이아(爾雅)≫〈석궁(釋宮)〉에, "오달(五達)의 길을 강(康)이라 하고, 육달(六達)의 길을 장(莊)이라 한다." 하였다. 강구가는 중국 고대 이상적인 요순 시대에 백성들이 태평함을 즐기던 노래를 말한다. 임금이 천하를 다스린 지 50년이 되어 천하가 제대로 다스려지고 있는지, 백성들이 자신을 추대하기를 원하고 있는지 궁금하여 미복 차림으로 사람들이 많이 다니는 큰 거리로 나가 어린애들이 부르는 노래를 들어 보니, "우리 백성들을 먹여 살리는 것이 그대의 지극한 덕이 아님이 없어, 깨닫지 못하는 사이에 임금의 법칙에 순종하네.(立我蒸民 莫非爾極 不識不知 順帝之則)"라고 하였다. 요 임금이 이 노래를 듣고 기뻐하였다고 한다. ≪列子·仲尼≫
51) 사(絲): 현악기를 말한다.
52) 죽(竹): 관악기를 말한다.
53) 포(匏): 박을 말한다.
54) 혁(革): 북을 말한다.
55) 구궁남보(九宮南譜): 흔히 사나 곡에서 운용하는 음악 조를 말하는 것으로 黃種宮, 仙呂宮, 正宮, 中呂宮, 南呂宮, 五官雙調, 大石調, 越調, 商調를 구궁조라고 일컫는다.

古者穴居而巢處, 乃制爲宮室, 不過衛風雨耳。後世遂有璇題瑤室, 土文繡而木綈錦。

성률의 오묘함은 나날이 새로워지는데, 만약 굳이 옛날로 돌아가〈격양가〉56)를 듣고자 한다면 그것이 이렇게 즐겁겠는가? 옛날 사람들은 굴을 파거나 마치 새집과 같은 비루한 곳에 거처하였다가 곧 궁실을 짓기는 하였으나 바람과 비를 막는 데 불과하였다. 후세에 마침내 옥과 아름다운 돌로 만든 화려한 가옥57)이 생겨났고, 흙에 문장이 수놓아져 있고 나무에는 비단이 깁어져 있다.

1-25

古者儷皮爲禮。後世易之以玉帛, 遂有千純白璧之侈。使今日告人居以巢穴、行禮以儷皮, 孰不嗤之者乎?

고대에는 한 쌍의 사슴가죽으로58) 예를 삼았으나 후세에는 옥면으로 바꾸었다가 결국에는 천금의 값이 나가는 수 백 가지 벽옥을 사용하는 사치스러움에까지 이르게 되었다. 만약 지금 사람들로 하여금 새집에 거주하고 한 쌍의 사슴가죽으로 예를 행하게 한다면, 누가 그것을 비웃지 않겠는가?

---

56) 〈격양가(擊壤歌)〉: 당 요시기의 작품이다. 《藝文類聚》권11에 《帝王世紀》를 인용한 것이 전하고, 이것보다 이른 왕충의 저서 《論衡》에도 전한다. 내용은 "해뜨고 나가면 일하고, 해지면 들어와서 쉬네. 우물을 파서 물 마시고, 밭갈아 먹고산다. 제왕의 권력이 과연 나와 무슨 상관 있으리오!(日出而作, 日入而息, 鑿井而飮, 耕田而食, 帝力於我何有哉)"라고 되어있다.

57) 선제요실(璇題瑤室): 옥으로 장식된 서까래와 옥구슬로 만든 방을 말한다. 화려하고 아름다운 방을 비유한 말이다.

58) 려피(儷皮): 한 쌍의 사슴가죽을 말한다. 중국 고대에는 다른 사람을 방문하거나 혼인할 때 이것으로 선물로 주고받는 풍속이 있었다.

1-26

大凡物之踵事增華, 以漸而進, 以至於極。故人之智慧心思, 在古人始用之, 又漸出之, 而未窮未盡者, 得後人精求之, 而益用之出之。乾坤一日不息, 則人之智慧心思, 必無盡與窮之日。

무릇 만물의 변천 과정[59]은 점점 화려해지기 마련으로, 점진적으로 발전하다가 급기야 극에 달하게 된다. 사람의 지혜와 사유는 옛 사람이 처음으로 그것을 사용하면서 점점 생겨났으나 이는 무궁무진한 것이라서 후세 사람들이 정밀히 써낼 수가 없었다. 하늘과 땅이 하루도 쉬지 않는 것처럼 사람의 지혜를 구하여 더 많은 사유도 반드시 다 없어질 날이 없을 것이다.

1-27

惟叛於道、戾於經、乖於事理, 則爲反古之愚賤耳。苟於此數者無尤焉。此如治器然, 切磋琢磨, 屢治而益精, 不可謂後此者不有加乎其前也。

오직 도를 등지고 경전을 어그러뜨리고 사리를 무너뜨리는 경우에만 옛날 사람을 거스르는 어리석음이 될 뿐이다. 만일 이 몇 가지에 있어 잘못이 없다면 이는 마치 그릇을 만드는 것처럼 절차탁마하고 여러 차례 다듬어서 더욱더 정밀해 질 수 있는 것이다. 따라서 후세의 것이 앞시대의 것에 비해 더할 것이 없다고 말할 수 없다.

---

59) 종사증화(踵事增華): 소통(蕭統)의 ≪문선(文選)≫序에 "踵其事而增華, 變其本而加厲, 物旣有之, 文亦宜然"라고 되어 있다. 앞시대 사람들의 성과를 계승하면서 이를 더욱 발전시킨다는 것을 말한다.

▶ 1-28

彼虞廷喜起之歌, 詩之土簋、擊壤、穴居、儷皮耳。一增華於 ≪三百篇≫, 再增華於漢。又增華於魏。自後盡態極姸, 爭新競異, 千狀萬態, 差別井然。

저 우나라 순임금이 즐거워 일어나 불렀던 노래는 시에 있어서 토궤(土簋), 격양(擊壤), 혈거(穴居), 려피(儷皮)라고 할 수 있다. 한 번 더 ≪시경≫에서 추가되어 화려하게 색칠되었고, 또 위대에 화려함이 더해졌다. 이후로 극력 온갖 자태의 아름다움을 뽐내고 새롭고 기이한 것을 다투었으며, 천태만상이 우물 정자처럼 정연되었다.

▶ 1-29

苟於情、於事、於景、於理隨在有得, 而不戾乎風人永言之旨, 則就其詩論工拙可耳, 何得以一定之程格之, 而抗言風雅哉?

만약 정감, 사건, 경물, 이치에서 수시로 마음속에 체득한 바가 있을 때마다 시인의 깊게 읊조렸던 본뜻을 어기지 않는다면 그 시를 가지고 그 우열을 논할 수 있을 뿐이다. 어찌 일정한 법칙이나 법도로 규격화하여 풍아에 맞서 말할 수 있겠는가?

▶ 1-30

如人能適千里者, 唐、虞之詩, 如第一步。三代之詩, 如第二步. 彼漢、魏之詩, 以漸而及, 如第三、第四步耳。

만일 사람이 천리를 가는 것에 비유한다면, 당우60)시대의 시는 그

---

60) 당우(唐虞): 중국 고대의 임금인 도당씨(陶唐氏) 요(堯)와 유우씨(有虞氏) 순

첫걸음마라고 할 수 있고 삼대[61]의 시는 두번째 걸음마라고 할 수 있다. 저 한·당의 시는 점점 더 나아가 세번째와 네번째 걸음일 것이다.

▶ 1-31

作詩者知此數步爲道途發始之必經, 而不可謂行路者之必於此數步焉爲歸宿, 遂棄前途而弗邁也.

시를 짓는 사람은 이 몇 걸음마가 처음 시작할 때 반드시 거쳐야 할 과정임을 알지만, 길가는 사람이 반드시 이 몇 걸음마를 귀착지로 삼아 마침내 앞길을 버리거나 빙빙 돌아가서는 안 된다.

▶ 1-32

且今之稱詩者, 祧唐、虞而禘商周, 宗祀漢、魏於明堂, 是也. 何以漢、魏以後之詩, 遂皆爲不得入廟之主? 此大不可解也. 譬之井田封建, 未嘗非治天下之大經. 今時必欲復古而行之, 不亦天下之大愚也哉!

또한 지금의 시를 짓는 사람들은 요임금과 순임금을 신주로 모시고 상주에 제사지내며 한·위는 명당[62]에 조상의 제사를 지냈는데 이것은 옳다. 하지만 왜 한위 이후의 시는 결국 모두 묘당의 주인이 될 수 없는 것일까? 이것은 매우 이해할 수 없다. 봉건[63]과 정전[64]으로 비유를 들면 봉건과 정전은 천하를 다스리는 큰 법도가

(舜)을 아울러 이르는 말. 중국 역사에서 이상적인 태평시대로 꼽힌다.
61) 삼대(三代): 중국의 夏·殷·周 시대를 말함.
62) 명당(明堂): 중국 고대의 제왕들이 政敎를 베풀거나 제사를 지내던 곳. 즉 조회, 정사 등의 장소를 말함.
63) 봉건(封建): 임금이 나라의 토지를 제후에게 나누어주고 제후를 봉하여 나라를 세우게 하던 일.

아닌 적이 없었다. 하지만 지금에 와서 반드시 옛날로 돌아가 행하려 한다면 또한 천하의 큰 어리석음이 아니겠는가!

1-33

且蘇、李五言與亡名氏之〈十九首〉, 至建安、黃初, 作者旣已增華矣。如必取法乎初, 當以蘇、李與〈十九首〉爲宗, 則亦吐棄建安、黃初詩可也。

소무와 이릉의 오언시와 무명씨의 〈고시십구수〉에서 건안과 황초 시기에 이르자, 작품은 이미 화려함을 더하였다. 만약 반드시 처음에서 모범을 취하여 소무와 이릉과 〈고시십구수〉를 종주로 삼아야만 한다면, 건안과 황초시기의 시를 버리는 것 또한 옳을 것이다.

1-34

詩盛於鄴下, 然蘇、李、〈十九首〉之意, 則寢衰矣。使鄴中諸子, 欲其意義摹倣蘇、李, 尙且不能, 且亦不欲。乃於數千載之後, 胥天下而盡倣曹、劉之口吻, 得乎哉?

시는 업[65]남쪽 지역에서 성행했으나 소무와 이릉의 오언시와 무명씨의 〈고시십구수〉는 곧 쇠퇴하였다. 만약 업하 지방의 여러 시인에게 모두 소무와 이릉을 모방하라고 한다면 가능하지 않을 뿐

---

64) 정전(井田): 고대 중국의 하(夏), 은(殷), 주(周)에서 실시된 토지 제도. 토지를 '정(井)' 자 모양으로 아홉 등분하여 주위의 여덟 구역은 사전(私田)으로 하고, 중앙의 한 구역을 공전(公田)으로 하여 이곳의 수확은 조세로 바치게 한 제도이다.

65) 업(鄴): 땅 이름. 춘추 시대 제(齊)의 읍. 환공(桓公)이 업성(鄴城)을 쌓음. 한(漢)대에 업현(鄴縣)을 둠. 삼국 시대에는 위(魏)의 서울. 지금의 하남성(河南省) 임장현(臨漳縣)의 서쪽.

더라 하려하지도 않을 것인데, 수천 년이 흐른 뒤 천하의 모든 사람들에게 조식(66)과 유정(67)의 시를 따라하라는 것이 가능한 일이겠는가?

▶ 1-35

或曰:"溫柔敦厚, 詩敎也." 漢、魏去古未遠, 此意猶存, 後此者不及也. 不知'溫柔敦厚', 其意也, 所以爲體也, 措之於用, 則不同; 辭者, 其文也, 所以爲用也, 返之於體, 則不異. 漢、魏之辭, 有漢、魏之'溫柔敦厚', 唐、宋、元之辭, 有唐、宋、元之'溫柔敦厚.'

어떤 사람이 "'온유돈후(68)는 시의 가르침이다."라고 말했다. 한위 시기는 고대로부터 그리 멀지 않았기에 이 뜻이 여전히 남아 있었으나, 후에는 이에 미치지 못한다고 말하였는데, 이는 '온유돈후'라는 그 뜻이 내용이 되는 까닭에 형식에 두면 다르게 되고 사는 곧

---

66) 조식(曹植): 생졸년은 192~232, 漢·魏代에 이르는 시인이며 사부가이며 산문가이다. 字는 子建이고, 沛國譙(지금의 安徽 毫縣) 사람이다. 조조의 셋째아들로 자는 子建이다. 죽기직전 陳王에 봉해졌다. 건안시대의 최고의 작가로 손꼽힌다. 형 조비가 즉위한 후 정치적으로 많은 견제와 핍박을 받았다. 建安文學을 대표하는 시인으로 80여 수의 현존하는 시가 있으며, 그 중에서 〈贈白馬王彪〉·〈雜詩〉·〈七哀〉 등은 내심의 고통과 悲憤慷慨함을 나타낸 대표적인 작품들이다. 시와 부로써 논한다면 조식은 건안시기 뿐만 아니라 동한 이래 수(隋)에 이르기까지 가장 위대한 작가라 할 수 있으며, 이후 육조(六朝) 시기의 시인들에게 미친 영향도 적지 않다. 그의 이러한 문학적 성취는 압박 당했던 그의 생활이 많은 영감과 제재를 제공해 줌으로써 이루어진 것으로 보여진다.
67) 유정(劉楨): 생졸년은 ?~217, 삼국시대 위나라의 문인으로 자는 公幹이고 建安七子의 한 사람으로 孔融과 王粲과 친했다. 특히 오언시에 뛰어났다.
68) 온유돈후(溫柔敦厚): 부드럽고 온화하며 성실한 인품이나 시를 짓는 데 기묘하기보다 마음에서 우러난 정취가 있음을 두고 이르는 말이다. 전통유가의 시교로 모든 문학창작은 시대와 생활에 관계없이 이것을 기준으로 삼아 창작해야 했다.

문장이라 용이 되는 까닭에 체(69)로 되돌리면 같게 된다는 것을 모르는 것이다. 한위의 사에는 한위의 '온유돈후'가 있고 당·송·원의 문장에도 당·송·원의 '온유돈후'가 있다.

▶ 1-36

譬之一草一木, 無不得天地之陽春以發生。草木以億萬計, 其發生之情狀, 亦以億萬計, 而未嘗有相同一定之形, 無不盎然皆具陽春之意。

풀 한포기와 한그루의 나무로 비유하자면, 어느 것 하나 천지의 봄기운으로 생겨나지 않은 것이 없다. 수많은 풀과 나무는 그 생긴 모양이 셀 수 없이 다양하여, 서로 같은 모양을 지닌 것이 없고, 모두 생기있는 봄기운을 받았다.

▶ 1-37

豈得曰 : 若者得天地之陽春, 而若者爲不得者哉 ! 且溫柔敦厚之旨, 亦在作者神而明之, 如必執而泥之, 則〈巷伯〉投畀之章, 亦難合於斯言矣。

어떤 것은 천지의 봄기운을 얻고, 어떤 것은 얻지 못하였다고 어찌 말할 수 있겠는가! 또 온유돈후의 뜻은 작가의 신명한 판단에 달려있다. 만약 반드시 고집스레 얽매인다면〈巷伯〉70)편에 나오는 '投

---

69) 체(體)와 용(用): 《荀子·富國》편에 사용된 개념으로 중국철학사에서 매우 중시된 개념으로 일반적으로 체(體)는 사물의 근본을 뜻하는 내용으로 이해할 수 있고, 용(用)은 사물의 외물로 형식 또는 작용으로 이해할 수 있다.

70) 항백(巷伯): 巷은 宮內의 길이름이니, 秦·漢時代의 永巷이라 이른 것이 이것이요, 伯은 長이니, 궁 안의 道官의 長이니, 바로 寺人이다. 그러므로 篇에 이름한 것이다. 班固와 司馬遷이 이르기를 "그 스스로 傷悼한 所以를 생각해 보건대 小雅「巷伯」과 같다."라 하였으니, 그 뜻은 또한 항백이 본래 참소를 입어서 형벌을 만난 것임을 이른 것이다.

畀(멀리 귀향 보냄)'71) 역시 이 말에 부합하기 어려울 것이다.

▶ 1-38

從來豪傑之士, 未嘗不隨風會而出, 而其力則嘗能轉風會。
人見其隨乎風會也, 則曰：其所作者, 眞古人也。

종래의 호걸지사72)는 일찍이 시대적 기풍을 따라 나온 적이 없지만 그 힘은 시대적 기풍을 전환시킬 수 있었다. 지금 사람들은 그 시대적 기풍을 따르는 것을 보면 그 지은 것이 정말 옛사람의 것이다.

▶ 1-39

見能轉風會者, 以其不襲古人也, 則曰：今人不及古人也！
無論居古人十年之後, 卽如左思去魏未遠, 其才豈不能爲建安詩耶？

시대적 기풍을 변화시켜 옛사람을 답습하지 않는 것을 보면 지금 사람은 옛사람만 못하다고 말한다. 옛사람의 천년 뒤에 살 사람이 논하지 않더라도 좌사73)와 같은 사람은 위대에서 그리 멀지 않았는데, 그 재능이 어찌 건안74)의 시를 지을 수 있었겠는가?

---

71) 투비(投畀): 임금의 명령으로 죄인을 지정한 곳으로 멀리 귀양을 보낸다는 뜻이다. ≪詩經·小雅·巷伯≫편은 참소하는 간사한 사람을 풍자한 시인데, 그 중에 "조잘거리며 약삭빠르게, 남을 참소하려고 모의한다.(緝緝翩翩 謀欲譖人)"라는 말과, "승냥이나 범도 먹지 않으면, 북쪽 불모지에 던져 주겠다.(豺虎不食 投畀有北)"라는 말이 나온다.
72) 호걸지사(豪傑之士): 지혜와 용기가 뛰어나고 기개와 풍모가 있는 선비를 말함.
73) 좌사(左思): 중국 서진(西晉)의 시인으로 자는 太沖이다. 특히 10년 동안 구상하여 ≪삼도부(三都賦)≫를 지었고 이것이 당시 문단의 영수였던 장화(張華)에게 절찬 받게 되어 일약 유명해졌다. 낙양의 지식인들이 이것을 다투어 베껴 씀으로 '낙양의 종이값을 올린다'라는 고사가 유명하다.

1-40

觀其縱橫躑踏、睥睨千古, 絕無絲毫曹、劉餘習。鮑照之才, 迥出儕偶, 而杜甫稱其'俊逸'。夫'俊逸'則非建安本色矣。
그러나 그가 자유롭게 뛰어넘으며 천고를 살피는 것을 보면 절대로 조식과 유정을 털끝만큼도 인습하지 않았다. 포조[75]의 재능은 그와 나이와 신분이 비슷한 무리보다 훨씬 뛰어났기에 두보는 그의 '준일(俊逸)'함을 칭찬하였다. 저 '준일'함이란 건안시대의 본색이 아니다.

1-41

千載後無不擊節此兩人之詩者, 正以其不襲建安也。奈何去古益遠, 翻以此繩[76]人耶?
천년 뒤에 이 두 사람의 시를 칭찬하지 않는 사람이 없는 것은 바로 그들이 건안을 답습하지 않았기 때문이다. 어찌 옛날과의 거리는 더욱 멀어졌는데 오히려 이러한 준칙으로 사람을 구속하려 하는가?

1-42

且夫風雅之有正有變, 其正變係乎時, 謂政治、風俗之由得

---

74) 건안(建安): 중국 후한(後漢) 헌제(獻帝)의 세 번째 연호이다. 196년에서 220년 3월까지 24년 3개월 동안 사용하였다. 그러나 한중왕(漢中王) 유비(劉備)는 다음 연호인 연강(延康) 및 위(魏)의 정통성을 인정하지 않았기 때문에 221년까지 건안 연호를 계속 사용하였다.

75) 포조(鮑照): 생졸년은 ?~466, 南宋 송대시인이며 사부가이며 변문가이다. 字는 明遠이고, 東海郯(지금의 山東 郯城) 일대 사람이다. 흔히 謝靈運·顏延之와 함께 '元嘉三大家'라고 불리어진다. 80여 수의 樂府를 포함하여 약 200수의 시가 현존하며, 그는 특히 樂府詩에 뛰어나다.

76) 승(繩): 법칙이나 준칙을 말한다.

而失、由隆而汚。此以時言詩，時有變而詩因之。時變而失
正，詩變而仍不失其正，故有盛無衰，詩之源也。

무릇 풍아77)에는 정과 변이 있으며 그 정과 변은 시대와 관련이
있는데 이는 정치와 풍속이 득에서 실로 변하거나 융성함에서 쇠
퇴함으로 변함을 말하는 것이다. 이것은 시절로써 시를 말한 것이
니, 시절에 변화가 있으면 시도 이로 인해 변한다. 시대는 변하여
정을 잃지만 시가는 변하여도 여전히 그 정을 잃지 않는다. 그러
므로 성함만이 있을 뿐 쇠퇴함이 없다. 이것이 시의 근원이다.

1-43

吾言後代之詩，有正有變，其正變係乎詩，謂'體格'、'聲
調'、'命意'、'措辭'、新故升降之不同。此以詩言時。詩遞變
而時隨之。

내가 후대의 시가는 정과 변이 있고, 그 정과 변은 시가와 관계가
있다고 하는 것은 '체격'78), '성조', '함의'79), '말을 섞는 것'80)에 있
어서의 옛날과 지금의 기복이 같지 않음을 말하는 것이다. 이것은
시로써 시절을 말한 것이다. 시가 번갈아가면서 변하니 시절도 그
것에 따라 변한다.

1-44

故有漢、魏、六朝、唐、宋、元、明之互爲盛衰，惟變以救

---

77) 풍아(風雅): ≪시경(詩經)≫의 국풍(國風)·대아(大雅)·소아(小雅)를 가리킨다.
78) 체격(體格): 시의 내용, 형식, 미학 등을 포함하는 의미로 보통 풍격. 스타일과
   통한다고 볼 수 있다.
79) 명의(命意): 주제. 함의(含意). 함축. 내포. 암시. 언외의 의미.
80) 조사(措辭): 글을 지음에 있어 글의 마디를 얽어서 만듦. 곧 시가(詩歌)의 문장
   (文章)에 있어서, 문자(文字)의 용법(用法)과 사구(辭句)의 배치를 가리킨다.

正之衰, 故遞衰遞盛, 詩之流也。從其源而論, 如百川之發源, 各異其所從出, 雖萬派而皆朝宗於海, 無弗同也。從其流而論, 如河流之經行天下, 而忽播爲九河[81]。河分九而俱朝宗於海, 則亦無弗同也。

그러므로 한·위·육조·당·송·명이 서로 성함과 쇠함이 있었지만 오직 변만이 정의 쇠퇴를 구할 수 있었다. 그래서 흥함과 쇠함을 번갈아 드는 것이 바로 시의 흐름이다. 그 원천을 쫓아 논하자면 모든 사물의 발원이 각각 나오는 바가 만 갈래 다르지만 모두 바다를 향하고 흘러가는 것은 모두 마찬가지이다. 그 지류를 따라 논하자면 강물이 천하를 흘러 떠돌아다니다가 九河에서 나뉘지만 모두 바다로 향하고 있는 것 또한 마찬가지이다.

▶ 1-45

歷考漢、魏以來之詩, 循其源流升降, 不得謂正爲源而長盛, 變爲流而始衰。惟正有漸衰, 故變能啓盛。

역대로 한위 이후의 시를 고찰하여 그 근원과 흐름의 변화를 따라가면 정이 근원이 되어 오래도록 성하거나, 변이 흐름이 되어 쇠퇴하기 시작하였다고 말할 수는 없다. 단지 정은 점차적으로 쇠퇴하기 마련이라 변이 성함으로 인도할 수 있다.

▶ 1-46

如建安之詩, 正矣, 盛矣。相沿久而流於衰。後之人力大者大變, 力小者小變。六朝諸詩人, 間能小變, 而不能獨開生面。

건안의 시는 정이며 성이다. 정이 오래되어 쇠함으로 흐르게 될

---

81) 구하(九河): 함곡관(函谷關)에 위치하는 곳 주변 즉, 현 감숙성(甘肅省) 중부 지역 주변에 흐르고 있었던 것임을 알 수 있다

때, 후세 사람들의 힘이 크면 크게 변하고 힘이 적으면 작게 변한다. 육조의 여러 시인은 간간이 작게 바꿀 수 있었지만 독창적으로 새로운 면을 열 수는 없었다.

▶ 1-47

唐初沿其卑靡浮豔之習, 句櫛字比, 非古非律, 詩之極衰也。而陋者必曰：此詩之相沿至正也。不知實正之積弊而衰也。
당대 초기에 그 비천하고 농염하고 부미한 육조의 잘못된 문풍을 이어받아 글자와 문장 하나하나에 너무 심혈을 기울였다. 고시도 아니고 율시82)도 아니어서 시가 극도로 쇠퇴하였다. 식견이 좁은 사람들은 '이것은 시가 계속 서로 따라하면서 바름(正)에 이르게 된 것이다'라고 말한다. 하지만 이것은 실제로 바름에 폐단이 쌓여서 쇠함으로 흐르게 된 것을 모르고 하는 말이다.

▶ 1-48

迨開寶諸詩人, 始一大變。彼陋者亦曰：此詩之至正也。不知實因正之至衰, 變而爲至盛也。盛唐諸詩人, 惟能不爲建安之古詩, 吾乃謂唐有古詩。若必摹漢、魏之聲調字句, 此漢、魏有詩, 而唐無古詩矣。

---

82) 율시(律詩): 율시는 팔구(八句)인데, 2구를 1연으로 하고 4연으로 되어 있다. 중간 2연은 대구(對句)를 쓰는 규칙이다. 평측(平仄)의 배열법은 절구와 같다. 이미 제·양시대부터 팔구의 오언시는 자주 만들어졌고 초당 때 율시로서 자리를 굳혔다. 칠언은 발생이 늦었고 또 오언에 비해 격이 떨어지는 비속한 가락이 좀체로 가시지 않았는데, 초당 말기에 시인의 본격적인 작품이 나타나 급격하게 발달하였다. 오언과 칠언이 다같이 응수(應酬)의 시로서 발달하였는데, 여기에 내면적인 깊이를 가하여 일층 고급문학으로 완성시킨 사람은 두보(杜甫)였다. 율시는 절구와 같이 찰나적 감정을 응집적으로 노래하나 중간의 대구의 묘미, 치밀한 구성미 등으로 보다 복잡한 맛을 지닌다.

개원천보 년간 시인들에 이르러서야 비로소 일대의 변화가 있게 된다. 견문이 좁은 자는 '이것은 시가 지극히 바른 것이다.'라고 말한 것이다. 하지만 이것은 실제로 정이 쇠함에 이르자, 변하여 성함에 이르게 된 것을 모르고 하는 말이다. 성당의 여러 시인들은 건안의 고시를 따라하지 않을 수 있었으나 나는 당대에 진정한 고시가 있다고 말했다. 만약 반드시 한·위의 성조와 자구를 따라한다면 이것은 한대와 위대의 시이지 당대의 고시는 아니다.

▶ 1-49

且彼所謂陳子昂'以其古詩爲古詩', 正惟子昂能自爲古詩, 所以爲子昂之詩耳。然吾猶謂子昂古詩, 尙蹈襲漢、魏蹊徑, 竟有全似阮籍詠懷之作者, 失自家體段, 猶訾子昂不能以其古詩爲古詩。乃翻勿取其自爲古詩, 不亦異乎!

또한 이른바 진자앙이 '그 자신의 고시로써 고시를 삼는다.'는 것은, 오직 진자앙 자신만이 자신의 고시를 지을 수 있기에 진자앙의 시가 될 뿐이라는 것이다. 하지만 내가 만약 진자앙의 고시가 한위의 길을 따라가서 완적[83)의 영회시와 거의 비슷하며 자신의 본체를 잃었다고 한다면, 이것은 진자앙이 그의 고시를 고시로 삼을 수 없다고 헐뜯는 것과 같은 것이다. 즉 이것은 그로 하여금 자신의 고시를 짓지 말라고 하는 것이니 이 또한 이상하지 않는가?

---

83) 완적(阮籍): 생졸년은 210~263, 중국 삼국시대 위나라의 사상가, 문학가, 시인으로 자는 사종(嗣宗)이다. 보병 교위를 역임하여 완보병으로 불린다. 죽림칠현의 한 사람으로 노장의 학문을 연구하였으나 정계에서 물러난 뒤 술과 청담으로 세월을 보냈다. 특히 그의 영회시가 문학적 성취가 높다. 저서로는 ≪阮嗣宗集≫이 있다.

1-50

杜甫之詩, 包源流, 綜正變。自甫以前, 如漢、魏之渾樸古雅, 六朝之藻麗穠纖、澹遠韶秀, 甫詩無一不備。然出於甫, 皆甫之詩, 無一字句爲前人之詩也。

두보의 시는 근원과 흐름을 포괄하고 정과 변을 종합하여 두보 이전, 예를 들면 한위의 질박하고 고풍스러움, 육조의 화려함과 담백함과 같은 것을 모두 갖추었다. 그래서 두보에게서 나온 것은 모두 진정한 두보의 시로써 어느 한 글자, 한 문장도 앞시대 사람의 시에서 나오지 않았다.

1-51

自甫以後, 在唐如韓愈、李賀之奇杲, 劉禹錫、杜牧之雄傑, 劉長卿之流利, 溫庭筠、李商隱之輕艶, 以至宋、金、元、明之詩家, 稱巨擘者, 無慮數十百人, 各自炫奇翻異。而甫無一不爲之開先。

두보 이후로 당에는 한유[84], 이하[85]의 기이함, 유우석[86], 두목[87]

---

84) 한유(韓愈): 생졸년은 768~824, 중국 당(唐)의 유학자, 문장가이다. 당시 당나라는 지배계급 내부에서 보수파의 족벌 호족과 개혁파의 신흥 서족(庶族) 사이에 격렬한 '당쟁'이 벌어지고 있었는데, 그의 문필 활동은 이 당쟁 하에서 전개되었다. 문장가로서 유종원(柳宗元) 등과 고문(古文) 부흥에 힘써, 당송팔대가의 한 사람이라 일컬어진다.

85) 이하(李賀): 생졸년은 790~816, 특출한 재능과 초자연적 제재(題材)를 애용하는 데 대해 '귀재(鬼才)'라는 명칭이 붙었던 중국 중당(中唐) 때의 시인이다. 저서로는 ≪이하가시편(李賀歌詩篇)≫(4권), ≪외집(外集)≫(1권)이 전한다.

86) 유우석(劉禹錫): 생졸년은 772~842, 중당(中唐)의 시인. 박학굉사과(博學宏詞科)에 급제하여 회남절도사(淮南節度使) 두우(杜佑)의 막료가 되었으나 정치개혁 실패로 낭주사마(朗州司馬), 연주자사(連州刺史)등으로 전직되고 중앙과 지방의 관직을 역임했다. 유종원(柳宗元)과 교분이 매우 두터워서 '유유'(劉柳)라고 병칭되기도 했으며, 항상 백거이(白居易)와 시문(詩文)을 주고받는 등 사

의 웅걸함, 온정균[88])과 이상은[89])은 엷은 농염함이 있었으며, 송·금·원·명대의 시가중 대가[90])의 칭호를 받은 무수히 많은 작가가 저마다 뛰어난 면모를 과시하였으나, 결국 두보가 이들 모두 작가의 발단이 된다고 할 수 있다.

▶ 1-52

此其巧無不到、力無不擧, 長盛於千古, 不能衰, 不可衰者也。今之人固群然宗杜矣, 亦知杜之爲杜, 乃合漢、魏、六朝並後代十百年之詩人而陶鑄之者乎!

이것은 그 기교가 이르지 않은 것이 없고 그 필력으로 들어 올리

이가 좋았기 때문에 '유백'(劉白)이라고도 병칭되었다. 그의 시는 통속적이면서도 청신하며 〈죽지사(竹枝詞)〉가 유명하다. 주요 저서에는 ≪유몽득문집(劉夢得文集)≫, ≪외집(外集)≫등이 있다.
87) 두목(杜牧): 생졸년은 803~853, 이상은(李商隱)과 더불어 이두(李杜)로 불리는 중국 만당전기(晚唐前期)의 시인산문에도 뛰어났지만 시에 더 뛰어났으며, 근체시(近體詩) 특히 칠언절구(七言絕句)를 잘 했다. 만당시대의 시인에 어울리게 말의 수식에 능했으나, 내용을 보다 중시했다.
88) 온정균(溫庭筠): 생졸년은 812?~870, 중국 당나라 말기의 시인으로 악부(樂府)에 뛰어나 화려한 표현으로 스러져가는 육조 문화에 대한 동경과 석춘(惜春)의 정 등을 노래했다. 당나라 해체시기의 시정을 가장 잘 대표하는, 따뜻하고 색채가 넘치는 관능적 세계를 만들어냈다. 유행가요였던 '사(詞)'를 서정시의 위치로 끌어올렸다.
89) 이상은(李商隱): 생졸년은 유미주의적(唯美主義的) 경향이 있는 중국 만당(晚唐)의 시인(812~858). 전고(典故)를 자주 인용, 풍려(豊麗)한 자구를 구사하여 당대 수사주의문학(修辭主義文學)의 극치를 보였다. 주요 저서에는 ≪이의산시집(李義山詩集)≫, ≪번남문집(樊南文集)≫등이 있다.
90) 거벽(巨擘): 무리에서 뛰어난 자를 뜻한다. 전국시대 제(齊)나라의 진중자(陳仲子)를 말하는데, 오릉(於陵)에 살았기 때문에 오릉중자(於陵仲子)라고도 한다. 그의 지나칠 정도의 결벽성에 대해서는 ≪맹자≫ 등문공 하(滕文公下)에 자세한 설명이 나오는데, 그 서두에 "제나라 인사 중에서는 내가 반드시 중자를 엄지손가락으로 꼽는 바이다.(於齊國之士 吾必以仲子爲巨擘焉)"라는 맹자의 말이 나온다.

지 못할 것이 없으니 천년 동안 오래 성하여 쇠할 수 없고 쇠해서도 안 되는 것이다. 지금 사람들이 모두 두보를 근본으로 삼는 것은 또한 두보의 두보다움이 바로 한·위·육조 및 후대 천년의 시인들을 모두 합쳐져 융합했기 때문일 것인지!

▶ 1-53

唐詩爲八代以來一大變。韓愈爲唐詩之一大變。其力大, 其思雄, 崛起特爲鼻祖。宋之蘇、梅、歐、蘇、王、黃, 皆愈爲之發其端, 可謂極盛。

당시는 팔대 이래의 일대의 변화라 할 수 있다. 한유는 당시에 있어서 큰 변화이다. 그 힘은 넘쳤으며 그 사상은 웅대하고 우뚝 솟아 비조가 되었다. 송대의 소순흠, 매요신, 구양수[91], 소식[92], 왕안석[93], 황정견[94] 등은 모두 한유를 그 시발로 삼아서 지극히 융

---

91) 구양수(歐陽脩): 생졸년은 1007~1072, 북송의 문학가. 자는 영숙(永叔)이고 호는 취옹(醉翁) 또는 육일거사(六一居士)이며, 시호는 문충(文忠)이다. 벼슬은 참지정사(參知政事)를 지냈다. 중국 송나라의 정치가 겸 문인이며, 한림원학사(翰林院學士) 등의 관직을 거쳐 태자소사(太子少師)가 되었다. 송나라 초기의 미문조(美文調) 시문인 서곤체(西崑體)를 개혁하고, 당나라의 한유를 모범으로 하는 시문을 지었다. 당송8대가(唐宋八大家)의 한 사람이었으며, 후배들에게 많은 영향을 주었다. 주요 저서에는 ≪구양문충공집≫153권이 있다. ≪신당서(新唐書)≫ ≪오대사기(五代史記)≫의 편자이기도 하며, ≪오대사령관전지서(五代史伶官傳之序)≫를 비롯하여 많은 명문을 남겼다. 문집으로 ≪六一居士集≫이 있다.

92) 소식(蘇軾): 생졸년은 1037~1101, 북송의 문인으로 자는 子瞻, 和仲, 東坡居士이다. 眉山(현 사천성 일대) 출신이다. 여러관직을 거쳐 中書舍人, 翰林學士承旨 등을 지냈다. ≪東坡集≫40권, ≪東坡後集≫20권, ≪和陶詩≫4권 등이 있다.

93) 왕안석(王安石): 생졸년은 1021~1086, 북송초기 대표적인 문인으로 자는 介甫, 말년의 호는 半山, 王荊公이며, 臨川(현재 강소성내) 출신이다. 仁宗 經曆 2년에 進士, 簽書淮南判官 등을 시작으로 수많은 관직을 역임했다. 신종 때 참지정사가 되어 新法을 추진하다 공격을 받아 사직하고 말년에 江寧 鍾

성했다고 말할 수 있다.

▶ 1-54

而俗儒且謂愈詩大變漢、魏, 大變盛唐, 格格而不許, 何異居蚯蚓之穴, 習聞其長鳴, 聽洪鍾之響而怪之, 竊竊然議之也!

세상의 캐캐묵은 선비는 한유의 시가 한위와 성당을 크게 변화시켰다고 말하는데, 이것은 도무지 맞지 않는 말이다. 지렁이95) 굴에 살면서 긴 울음소리를 듣는데 익숙해 있다가, 갑자기 큰 소리를 듣고서 괴상히 여겨 몰래 그것을 두고 이러쿵저러쿵 하는 것과 무엇이 다르겠는가!

▶ 1-55

且愈豈不能擁其鼻、肖其吻, 而效俗儒爲建安、開、寶之詩乎哉? 開、寶之詩, 一時非不盛;遞至大曆、貞元、元和之間, 沿其影響字句者且百年, 此百餘年之詩, 其傳者已少殊尤出類之作, 不傳者更可知矣。

또한 한유가 코를 잡고 남의 말을 따라하며, 세상의 속된 선비처럼 건안과 개원천보 년간의 시를 짓는 것을 어찌 할 줄 몰랐겠는가! 개원천보96) 년간의 시가 한 때 흥성하지 않은 것은 아니지만

山에 은거했다. 당송팔대가의 한 사람으로 저서로는 ≪臨川集≫이 있다.
94) 황정견(黃庭堅): 생졸년은 1045~1105, 북송의 문인으로 자는 魯直이고 호는 山谷이다. 洪州 分寧(현 강소성 일대) 사람이고 '蘇門士學士'의 한 사람이다. 江西詩派의 영수이고, 작품집으로는 ≪山谷集≫이 있다.
95) 구인(蚯蚓): 지렁이를 가리킨다. ≪예기≫ 월령에 나오는 말로, "중동월(仲冬月)이 되면 운(芸)이 비로소 나고 여정(荔挺)이 산출되며, 지렁이는 몸을 도사리고[蚯蚓結] 사슴은 뿔이 빠지며, 수천(水泉)이 움직인다."고 하였다.

대력·정원·원화97)로 이어지면서 그 자구에 지속적으로 영향을 끼친 것이 벌써 백 여년인데 그동안 시에서 전해지는 것 중 뛰어난 것이 거의 없으니, 전해지지 못한 까닭을 더욱더 알 만하다.

▶ 1-56

必待有人焉起而撥正之, 則不得不改絃而更張之。愈嘗自謂 "陳言之務去", 想其時陳言之爲禍, 必有出於目不忍見, 耳不堪聞者。

반드시 어떤 사람이 나타나서 그것을 바로잡아야 한다면 현을 새롭게 바꾸어 늘이지 않으면 안 된다. 한유는 "진부한 말은 힘써 없애야 한다."98)라고 말하였다. 그 당시 진부한 말99)이 화가 된다고 생각한 것은 차마 보기 힘들고 듣기 어렵다는 데에서 나온 말일 것이다.

▶ 1-57

使天下之心思智慧, 日腐爛埋沒於陳言中, 排之者比於救焚拯溺, 可不力乎? 而俗儒且栩栩然俎豆愈所斥之陳言, 以爲秘異而相授受, 可不哀耶!

만약 천하의 사람들의 생각과 지혜가 나날이 진부한 말에 매몰된다면, 그것을 거부하는 자는 불에 타고 있는 사람100)과 물에 빠진 사람101)을 구해내는 것과 같으니 어찌 힘이 들지 않을 수 있겠는

---

96) 개원·천보(開、寶): 당 현종의 초기와 후기 연보이다.
97) 원화(元和): 당 헌종의 연호이다.
98) "陳言之務去": 한유의 《答李翊書》 "惟陳言之務去, 戛戛乎其難哉!"에 나오는 구절이다.
99) 진언(陳言): 진부한 말을 가리킨다. 임금에게 고한 말이라는 뜻도 있다.
100) 구분(救焚): 불에 타고 있는 위태로운 자를 구한다는 말이다.

가! 그러나 세상의 캐캐묵은 선비는 한유가 배척한 말을 자랑스럽게 높이 받들었으며, 서로 대단한 비밀처럼 주고받으니, 이 어찌 슬프지 않겠는가!

▶ 1-58

故<u>晚唐</u>詩人, 亦以陳言爲病, 但無<u>愈</u>之才力, 故日趨於尖新纖巧, 俗儒卽以此爲<u>晚唐</u>詬厲, 嗚呼, 亦可謂愚矣!
때문에 만당의 시인들 역시 진부한 말을 병으로 삼았다. 그러나 한유와 같은 재능과 필력이 없었기에 매일 거칠고 새로우며, 섬세하고 공교로운 기교만을 추구하였다. 세상의 캐캐묵은 선비들은 이것 때문에 만당을 욕하였다. 아, 슬프도다. 어찌 어리석다고 말하지 않을 수 있으리오!

▶ 1-59

至於<u>宋</u>人之心手日益以啓, 縱橫鉤致, 發揮無餘蘊, 非故好爲穿鑿也, 譬之石中有寶, 不穿之鑿之, 則寶不出。且未穿未鑿以前, 人人皆作模稜皮相之語, 何如穿之鑿之之實有得也。
송대에 이르러 사람의 생각과 재능이 매일 매일 좋아지고 이것 저것을 자유롭게 끌어 모았으며, 능력을 남김없이 발휘하였다. 본래 천착하는 것을 좋아했던 것이 아니라, 예를 들자면 돌 안에 옥석이 있어도 그것을 뚫고 깎지 않으면 옥이 나오지 않는 것과 같다. 그리고 천착하기 전에 저마다 모두 피상적인 말을 모방하기를 일삼는다면 어떻게 천착해서 실제 얻는 것이 있겠는가!

---

101) 증닉(拯溺): 물에 빠진 사람을 구원한다는 뜻으로, 위급한 상황을 타개하는 것을 말한다.

1-60

如蘇軾之詩, 其境界皆開闢古今之所未有, 天地萬物, 嬉笑怒罵, 無不鼓舞於筆端, 而適如其意之所欲出, 此韓愈後之一大變也, 而盛極矣。

소식102)의 시는 그 경계103)가 예전과 지금에 없었던 바를 모두 열어 놓았고, 천지의 만물과 기뻐하고 웃고 노여워하고 화내는 등의 세상사의 모든 일들이 그의 붓끝에서 춤추지 아니한 것이 없어, 그의 뜻이 나아가고자 하는 바와 같았다. 이것은 한유 이후의 하나의 큰 변화이며 매우 대단한 것이다.

1-61

自後或數十年而一變。或百餘年而一變。或一人獨自爲變。或數人而共爲變。皆變之小者也。其間或有因變而得盛者, 然亦

---

102) 소식(蘇軾): 중국 북송 시대의 시인이자 문장가, 학자, 정치가이다(1037년~1101년). 자(字)는 자첨(子瞻)이고 호는 동파거사(東坡居士)였다. 흔히 소동파(蘇東坡)라고 부른다. 현 쓰촨 성 미산(眉山)현에서 태어났다. 시(詩), 사(詞), 부(賦), 산문(散文) 등 모두에 능해 당송팔대가의 한 사람으로 손꼽혔다.

103) 경계(境界): 王國維의 詞 비평 이론에서 가장 핵심이 되는 것은 '境界'이다. ≪人間詞話≫제1칙에서 왕국유는 "사는 경계를 최상으로 삼는다. 경계가 표현되어 있으면 자연히 고상한 풍격을 이루게 되며, 저절로 뛰어난 구를 갖추게 된다."고 하여 詞에 있어서 가장 중요한 것은 境界임을 밝히고 있다. 왕국유가 말하는 境界는 일반적 용어로서의 의미와 불교용어로서의 의미, 예술 형상적 용어로서의 의미를 모두 포함하는 것이다. 왕국유는 眞을 사의 필수요소로 꼽고, 진실성이 담긴 참된 경물과 참된 감정은 사의 境界를 이루는 필수요소라고 보았다. 왕국유는 第6則에서 문예비평의 기준으로서의 境界의 대상과 필수요소를 제시하고 있다. "境非獨謂景物也. 喜怒哀樂, 亦人心中之一境界. 故能寫眞景物, 眞感情者, 謂之有境界. 否則謂之無无境界.(경계란 오직 경물만을 가리키는 것은 아니며, 희노애락도 인간의 마음속 한 경계이다. 고로 참된 경물, 참된 감정을 묘사할 수 있는 가에 따라 경계가 있다고 말할 수 있고 그렇지 않다면 경계가 없다고 말할 수 있다.)"

不能無因變而益衰者。

이후로 부터 혹은 수 십 년 만에 한 번, 혹은 백 여 년 만에 한 번 변하였고 혹은 한 사람이 독자적으로 혹은 몇 몇 사람들이 함께 변화를 가져왔다. 이 모든 변화들은 모두 작은 변화들이었다. 그 사이에서 간혹 변화에 의하여 성대함을 얻은 것도 있었으나, 변화에 의하여 더욱 쇠퇴해진 것도 있었다.

➤ 1-62

大抵古今作者, 卓然自命, 必以其才智今與古人相衡, 不肯稍爲依傍, 寄人籬下, 以竊其餘唾。竊之而似, 則'優孟衣冠'。竊之而不似, 則'畫虎不成'矣。

무릇 옛날과 지금 탁월한104) 작가들은 자신을 뛰어나다고 믿고105) 반드시 그 자신의 재능과 지혜가 옛사람의 것과 서로 균형을 이룬다고 보았기에 조금도 모방하려 하지 않았다. 남의 울타리 아래에 깃들어 있는 것은 남의 말을 가로채는 것이라 생각했다. 남의 말을 가로채서 비슷하면 '우맹을 빌어 입은 의관(優孟衣冠)'106)에 불과할 뿐이고, 그것을 표절해서 비슷해지지도 못한다면 그것은 '호랑이를 그리려다 잘못돼서 개를 그린 꼴(畫虎不成)'107)이라 할

---

104) 탁연(卓然): 뛰어나서 의젓한 모양을 말한다.
105) 자명(自命): 스스로 자기 힘을 믿는다. 자기 스스로 뛰어나다는 생각하다. 自任과 같은 뜻이다.
106) 우맹의관(優孟衣冠): 옛날 楚(초)나라의 이름난 배우 우맹(優孟)이 죽은 손숙오(孫叔敖)의 의관을 차리고 손숙오(孫叔敖)의 아들을 곤궁에서 구해 냈다고 함. 우맹이 의관(衣冠)을 입었다라는 뜻으로, ①사람의 겉모양(模樣)만 같고 그 실지(實地)는 다름을 비유(比喩·譬喩)하는 말, 곧 사이비(似而非)한 것을 이르는 말 ②문학 작품이 독창성(獨創性)과 예술성(藝術性)이 전혀 없음을 이르는 말 ③배우(俳優)가 등장(登場)하여 어떤 일을 풍자(諷刺)함을 일컫는 말이다.

것이다.

1-63

故寧甘作偏裨, 自領一隊, 如皮、陸人是也。乃才不及健兒, 假他人餘焰, 妄自僭王稱霸, 實則一土偶耳。生機旣無, 面目塗飾, 洪潦一至, 皮骨不存。而猶侈口而談, 亦何謂耶?

그러므로 차라리 달갑게 부장(副將)108) 이 스스로 한 부대를 이끄는 대장이 되는 편이 나을것이다. 예컨대 피일휴와 육구몽 같은 사람이 바로 그들이다. 이들은 재주가 건아에 미치지 못하는 자들은 다른 사람들의 남은 불꽃을109) 빌어 망령되이 스스로 왕(王)이나 패(霸)로 참칭하였지만, 실은 하나의 흙으로 빚은 인형에 불과할 따름이다. 생기는 이미 없고 얼굴에 잔뜩 분을 처발라 놓기만 한 것이어서 큰물110)이 한 번 닿기만 하면 가죽과 뼈가 하나도 남지 않게 된다. 제아무리 떠벌리며111) 말을 한다고 해도 어찌 말이라고 할 수 있겠는가?

1-64

惟有明末造, 諸稱詩者專以依傍臨摹爲事, 不能得古人之興會神理, 句剽字竊, 依樣葫蘆。

---

107) 화호불성(畫虎不成): 범을 그리려다가 강아지를 그린다는 뜻으로, 서투른 솜씨로 남의 언행(言行)을 흉내내려 하거나, 어려운 특수(特殊)한 일을 하려다가 도리어 잘못됨의 비유하는 말이다.
108) 편비(偏裨): 偏將, 裨將, 副將, 小將 등을 가리킨다.
109) 여염(餘焰): 남은 불꽃. 남은 여력.
110) 홍료(洪潦): 큰 비로 홍수가 나다.
111) 치구(侈口): 떠벌이다.

오직 명나라 말기에 여러 시를 짓는다고 한답시고 남의 말을 모방하고 표절하는112) 것을 일삼는 사람들이 많이 있었다. 하지만 이들은 옛사람의 흥취와 신묘한 이치113)를 얻지 못하고 자구만 베끼고 모방하여 호로병을 그리는 꼴이었다.

> 1-65

如小兒學語，徒有喔咿，聲音雖似，都無成說，令人嚔而卻走耳。乃妄自稱許曰："此得古人某某之法。" 尊盛唐者，盛唐以後，俱不掛齒。

마치 어린 애들이 막 말을 배울 때 공연히 옹알이114) 같은 소리를 내긴 하지만 말을 못하는 것과 같은 것이니, 결국 사람들로 하여금 재채기하여115) 떠나게 될 뿐이다. 또한 망령되이 스스로를 칭찬하여 "이것은 옛사람의 이러이러한 방법을 얻은 것이다."라고 말하였다. 성당을 높이 존숭하는 사람은 성당 이후의 시를 입에 담지 않았다.

> 1-66

近或有以錢、劉爲標榜者，舉世從風，以劉長卿爲正派。究其實不過以錢、劉淺利輕圓，易於摹倣，遂呵宋斥元。又推

---

112) 임모(臨摹): 남의 글을 모방하고 표절하다는 뜻이다. 臨은 글씨본 등을 보고 그것을 따라 배우는 것을 말하고, 摹는 그 글씨본 위에 얇은 종이를 대고 그대로 모사해내는 것을 뜻한다.
113) 신리(神理): 보이지 않는 곳에서 무상(無上)의 위력을 발휘하며 재앙과 화복을 내리는 신령의 도를 말한다.
114) 악이(喔咿): 닭 울음소리. 여기서는 아이가 처음 말을 배울 때 내는 옹알이 소리를 가리킨다.
115) 해(嚔): 재채기를 말한다.

崇宋詩者, 竊陸游、范成大與元之元好問諸人婉秀便麗之
句, 以爲秘本。

근래에 어떤 사람들은 전기116)와 유장경117)을 모범으로 삼아 온
세상이 그들의 풍조를 따랐으며, 유장경을 정파로 삼았다. 하지만
그 실제를 궁구해보면 전기와 유장경의 경박하고 천속한 것을 모
방한 것에 불과하다. 결국 그것 역시 송과 원을 배척하는 것이다.
또한 송시를 떠받드는 사람은 육유, 범성대와 원대의 원호문과 같
은 여러 시인의 완약하고 아름다운 구절을 베껴서 진귀한 책118)으
로 삼았다.

▶ 1-67

昔李攀龍襲漢、魏古詩樂府, 易一二字, 便居爲已作。今有
用陸、范及元詩句, 或顚倒一二字, 或全竊其面目, 以盛誇
於世, 儼主騷壇, 傲睨千古, 豈惟風雅道衰, 抑可窺其術智矣。

옛날에 이반룡119)이 한위의 고시 악부를 인습하여 한 두 글자를

---

116) 전기(錢起): 722~780. 당대 시인으로 자는 仲文이고 吳興(현 절강성) 사람
이다. '大曆十才子'의 한 사람이다. 대력년간에 司勳員外郞, 考功郞中 등을
지내어 錢員外, 錢考功으로 불린다.
117) 유장경(劉長卿): 생졸년은 725?~791?, 오언시(五言詩)에 능하여 '오언장성
(五言長城)'이라는 칭호를 듣던 중국 당나라 때의 시인. 관리로서도 강직한
성격을 그대로 나타내 자주 권력자의 뜻을 거스르는 언동을 했다. 주요 작품
에는 ≪유수주시집(劉隨州詩集)≫, ≪외집(外集)≫등이 있다.
118) 비본(秘本): 도서의 일종으로 소중히 보관하는 진서(珍書). 기밀의 유지상 특
별히 관리하여 관계자나 허가를 받은 사람 이외에는 보여주지 않는 도서.
119) 이반룡(李攀龍): 생졸년은 1514~1570, 한·위(魏)·성당(盛唐)의 시의 격조
를 중시했던 중국 명나라의 시인. 이·하를 중심으로 하는 홍치 칠자(弘治七
子:前七子)의 '복고설(復古說)'을 계승하고 왕세정(王世貞) 등과 더불어 '고
문사설(古文辭說)'을 제창했다. 주요 저서에는 ≪이창명선생전집≫, ≪고금
시산≫등이 있다.

바꾸어 자신의 작품인양 했다. 지금은 육유, 범성대, 원호문의 시구를 한 두 글자 뒤집거나 혹은 전부를 베껴서 세상에게 과시하여, 시단의 우두머리가 되어 고금의 시를 오만스럽고 못마땅하게 흘겨보는 이가 있다. 어찌 유독 풍아의 도가 쇠퇴하였기 때문이 아니겠는가? 그렇지 않다면 그 예술의 지혜를 엿볼 수 있을 것이다.

▶ 1-68

大凡人無才, 則心思不出。無膽, 則筆墨畏縮。無識, 則不能取捨。無力, 則不能自成一家。而且謂古人可罔, 世人可欺, 稱格稱律, 推求字句, 動以法度緊嚴, 扳駁銖兩。

크게 무릇 사람이 재능이 없으면 생각이 나오지 못한다. 담력이 없으면 문장이 위축된다. 식견이 없으면 취사선택할 수 없다. 힘이 없으면 스스로 일가를 이룰 수 없다. 또한 옛 사람을 속일 수 있고, 세상 사람들을 기만할 수 있다고 말하며, 격률과 자구를 따지고 걸핏하면 법도로 구속하여 엄격하게 반박한다.

▶ 1-69

內旣無具, 援一古人爲門戶, 藉以壓倒衆口。究之何嘗見古人之眞面目, 而辨其詩之源流本末正變盛衰之相因哉!

안으로는 갖추어진 것이 없이 어떤 한 옛날 사람을 갖다 붙여 파벌을 만들어 이에 의지하여 여러 사람의 입을 막아버린다. 이래서야 어찌 옛사람의 진면목을 볼 수 있겠는가? 또한 그 시의 원류, 근본과 말단, 정변, 융성함과 쇠함이 서로 연계되어 있음을 분별할 수 있겠는가!

1-70

更有竊其腐餘, 高自論說, 互相祖述, 此眞詩運之厄! 故竊不揣, 謹以數千年詩之正變盛衰之所以然, 略爲發明, 以俟古人之復起。更列數端於左：

아울러 썩어 진부한 것을 베껴서 자신을 뛰어나다고 논설하고 서로 모방하였으니, 이것은 정말 시의 궤적에 있어서 재앙이 아니겠는가! 그러므로 삼가 나 자신의 역량을 헤아리지 아니하고, 수 천 년 동안 시에서 올바름과 변화, 성대함과 쇠함이 일어나는 소이연을 대강이나마 드러내어, 옛사람이 다시 일어나기를 기다린다. 몇 가지 사례를 더 나열하자면 다음과 같다.

1-71

或問於余曰：'詩可學而能乎？' 曰：'可。' 曰：'多讀古人之詩而求工於詩而傳焉, 可乎？' 曰：'否。' 曰：'詩旣可學而能, 而又謂讀古人之詩以求工爲未可, 竊惑焉。其義安在？'

어떤 사람이 나에게 '시를 배우면 잘 지을 수 있습니까?' 라고 물었는데, 나는 '가능하다.'라고 대답했다. 다시 묻기를 '옛날사람들이 시를 많이 읽어 시에서 공교함을 구해 후세에 전하려고 하는데, 가능합니까?'라고 하자, 나는 '불가능하다.'라고 대답했다. 또한 '시를 짓는 것은 배워서 잘 할 수 있다고 말씀하시면서, 옛사람의 시를 읽어 공교함을 구하는 일에 대해서는 안 된다고 말씀하시니, 저는 이것을 잘 모르겠습니다. 그 이유는 무엇입니까?' 라고 물었다.

1-72

余應之曰："詩之可學而能者, 盡天下之人皆能讀古人之詩而能詩, 今天下之稱詩者是也。而求詩之工而可傳者, 則不在是。何則？"

나는 응당 그것에 대해 "시를 배워서 잘 지을 수 있는 것이라고 한 것은 세상의 모든 사람들이 옛사람의 시를 잘 읽을 수 있으니, 이것이 바로 현재 세상에서 시라고 일컫는 것이다. 하지만 시의 공교함을 추구하여 세상에 길이 남기는 것은 이렇게 할 수 없다. 도대체 왜 그렇습니까?" 라고 물었다.

▶ 1-73

大凡天資人力, 次序先後, 雖有生學困知之不同, 而欲其詩之工而可傳, 則非就詩以求詩者也。我今與子以詩言詩, 子固未能知也。不若借事物以譬之, 而可曉然矣。

무릇 사람의 천부적인 재능은 우열이 있어 태어나면서부터 모든 것을 아는 사람, 배워서야만 아는 사람, 곤궁해지면 비로소 아는 사람 등의 차이가 있다. 그러므로 시 짓는데 공교함을 추구하여 세상에 남기는 것은 단순히 시를 배워서 할 수 있는 것이 아니다. 내가 지금 당신에게 시로써 시를 말한다면, 당신은 응당 이해할 수 없으니, 차라리 사물로 비유한다면 당신은 바로 명확하게 이해할 수 있을 것이다.

▶ 1-74

今有人焉, 擁數萬金而謀起一大宅, 門堂樓廡, 將無一不極輪奐之美。是宅也, 必非憑空結撰, 如海上之蜃, 如三山之雲氣。

지금 어떤 사람이 수 만 금의 재산으로 큰 집을 지으려고 하는데, 내부에는 큰대문과 누각과 복도가 구비되어 있으며 이루 다 말할 수 없이 건물이 아름답게120) 꾸미려고 한다. 이러한 큰 집은 결코 바닷가의 신기루[121]나 삼신산[122]의 구름처럼 허공에 만든 구조가 아니다.

▶ 1-75

以爲樓臺, 將必有所託基焉。而其基必不於荒江、窮壑、負郭、僻巷、湫隘、卑濕之地。將必於平直高敞、水可舟楫、陸可車馬者, 然後始基而經營之, 大廈乃可次第而成。我謂作詩者, 亦必先有詩之基焉。

누대를 짓기 위해서는 반드시 그것을 지탱할 만한 기초가 있어야 하고, 그 기초는 결코 황량한 강이나 궁벽한 골짜기, 성곽 부근의 교외[123], 궁벽한 촌락[124], 저습지[125]에서는 불가능하다. 반드시 높고 평평하며 수로로 배가 충분히 잘 다닐 수 있고, 육로로도 충분히 수레가 잘 오갈 수 있는 곳에서만 가능한 것이다. 그런 후에 기초를 다지고 사방 깊이를 재고 말뚝을 박고서야 그런 큰 집이 하나하나 점진적으로 만들어지는[126] 것이다. 나는 시를 짓는 것도

---

120) 윤환(輪奐): 윤(輪)은 매우 크고 높은 집을 말하고, 환(奐)은 집이 매우 많이 들어서 있는 것을 말함. 즉 대저택이 모여있는 것을 말한다. ≪禮記·檀弓≫에 "美哉輪焉, 美哉奐焉."라고 되어 있다.
121) 해상지신(海上之蜃): 공중누각. 사상누각을 말한다.
122) 삼신산(三山): 신선이 살고 있다는 '蓬萊山'·'方丈山'·'瀛洲山'의 세 산을 가리킨다.
123) 부곽(負郭): 성곽 부근의 교외를 뜻하는 말이다.
124) 벽항(僻巷): 궁벽한 촌락이나 궁벽한 거리를 말한다.
125) 비습(卑濕): 지대가 낮고 습기가 많음을 말한다.
126) 경영(經營): 만들다는 뜻이다. ≪孟子·梁惠王上≫제2장에 "詩云: 經始靈臺, 經之營之, 庶民攻之. 不日成之, 經始勿亟, 庶民子來. (≪시경≫에 이르길 '영대(靈臺)를 처음으로 경영(經營)하여 이것을 헤아리고 도모하시니, 서민(庶民)들이 와서 일하는지라 하루가 못되어 완성되었다. 만들기를 급히 하지 말라고 하셨으나 서민들은 아들이 아버지 일에 달려오듯이 하였다.)"라

이와 같다고 할 수 있는데, 또한 반드시 시의 기초가 선행되어야 한다.

▶ 1-76

詩之基, 其人之胸襟是也。有胸襟, 然後能載其性情、智慧、聰明、才辨以出, 隨遇發生, 隨生卽盛。

시를 짓는 기초는 작가의 마음이라 할 수 있다. 마음이 있어야 비로소 자신의 성정, 지혜, 총명, 재능을 표현할 수 있고, 이러한 것들이 작자 눈과 귀를 통하여 더욱더 충만하게 발휘될 수 있다.

▶ 1-77

千古詩人推杜甫, 其詩隨所遇之人、之境、之事、之物, 無處不發其思君王、憂禍亂、悲時日、念友朋、弔古人、懷遠道。

천고의 시인들은 모두 두보를 높이 받든다. 두보의 시는 그가 겪은 인물, 환경, 사건과 각종 사물을 좇아 임금을 그리는 마음, 재난에 대한 걱정, 당대의 일에 대한 슬픔, 친구를 그리워함, 죽은 사람을 애도함, 먼 곳을 떠난 사람에 대한 그리움 같은 여러 감정을 모두 일으키고 있다.

▶ 1-78

凡歡愉、幽愁、離合、今昔之感, 一一觸類而起, 因遇得題, 因題達情, 因情敷句, 皆因甫有其胸襟以爲基。

또한 모든 기쁨, 슬픔, 걱정, 헤어짐과 만남, 현재와 과거에 대한

고 되어 있다.

느낌이 일일이 현실의 사물에서부터 나온다. 우연히 마주치는 것에서 영감을 얻고, 영감으로 인해 감정을 표현하고 시구를 펼쳐낸다. 이러한 것들이 바로 두보가 마음속 생각을 시의 기초로 삼은 까닭이라 할 수 있다.

▶ 1-79

如星宿之海, 萬源從出。如鑽燧之火, 無處不發。如肥土沃壤, 時雨一過, 夭矯百物, 隨類而興, 生意各別, 而無不具足。

두보의 시는 성숙해(星宿海) 경계에서127) 만물이 그 흐름에 따라 감흥이 일어나는 것 같다. 마치 나무에 구멍을 내어 마찰시켜 불을 일으키면128) 붙지 않은 곳이 없다. 예를 들어 비옥한 토양 위에 때에 알맞게 비가 내리고, 온갖 것들이 생겨나는데 그 뜻은 제각기 달라도 충분히 갖춰지지 않은 것이 없다.

▶ 1-80

卽如甫集中〈樂遊園〉七古一篇。時甫年才三十餘, 當開、寶盛時。使今人爲此, 必鋪陳颺頌, 藻麗雕繢, 無所不極。身在少年場中, 功名事業, 來日未苦短也, 何有乎身世之感!

≪두보집≫중에 칠언고시129) 〈낙유원가(樂遊園歌)〉130)와 같은

---

127) 성숙지해(星宿之海): 성국해(星宿海)는 청해(青海)에 있는 경계지역으로 황하의 시원으로 삼았다.
128) 찬수(鑽燧): 나무 구멍을 내어 비벼 마찰시키면 불이 일어나는 것을 말한다.
129) 칠언고시(七言古詩): 송대 엄우의 ≪滄浪詩話·詩體≫에서 칠언시의 기원은 한대 '백량체'라고 했다. 칠언시의 기원은 다양한데 그 가운데 조비의 〈燕歌行〉을 기원으로 삼는 설도 있다.
130) 杜甫,〈樂遊園歌〉: "樂游古園崒森爽, 烟綿碧草萋萋長。公子華筵勢最高,

시는 두보의 나이 겨우 서른 살 때 지어진 것으로 당시는 개원천보 년간의 성대한 세상이었다. 청대 사람들로 하여금 이와 같은 시를 짓게 한다면 그들은 반드시 성정을 나열하고 드높여 송축하며, 지극히 아름다운 말로 수식만을 더하였을 것이다. 다른 사람이라면 세상에 발을 딛으려하는 아직 나는 젊은 나이라 공명과 사업을 달성할 앞길이 창창한데, 어찌 신세 한탄을 할 수 있겠는가!

▶ 1-81

乃重此詩, 前半卽景事無多排場, 忽轉'年年人醉'一段, 悲白髮, 荷皇天, 而終之以'獨立蒼茫', 此其胸襟之所寄託何如也！

하지만 두보는 이 시에서 전반부는 정경으로써 직접적인 서술을 얼마 하지 않은 상황에서 갑자기 '해마다 사람들은 취했다.'[131]라는 한단락으로 전환해 말년의 백발을 슬프게 탄식하며 황천을 책망하였고, 끝에는 '홀로 우뚝 서서 푸르름이 아득하다.[132]'라고 끝을 맺었다. 아, 이 두보가 마음속에 기탁한 생각은 어떠했을까!

秦川對酒平如掌。長生木瓢示眞率, 更調鞍馬狂歡賞。青春波浪芙蓉園, 白日雷霆夾城仗。閶闔晴開昳蕩蕩, 曲江翠幕排銀榜。拂水低徊舞袖翻, 緣雲冉切歌聲上。却憶年年人醉時, 只今未醉已先悲。數莖白髮那抛得, 百罰深杯亦不辭。聖朝亦知賤士丑, 一物自荷皇天慈。此身飲罷無歸處, 獨立蒼茫自詠詩。

131) '년년인취(年年人醉)': 두보의 〈樂遊園歌〉시 "樂游古園崒森爽, 烟綿碧草萋萋長。公子華筵勢最高, 秦川對酒平如掌。長生木瓢示眞率, 更調鞍馬狂歡賞。青春波浪芙蓉園, 白日雷霆夾城仗。閶闔晴開昳蕩蕩, 曲江翠幕排銀榜。拂水低徊舞袖翻, 緣雲清切歌聲上。却憶年年人醉時, 只今未醉已先悲。數莖白髮那抛得, 百罰深杯亦不辭。聖朝亦知賤士丑, 一物自荷皇天慈。此身飲罷無歸處, 獨立蒼茫自詠詩"에 나오는 한 구절이다.

132) 창망(蒼茫): 푸르고 아득한 모습, 혹은 넓고 아득한 모습을 말한다.

> 1-82

余又嘗謂晉王羲之獨以法書立極，非文辭作手也。蘭亭之
集，時貴名流畢會。使時手爲序，必極力鋪寫，諛美萬端，
決無一語稍涉荒涼者。

나는 일찍이 진대의 왕희지[133]가 오직 서법으로만 높은 성취를 이루었을 뿐이지, 문장을 잘 짓는다고 여겨본 적이 없다. 난정[134]의 모임[135]에서 당시 귀하고 이름난 명사들이 모두 모였을 때, 만약 당시 글 꽤 짓는다는 사람한테 서문을 짓게 했다면 분명히 아름답고 화려함을 늘어놓기에 바빴을 것이다. 결코 어떤 한마디의 황량한 말을 하지 않았을 것이다.

> 1-83

而羲之此序，寥寥數語，託意於仰觀俯察，宇宙萬彙，係之
感憶，而極於死生之痛。則羲之之胸襟，又何如也！

그러나 왕희지는 이 서문에서 우주 만물을 위로 우러러보고 아래로 굽어봄에 맡기고[136], 자신의 감개와 기억으로 연계하여 삶과

---

133) 왕희지(王羲之): 생졸년은 303년 361년, 중국 진나라의 서예가로 자는 逸少이고, 왕우군이라고도 한다. 서예에 뛰어나 '서성'(書聖)이라고 일컬어진다. 처음에는 서진의 서예가인 위 부인에게 글씨를 배웠고, 후에 한나라·위나라의 비문을 연구하여 해서·행서·초서의 서체를 완성하였다.
134) 난정(蘭亭): 진나라 왕희지의 정자이다. 절강성 소흥현 회계산 북쪽에 있다. 왕희지가 이곳에 명사들을 모아 곡수(曲水)의 잔치를 베풀고 그들이 지은 시를 모아 그 서문을 썼으니 이를 '蘭亭集序'라 하는데 왕희지의 글씨가 가장 뛰어났다고 함.
135) 난정의 모임(蘭亭之集): 동진(東晉)의 왕희지(王羲之)가 353년 3월 3일 난정(蘭亭)에서 41명의 명사들과 함께 연회를 벌이며 놀던 모임을 말함.
136) 탁의어앙관부찰(託意於仰觀俯察): 왕희지의 〈三月三日蘭亭詩序〉시에 "仰觀宇宙之大, 俯察品類之盛, 所以游目騁怀, 足以极视听之樂"라고 되어 있다.

죽음의 고통을 슬프고 구구절절하게[137] 오만 가지 말로 펼쳐내었다. 그렇다면 왕희지의 마음속 생각은 또 어떠했을까!

▶ 1-84

由是言之, 有是胸襟以爲基, 而後可以爲詩文。不然, 雖日誦萬言。吟千首, 浮響膚辭, 不從中出, 如剪綵之花, 根蒂旣無, 生意自絶, 何異乎憑虛而作室也!

이로 미루어 볼 때 이러한 마음속 생각을 기초로 한 뒤에야 비로소 시를 짓고 글을 쓸 수 있는 것이다. 그렇지 않으면 설령 날마다 수많은 문장을 외우고 천 년의 세월 동안 내려온 시를 읊조릴지라도 허공의 메아리와 같은 천박한 문사는 마음 깊은 곳에서 우러나오지 않았다. 마치 잘라진 비단[138] 꽃과 같아서 뿌리와 꼭지[139]가 없어 생기가 저절로 끊어졌으니, 모래 위에 사상누각을 짓는 것과 무엇이 다르겠는가!

▶ 1-85

乃作室者, 旣有其基矣, 必將取材。而材非培塿之木、拱把

---

137) 요요(寥寥): 슬프고 처량하다는 뜻이다.
138) 전채(剪綵): 비단을 자르다는 뜻으로, 세월이 덧없음을 한탄한 말이다. 소내한(蘇內翰)은 송(宋)의 소식(蘇軾)으로 내한(內翰) 즉 한림학사(翰林學士)를 지냈으므로 불린 것이다. 전채(剪綵)는 비단천을 오린다는 뜻인데, 중국에서는 새해가 되면 비단을 오려 사람을 만들거나 금박을 새겨 사람을 만들어 병풍에 붙여 두고 또한 사람처럼 수염도 붙이는 풍속이 있었다. 여기서는 소식의 〈차증중석원일견기시(次曾仲錫元日見寄詩)〉시에서 따온 것인데, 그 시는 다음과 같다. "쓸쓸한 동풍에 더풀거리는 흰 살쩍, 해마다 이날이면 전채(剪綵)를 하는구나. 새곡(塞曲)의 피리 소리 시름겹고, 소반에 담긴 햇쑥 반갑도다.[蕭索東風兩鬢華 年年幡勝剪宮花 愁聞塞曲吹蘆管 喜見春盤得蓼芽]" ≪蘇東坡集 後集 卷7, 淵鑑類函 卷17 歲時部 人日一≫
139) 체(蒂): 과실나무의 꼭지를 말한다.

之桐梓, 取之近地闤闠村市之間而能勝也。

집을 짓는 사람은 일단 터가 생기면, 다음으로는 재목을 선택하여 취해야 한다. 그러나 재료는 결코 작은 흙더미 위의 나무도 아니고, 한 아름이나 한 줌 되는 오동나무나 가래나무140)여서도 안 되고 집근처에 있는 장터141)에서 전부 다 사올 수도 없다.

▶ 1-86

當不憚遠且勞, 求荊、湘之梗楠, 江漢之豫章, 若者可以爲棟爲榱, 若者可以爲楹因爲柱, 方勝任而愉快, 乃免支離屈曲之病。

모름지기 먼 곳에 가는 수고로움을 마다하지 않고, 초나라, 상강142), 편나무와 녹나무143), 강한(江漢)144)에 있는 예장나무145)를 사가지고 와야 한다. 그리하여 어떤 것을 대들보로 삼고, 어떤 것을 서까래로 삼을지, 또 어떤 것을 앞기둥과 뒷기둥에 만들 것인지를 정해야 마음을 놓을 수 있고, 어긋나고 휘어지는 잘못을 막을 수 있다.

---

140) 동재(桐梓): 오동나무와 가래나무를 말함
141) 환궤(闤闠): 闤은 시가(市街)를 둘러싼 담. 闠은 성시(城市) 바깥문을 말함. 일반적으로 합쳐서 저자, 시장, 장터를 말함.
142) 상강(湘江): 광서(廣西)에서 발원하여 호남(湖南)성을 지나, 동정호(洞庭湖) 호로 들어가는 강 이름. 호남(湖南)성의 영원현 남쪽 구의산에서 발원하여 서북으로 흘러 상수로 빠짐.
143) 편남(梗楠): 좋은 재목감이 되는 편나무와 녹나무로, 훌륭한 인재를 뜻한다.
144) 강한(江漢): 중국 호북성(湖北省) 무한(武漢)에 있는 지역이다.
145) 예장(豫章): 녹나무의 일종으로 ≪산해경(山海經)≫ 주(註)에 "예장(豫章)은 큰 나무인데 추(楸)와 같다."고 하였다. 일반적으로 대들보감으로 쓸 수 있을 정도로 크고 반듯하게 자라는 나무로, 뛰어난 자질을 지닌 사람을 가리키는 말로 쓰인다.

> 1-87

則夫作詩者, 旣有胸襟, 必取材於古人, 原本於 ≪三百篇≫、
≪楚騷≫, 浸淫於漢、魏、六朝、唐、宋諸大家, 皆能會其
指歸, 得其神理。

이처럼 시를 짓는 사람은 일단 마음속 생각이 있다면 그 다음의 재료는 옛사람에게서 취해야 할 터이니, 근본으로는 ≪시경≫과 ≪초사≫146)에서 취하다가 한위·육조·당·송의 각 대가들의 문장에 점점 스며들어, 모두 그들의 뜻을 잘 이해하고 그것들의 이치를 파악하여서, 신령스러운 이치를 얻었다.

> 1-88

以是爲詩, 正不傷庸, 奇不傷怪, 麗不傷浮, 博不傷僻, 決
無剽竊呑剝之病。

이러한 방법으로 시를 짓는다면 깨끗하고 바르면서도 평범하되 속되지 않으며 새롭고 독창적이면서도 괴이함으로 흐르지 않게 된다. 화려하면서도 가볍게 떠 있지 않고, 넓으면서도 생소하고 편벽됨에 이르지 않게 된다. 표절하여 통째로 삼키고 벗기려는 폐단이 결코 없게 될 것이다.

> 1-89

乃時手每每取捷徑於近代當世之聞人, 或以高位, 或以虛

---

146) ≪초사(楚騷)≫: 중국의 시가 총집으로 굴원·송옥 등 초나라 사람들의 사부와 한나라 사람들의 모방작을 모아놓은 것으로, 전한시대 유향(劉向)이 편찬했다. 총집 중의 사부는 모두 초나라 지방의 문학양식과 방언음운을 사용했고, 또 그 지방의 풍물을 많이 묘사하여 짙은 지방색채를 띠고 있어 흔히 ≪楚辭≫라고 불러진다. ≪楚辭≫는 굴원의 〈離騷〉가 가장 대표적인 작품으로 간주되기 때문에 '離騷' 혹은 '騷'는 초사를 대칭한다.

名,竊其體裁、字句,以爲秘本。

그러나 근래의 시를 짓는 사람들은 자주 지름길로 가고자 하여 당세의 대가를 모방하기도 하고 혹은 높은 지위와 헛된 명성 때문에 대가들의 체재[147]나 구를 표절하면서 비본으로 삼았다.

▶ 1-90

謂旣得所宗主,卽可以得其人之讚揚獎借。生平未嘗見古人,而才名已早成矣。何異方寸之木,而遽高於岑樓耶!

이미 종주라고 일컬어져 사람들의 찬양과 칭찬을 얻을 수 있다고 했다. 일생동안 옛사람의 정신을 알지도 못하고 재능과 명성을 얻은 사람을 나는 여태껏 보지 못했다. 한 치의 나무로 빨리 잠루(岑樓)[148]보다 높은 건물을 짓는 것과 무엇이 다르겠는가?[149]

▶ 1-91

若此等之材,無論不可爲大廈。卽數椽茅把之居,用之亦不勝任,將見一朝墮地,腐爛而不可支。故有基之後,以善取材爲急急也。

이와 같은 재료로 큰 건물을 짓는 것은 말할 필요도 없고, 누추한 초가집을 많이 지어 살 수도 없다. 하루아침에 땅으로 무너지고 썩어서 지탱할 수 없을 것이다. 때문에 집터가 생긴 후에 좋은 재료를 취사선택하는 것이 가장 급선무이다.

---

147) 체재(體裁): 시문이나 서화의 체재, 격조를 말한다.
148) 잠루(岑樓):높고 뾰족한 누각. 높은 다락집, 봉우리와 높은 누각.
149) "方寸之木, 而遽高於岑樓耶": ≪孟子·告子下≫: "方寸之木, 可使高於岑樓"에서 나온 말이다.

▶ 1-92

旣有材矣, 將用其材, 必善用之而後可。得工師大匠指揮
之, 材乃不枉。爲棟爲樑, 爲榱爲楹, 悉當而無絲毫之憾。

이제 재료가 생겼으니 그 재료를 반드시 잘 사용해야만 나중에 괜
찮다. 이름난 목수를 데리고 와서 지휘 감독하여 일을 잘 시켜야
만 재료의 낭비가 없다. 주가 되는 대들보를 세우고 두 번째의 대
들보를 세우고, 서까래를 세우고 기둥을 만들고 하는 이런 것들은
모두 재료를 알맞게 사용해야 하며 털끝만한 착오가 있어서는 안
된다.

▶ 1-93

非然者, 宜方者圓, 宜圓者方, 枉棟之材而爲榱, 枉柱之材
而爲楹, 天下斫小之匠人寧少耶!

그렇지 않으면 네모나게 만들어야 할 것을 둥글게 만들거나, 둥글
게 만들어야 하는 것을 네모나게 만들거나, 기둥을 만들 재료를
가지고선 구부려서 처마를 만든다거나 하는 실수를 범하게 된다.
이 세상에 기둥이 될 만한 큰 재목을 구부려서 자리는 우를 범하
는 장인150)이 어찌 적겠는가!151)

▶ 1-94

世固有成誦古人之詩數萬首, 涉略經史集亦不下數十萬言,
逮落筆則有俚俗庸腐, 窒板拘牽, 隘小膚冗種種諸習。

---

150) 장인(匠人): 예술 작품을 만드는 사람을 비유적으로 이르는 말이다.
151) "枉棟之材而爲榱, …… 天下斫小之匠人寧少耶": 출전은 ≪孟子·梁惠王≫:
"孟子謂齊宣王, '爲巨室, 則必使工師求大木. 木師得大木, 則王喜, 以爲能
勝其任也. 匠人斲而小之, 以爲不勝其任矣."이다.

세상에는 본디 옛사람들의 수많은 시를 외우고 경사자집 등 수많은 문장을 섭렵한 사람들이 수두룩하지만, 직접 붓을 들어 글을 쓰면152) 평범하고 속되며 진부하기 그지없다. 막힌 널빤지와 같은 생기가 없는 구절을 가지고 와서, 협소하고 천박한 문장에다가 온갖 구절을 연습한 것 같다.

▶ 1-95

此非不足於材, 有其材而無匠心, 不能用而枉之之故也.
이것은 결코 재목이 불충분해서 그렇게 된 것이 아니고, 재목은 있으나 장인의 마음이 없어서 결국 쓰지도 못하고 오히려 그 재목을 구부려153) 놓았기 때문이다.

▶ 1-96

夫作詩者, 要見古人之自命處、著眼處. 作意處、命辭處、出手處, 無一可苟, 而痛去其自己本來面目. 如醫者之治結疾, 先盡蕩其宿垢, 以理其淸虛, 而徐以古人之學識神理充之.
저 시를 짓는 사람은 반드시 옛사람의 창작배경, 착안점, 구성 방법, 언어의 운용, 마무리가 진실로 어느 한 곳이라도 소홀함이 없다는 것을 알고, 자신의 진면목을 통쾌하게 제거해야 한다. 예를 들면 의사가 부스럼병을 치료할 때처럼 먼저 상처 부위를 깨끗하게 소독하듯이 자신의 마음을 깨끗하게 비우고154), 천천히 옛사람

---

152) 낙필(落筆): 붓을 들어 글을 쓰다는 뜻이다. 두보가 이백(李白)에게 부친 시에 "붓 들어 쓰면 비바람을 경동시키고, 시를 이루면 귀신을 울렸네.(筆落驚風雨 詩成泣鬼神)"라고 한 데서 나온 말이다.
153) 왕(枉): 구부리다는 뜻이다. ≪맹자(孟子)≫ 〈등문공장(滕文公章)〉에 있는 말. 한 자[尺]를 굽혀서[枉] 여덟 자[尋]를 펴게[直] 한다는 말인데, 큰 이익을 얻기 위해서 조그만 의리는 희생해도 좋다는 뜻으로 진대(陳代)가 말한 것이다.

의 학식과 신령스러운 이치로 그것을 채운다.

> 1-97

久之, 而又能去古人之面目, 然後匠心而出, 我未嘗摹擬古人, 而古人且爲我役。彼作室者, 旣善用其材而不枉, 宅乃成矣。

오래되면 또한 옛사람이 중시하던 체면조차 버릴 수 있다. 그런 다음에 장인 정신이 발현되어서 내가 옛사람을 일찍이 모방한 적이 없어도 옛사람을 내가 부릴 수 있다. 저 집을 짓는 사람이 이미 그 목재를 잘 사용하여 구부러지지 않아야 집이 이에 지어진다.

> 1-98

宅成, 不可無丹雘赭堊之功。一經俗工絢染, 徒爲有識所嗤。夫詩, 純淡則無味, 純樸則近俚, 勢不能如畫家之有不設色。

집이 완성되려면 적황색 진사와 붉은색 석회를 칠하는 노력을 들이지 않으면 안 된다. 만약 경박하고 속된 장인이 칠한다면 한낱 학식있는 사람들에게 비웃음거리155)가 될 것이다. 무릇 시가 너무 깨끗하고 맑으면 맛이 없게 되고, 또 너무 순수하고 질박하면 속됨에 가까워져, 형세상 화공이 색을 칠하지 않을 수 없게 된다.

> 1-99

古稱非文辭不爲功。文辭者, 斐然之章采也。必本之前人,

---

154) 청허(淸虛): 마음을 깨끗이 하여 욕심이 없고 모든 사물을 허무로 보는 노장(老莊)의 사상을 이른다.
155) 치(嗤): 비웃고 손가락질을 당하다. 조롱거리, 웃음거리가 되다는 뜻이다.

擇其麗而則、典而古者, 而從事焉, 則華實並茂, 無誇縟鬪炫之態, 乃可貴也。

옛날에는 문사가 아니면 공으로 삼지 않는다고 일컬었다. 문사란 곧 화려하고 아름다운156) 문장을 말한다. 반드시 앞시대 사람들을 근본으로 삼아 아름답고도 준칙에 맞는 것을 골라야 하고, 전아하되 고풍스러운 문장을 좇아야하며, 화려함이 가득차고 아울러 무성함이 더해져서, 화려한 수식을 다투고 현란한 자태가 과장되지 않아야만 이내 귀하다 할 수 있을 것이다.

▶ 1-100

若徒以富麗爲工, 本無奇意, 而飾以奇字, 本非異物, 而加以異名別號, 味如嚼蠟。展誦未竟, 但覺不堪。此鄕里小兒之技, 有識者不屑爲也。故能事以設色布采終焉。

만약 단지 화려함만을 공교함으로 삼고 본래의 새롭고 독창적인 뜻이 없는데 오히려 벽자로 꾸미며, 본래 특별한 사물이 아닌데도 불구하고 괴이한 이름과 명칭을 갖다 댄다면 마치 벌집을 끓여서 짜낸 기름을 씹는 것처럼 맛이 없어157), 문장을 다 읽기도 전에 참을 수가 없다. 이러한 것들은 시골 아이들의 기예일 뿐이지, 학식있는 선비가 달가워할158) 바가 아니다. 이 때문에 문장을 능사

---

156) 비연(斐然): 아름다운 문장을 말한다. 공자가 그의 제자들에게 광(狂)하고 간(簡)하지만 문채 있고 아름다운[斐然] 바탕[章]을 이루었다고 한 말에 유래한 것이다.
157) 미여작랍(味如嚼蠟): ≪楞嚴經≫권8에 "當橫陳時, 味如嚼蠟"라고 되어 있다.
158) 불초(不肖): 달가워하다. 탐탁치 않다는 말이다. ≪맹자≫〈고자하(告子下)〉에서 맹자가 "가르침에도 방법이 많으니, 내가 탐탁지 않게 여기는 가르침도 또한 가르침일 뿐이다. (敎亦多術矣, 予不屑之敎誨也者 是亦敎誨而已矣)"라고 한 데서 나온 말이다.

로 삼는 자는 색체를 입히는 일로 끝맺는다.

▶ 1-101

然余更有進。此作室者，自始基以至設色。其爲宅也，旣成而無餘事矣。然自康衢而登其門，於是而堂、而中門，又於是而中堂、而後堂、而閨閫、而曲房，而賓席東廚之室，非不井然秩然也。

내가 조금 더 설명을 하자면, 집을 지을 때에는 기초를 다지는 것에서 시작하여 색을 칠하는 작업에 이르게 된다. 그 집이 다 지어지면 나머지 할 일이 없어진다. 그러면 스스로 편안하게 큰 길에서 그 문으로159) 들어가면 바로 대청, 중간문, 중간채, 뒤채, 규방, 침실160), 손님이 머무는 사랑방, 동쪽의 주방 등이 우물정자처럼 질서정연하게 배치되어 있다.

▶ 1-102

然使今日造一宅焉如是，明日易一地而更造一宅焉，而亦如是，將百十其宅，而無不皆如是，則亦可厭極矣。其道在於善變化。變化豈易語哉！

하지만 오늘 이렇게 집을 짓고선 다음날 다시 장소를 바꾸어 똑같이 이런 식으로 짓는다면, 또한 이와 마찬가지일 것이다. 백여 채를 모두 이와 같이 한다면 지극히 싫증이 나고 말 것이다. 집을 짓는 도는 변화를 잘 시키는데 있다. 그러나 변화를 어떻게 쉽게 말로 설명할 수 있겠는가!

---

159) 강구(康衢): 대로, 큰길, 가도.
160) 곡방(曲房): 규방의 침실.

> **1-103**

終不可易曲房於堂之前, 易中堂於樓之後, 入門卽見廚, 而
聯賓坐於閨闥也。惟數者一一各得其所, 而悉出於天然位
置, 終無相踵沓出之病, 是之謂變化。

규방을 대청 앞으로 바꾸어 배치해서도 안 되고, 중간채를 누각
뒤에 배치해서도 안 되며, 문으로 들어오면 바로 주방이 보여서도
안 되고, 이어서 손님을 규방에 앉게 해서도 안 된다. 오직 이 몇
가지는 하나 하나 그 방이 있어야 할 곳을 얻어서 모두 자연스럽
게 제자리에 배치되고, 마침내 서로 발꿈치를 밟고 빨리 나가려는
폐단이 없게 되는데, 이것을 변화라고 일컫는 것이다.

> **1-104**

變化而不失其正, 千古詩人惟杜甫爲能, 高、岑、王、孟諸
子, 設色止矣, 皆未可語以變化也。

변화하면서 그 정을 잃지 않는 사람으로는 역대 시인들 가운데 두
보가 가장 뛰어났다. 고적161), 장삼162), 왕유 그리고 맹호연163)과

---

161) 고적(高適): 생졸년은 700?~765, 자는 達夫이고 開元7년 장안에 머물면서 벼
슬자리를 구했으나 성과를 얻지 못하고 개원23년에 과거에 응시했으나 불합
격했다. 이후 張九皐의 추천으로 有道科에 합격하여 封丘尉에 제수되었다.
안사의 난 이후 여러지역 절도사를 역임하고 관직은 左散騎常侍에 이르러
흔히 '高常侍'라고 일컬어진다.
162) 장삼(岑參): 南陽 사람으로 嘉州刺史를 역임했는데, 이에 세상 사람들이 岑
嘉州라 불렀다. 엄우는 장삼의 시는 悲壯하다고 평했다.
163) 맹호연(孟浩然): 호북성(湖北省) 샹양현(襄陽縣) 출생. 고향에서 공부에 힘
쓰다가 40세쯤에 장안(長安)으로 올라와 진사(進士) 시험을 쳤으나, 낙방하여
고향에 돌아와 은둔생활을 하였다. 고독한 전원생활을 즐기고, 자연의 한적한
정취를 사랑한 작품을 남겼다. 만년에 재상(宰相) 장구령(張九齡)의 부탁으
로 잠시 그 밑에서 일한 것 이외에는 관직에 오르지 못하고 불우한 일생을 마
쳤다. 도연명(陶淵明)을 존경하여, 고독한 전원생활을 즐기고, 자연의 한적한

같은 여러 시인들은 단지 색을 칠하는 데에만 그쳤을 뿐, 변화를 말할 수는 없었다.

❱ 1-105

夫作詩者, 至能成一家之言足矣。此猶淸、任、和三子之聖, 各極其至。而集大成, 聖而不可知之之謂神, 惟夫子。杜甫, 詩之神者也。夫惟神, 乃能變化。

저 시를 짓는 사람이 일가의 말은 이룰 수 있다면 충분하다고 할 수 있다. 이는 마치 백이, 이윤 그리고 유하혜라는 세 명의 성인이164) 각각 지극함에 이르렀다. 집대성하였고165) 성스러워 신(神)이라고 한 말166)은 오직 공자만이167) 이에 해당하는 경우와 같다. 오직 신(神)인 두보만이 이내 능히 변화시킬 수 있는 성인에 비길 수 있다.

정취를 사랑한 작품을 남겼다. 시집(詩集)으로 ≪맹호연집≫4권이 있으며, 약 200 수의 시가 전한다.
164) 淸、任、和: 출전은 ≪孟子・萬章下≫ "伯夷, 聖之淸者也; 伊尹, 聖之任者也; 柳下惠, 聖之和者也.(백이는 성인중에서 가장 깨끗하고 맑은 사람이고, 이윤은 성인중에서 가장 책임감이 강한 사람이며, 유하혜는 성인중에서 가장 남과 사귐이 좋은 사람이다.)"에서 나왔다.
165) ≪원시교주(原詩校注)≫: 중당의 원진이후 두보를 소식, 진관, 엄우 등이 그가 시를 집대성했다고 했다. 그러나 작자는 이 부분에서 두보가 집대성했다는 것은 그가 변화를 발전시킨 것까지 포함한다고 보고 있다.
166) 聖而不可知之之謂神: ≪孟子・盡心下≫에 이 말이 보인다.
167) "집대성하였고 …… 공자만이": 맹자가 말하기를 "백이(伯夷)는 청렴에 해당하는 성인이고, 이윤(伊尹)은 책임을 다한 데 해당하는 성인이고, 유하혜(柳下惠)는 화(和)에 해당하는 성인이고, 공자는 시중(時中)에 해당하는 성인이다. 공자의 경우는 바로 집대성이니, 집대성이란 음악에서 종을 쳐서 금성(金聲)으로 선양하고 경을 쳐서 옥음(玉音)으로 거두는 것이다."라고 하였다. ≪孟子・萬章下≫

> **1-106**

子言: "多讀古人之詩而求工於詩"者, 乃囿於今之稱詩者論也。
내가 "옛사람의 시를 많이 읽고 그들의 시에서 뛰어남을 추구했다."라고 말한 것은 여전히 지금 시 짓는 사람들이 여전히 이 논리에 얽매여 있는 것이다.

> **1-107**

或曰 : "今之稱詩者, 高言法矣。作詩者果有法乎哉 ? 且無法乎哉 ?"
어떤 사람이 "지금의 시를 일컫는 사람은 법을 높여서 말한다. 시를 짓는 사람에게 정말로 법이라는 것이 있습니까? 없습니까?" 라고 물었다.

> **1-108**

余曰 : 法者, '虛名'也。非所論於有也。又法者, '定位'也。非所論於無也。子無以余言爲惝恍河漢, 當細爲子晰之。
내가 대답하길 법은 '허명'168)이니 유의 견지에서 논할 수 있는 것이 아니며, 또한 법은 '정위'이니 무에서 논할 수 있는 것이 아니다. 당신이 나의 말을 황당하다고 여기지 않는다면 내가 마땅히 그것을 상세히 분석해 보겠다.

> **1-109**

自開闢以來, 天地之大, 古今之變, 萬彙之賾, 日星河嶽, 賦物象形, 兵刑禮樂, 飮食男女, 於以發爲文章, 形爲詩

---

168) 허명(虛名): 실속이 없는 명예. 헛된 명예.

賦, 其道萬千。

세상이 개벽[169]한 이래로 우주의 광대함, 고금의 변화, 만 가지[170]의 그윽하고 심오함[171], 해와 별과 강과 산, 온갖 사물, 군사와 형벌, 예와 음악, 음식과 남녀 등을 모두 문장으로 펼쳐내고 셀 수 없이 많이 지어내었는데, 그 방법은 수도 없이 많았다.

▶ 1-110

余得以三語蔽之：曰理、曰事、曰情, 不出乎此而已。然則, 詩文一道, 豈有定法哉！先揆乎其理。揆之於理而不謬, 則理得。

나는 세 마디로 그것을 개괄하면 리·사·정이며 어떤 것도 이 세 글자를 넘어설 수가 없다. 그런즉 시와 문과 같은 것이 어찌 고정된 법칙이 있을 수 있겠는가![172] 가장 먼저 그 리를 헤아려야 한다. 리를 헤아려서 오류가 없다면 리를 얻을 수 있다.

▶ 1-111

次徵諸事。徵之於事而不悖, 則事得。終絜諸情。絜之於情而可通, 則情得。三者得而不可易, 則自然之法立。

그 다음으로 사에 의해 징험해야 한다. 사에 징험되어 어그러지지

---

169) 개벽(開闢): 천지가 처음으로 생긴다는 뜻이다. 소강절(邵康節)의 이른바 원(元)·회(會)·운(運)·세(世)에 대한 설을 따른 것이다. 1원(元)은 통산 12만 9600년으로, 천지(天地)가 ≪주역(周易)≫의 복괘(復卦)와 임괘(臨卦)에 해당하는 자회(子會)·축회(丑會)에 생성되었다가 박괘(剝卦)와 곤괘(坤卦)에 해당하는 술회(戌會)·해회(亥會)에 이르러 소멸한다고 하였다
170) 만휘(萬彙): 만 가지나 되는 종류.
171) 색(賾): 그윽하고 깊다. 심오하다.
172) '그런즉 시와 …… 있을 수 있겠는가': 여본중(呂本中)의 ≪夏均父集序≫에 "是道也, 蓋有定法而無定法."라고 되어있다.

않으면 사는 얻어진다. 마침내 많은 정을 묶어야 한다. 정으로 묶여 통할 수 있다면 정을 얻을 수 있다. 이 세 가지가 모두 얻어지면 변해서는 안 되고, 그렇게 된다면 자연173)스럽게 법이 일어서게 된다.

▶ 1-112

故法者, 當乎理, 確乎事, 酌乎情, 爲三者之平準, 而無所自爲法也。故謂之曰'虛名。'
그래서 법은 리에 합당하고 사에 확실하고 정을 참작하는 것이다. 단지 이 세 가지가 기준이 될 뿐 다른 어떠한 법칙도 없다. 그래서 그것을 '허명'이라 일컫는다.

▶ 1-113

又法者, 國家之所謂律也。自古之五刑宅就以至於今, 法亦密矣, 然豈無所憑而爲法哉！不過揆度於事、理、情三者之輕重大小上下, 以爲五服五章、刑賞生殺之等威、差別。
법은 또한 국가의 법령과 같다. 고대의 다섯 가지 형벌제도174)가 정해져서 현재에 이르기까지 법도 매우 주도면밀해졌다. 하지만 어찌 근거도 없이 법률을 만들었겠는가? 사·리·정 이 세 가지의

---

173) 자연(自然): 劉若愚는 "중국 시인들에 있어서 自然이라는 것은 창조주의 구체적 顯示가 아니라 그것은 그 自體일 뿐이다. 중국어로 Nature에 해당되는 것은 자연, 혹은 '스스로 그런 것(self-thus)'이며 중국인들의 마음에는 자연을 '운동의 원동력'으로 관찰하는 것이 아니라, 하나의 실재로 받아들이는 것으로 만족해하는 것 같다."라고 했다.(劉若愚 著, 이장우 譯, 《中國詩學》, 同和出版社, 1984, p.73.)
174) 오형(五刑): 중국 고대의 다섯 가지 형벌로, 묵(墨: 이마에 자자하는 벌), 의(劓: 코를 베는 벌), 비(剕: 발을 자르는 벌), 궁(宮: 생식기를 없애는 벌), 대벽(大辟:죽이는 벌)을 말한다.

가볍고 무거움, 크고 작음, 위아래를 헤아려서 다섯가지 상복제도175), 오장176)을 정하고, 형벌과 상, 삶과 죽음 등의 권위로 차별을 삼았다.

▶ 1-114

於是事、理、情當於法之中。人見法而適愜其事、理、情之用, 故又謂之曰'定位.'

그래서 리·사·정 세 가지는 마땅히 법 가운데에 포함되어 있어야 한다. 남들이 법을 볼 때 그 리·사·정의 용도가 이 세 가지가 적합하고 맞게끔 되었기에, 또한 법을 일컬어 '정위'라고 했다.

▶ 1-115

乃稱詩者, 不能言法所以然之故, 而曉曉曰:'法!' 吾不知其離一切以爲法乎? 將有所緣以爲法乎? 離一切以爲法, 則法不能憑虛而立。

이내 시를 일컫는 사람들은 법이 그렇게 된 까닭을 말도 못하면서

---

175) 오복(五服): 옛날 행해졌던 다섯 등급의 상복(喪服). 죽은 자와의 관계에 따라 복(服)의 종류와 입는 기간에 차이가 있어서 '斬衰'(참최)·'齊衰'(자최)·'大功'(대공)·'小功'(소공)·'緦麻'(시마) 등의 구별이 있음./왕기(王畿)를 중심으로 5백 리씩 차례로 나눈 다섯 구역. 상고(上古)에는 전복(甸服)·후복(侯服)·수복(綏服)·요복(要服)·황복(荒服), 주대(周代)에는 후복(侯服)·전복(甸服)·남복(男服)·채복(采服)·위복(衛服)이었음./천자(天子)·제후(諸侯)·경(卿)·대부(大夫)·사(士)의 예복(禮服). 이 세 가지 뜻이 있음.
176) 오장(五章):오복 오장(五服五章)을 이름. ≪서경(書經)≫〈고요모(皐陶謨)〉편에 "하늘이 덕(德)이 있는 이에게 명하여 오복(五服)으로 다섯 가지 등급을 밝힌다.(天命有德 五服五章哉)"라 하고, 그 주(注)에 오복(五服)은 천자(天子)·제후(諸侯)·경(卿)·대부(大夫)·사(士)의 복색을 말하는데, 이로써 존비(尊卑)를 옷의 색깔로 구분하여, 덕(德)이 있는 이에게 명하여 천하의 질서를 바로잡도록 하였다." 라고 되어있음.

두려워하면서[177], '법이다!'라고 말했다. 일체의 모든 것과 떨어져 있는 것을 법으로 생각해야 할지? 아니면 연계된 것이 있는 것을 법으로 여겨야 할지? 나는 모르겠다. 일체의 모든 것과 분리되는 것이 법이라면 법은 허공에 걸려 일어 설 수가 없다.

▶ 1-116

有所緣以爲法, 則法仍託 他物以見矣。吾不知統提法者之於何屬也？ 彼曰："凡事凡物皆有法, 何獨於詩而不然！" 是也。
연계되어 있는 것이 법이라면 법은 여전히 다른 사물에 기탁해서 보이게 될 것이다. 나는 큰줄기에서 법을 어디에 포함시켜야 할까? 그들은 "모든 사물에 법이 있는데, 어찌 유독 시만 그렇지 않은가!"라고 반문하지만, 사실 이것은 옳은 말이다.

▶ 1-117

然法有死法有活法。若以死法論, 今譽一人之美, 當問之曰："若固眉在眼上乎？鼻口居中乎？若固手操作而足循履乎？"
하지만 시에도 사법(死法)과 활법(活法)[178]이 있다. 만약 사법으

---

177) 효효(哓哓): 말이 많은 모양. 재잘재잘하는 모양. 아옹다옹하는 모양. 두려워서 내는 소리를 말한다.
178) 사법(死法)과 활법(活法): 법칙이 구비되어 있으나 법칙의 밖으로 벗어날 수 있으며, 변화를 헤아릴 수는 없으나 또한 법칙에 어긋나지 않는 것을 가리킨다. 이러한 도리는 대저 정해진 법칙이 있으면서도 없는 듯하고 정해진 법칙이 없으면서도 있는 듯한 것이다. 일종의 자득한 경지를 일컫는 말이다. 반면 사법은 법칙이 구비되어 있어 법칙의 밖으로 벗어날 수 없고, 변화를 헤아릴 수는 있으나 또한 법칙에 어긋나는 것을 가리킨다. 이러한 노리는 대저 정해진 법칙이 있으면 정해진 법칙이 대로 하는 것이다. 일종의 不自得한 경지를 일컫는 말이다. 呂本中의 ≪夏均父集序≫에 "學詩當識活法。所謂活法者, 規矩備具, 而能出於規矩之外；變化不測, 而亦不背於規矩也。是道也, 盖有定法而無定法, 無定法而有定法。知是者, 則可以與語活法

로 논하자면, 어느 한 사람의 아름다움을 칭찬할 때 마땅히 그것을 묻기를 "당신은 본디 눈썹이 눈 위에 있는가? 코는 얼굴 중간에 있는가? 손으로는 사물을 조작하고 발로는 걸어 다닐 수 있는가?"라고 했다.

▶ 1-118

夫姸媸萬態, 而此數者必不渝, 此死法也。彼美之絶世獨立, 不在是也。又朝廟享燕以及士庶宴會, 揖讓升降, 敍坐獻酬, 無不然者, 此亦死法也。

저 아름다운 것과 더러운 수많은 만물의 형태는 다 같기 때문에 이것을 사법이라 할 수 있다. 아름다움의 독특한 면은 여기에 속하지 않는 것이다. 또한 조정의 종묘의 제향179)이나 선비나 백성들의 연회자리에서 서로 인사하거나 순서에 따라 주고받는 등의 예절 또한 변화가 있는 것은 아니니, 이 역시 사법이라 할 수 있다.

▶ 1-119

而格鬼神、通愛敬, 不在是也。然則, 彼美之絶世獨立。果有法乎? 不過卽耳目口鼻之常, 而神明之。

귀신과 통하거나 서로 사랑하고 존경하는 것 역시 마찬가지이다. 그렇다면 저 아름다운 절세미인이 홀로 우뚝 선180) 것에도 과연

矣。"라고 되어 있다.
179) 묘향(廟享): 종묘 제향을 말한다.
180) 절세독립(絶世獨立): 경국(傾國)이 경성(傾城)과 아울러 미인을 일컫는 말로 쓰여지게 된 것은 이연년(李延年)의 〈北方有佳人〉시에서 유래한다. ≪한서(漢書)≫〈외척전(外戚傳)〉에 "北方有佳人 絶世獨立. 一顧傾人城, 再顧傾人國. 寧不知傾城與傾國, 佳人難再得.(북방에 아름다운 사람이 있어, 세상을 끊고 홀로 서 있네. 한 번 돌아보면 성을 기울이고, 두 번 돌아보면 나라를

법이 있는 것일까? 그것은 이목구비에 대해서만 신명하다181)고 한 것에 불과할 따름이다.

▶ 1-120

而感通之法, 又可言乎! 死法, 則執塗之人能言之。若曰活法, 法旣活而不可執矣, 又焉得泥於法!

천하 만물이 통하는 이치를182) 말로 표현할 수 있는가? 사법은 평범한 사람도 능히 말할 수 있지만, 만약 활법이라 한다면 법이 살아있어 붙잡을 수 없을 진데, 어찌 법이 고정되어 질 수 있단 말인가!

▶ 1-121

而所謂詩之法, 得毋平平仄仄之拈乎? 村塾中曾讀千家詩者, 亦不屑言之。若更有進,

그렇다면 이른바 시의 법은 단지 평측183)을 따지는 것이 아니겠는

기울게 하네. 어찌 성을 기울이고 나라를 기울임을 알지 못하랴. 아름다운 사람은 두 번 얻기 어렵네.)"에서 나온 구절이다.
181) 신명(神明): 사람의 총명한 재능과 지혜를 말한다. 자신을 닦아 성인처럼 되는 것과 남을 다스리며 왕도(王道)를 펴는 것으로, 즉 내성외왕(內聖外王)의 도를 말한다. ≪장자≫〈천하(天下)〉에 "신은 어디서 내려오며, 명은 어디서 나오는가. 성인이 내는 바가 있고, 제왕이 이루는 바가 있다. [神何由降 明何由出 聖有所生 王有所成]"라는 말이 나오고, 또 지금 천하의 사람들을 보면 완전했던 옛사람들에 비해서 "천지의 아름다움을 구비하고 신명의 경지에 걸맞은 인물을 거의 찾을 수 없기 때문에, 내성외왕의 도가 어두워져서 밝아지지 않고 답답하게 막혀 나오지 않는 것이다. (寡能備於天地之美 稱神明之容 是故內聖外王之道 闇而不明 鬱而不發)"라는 말이 나온다.
182) '천하 만물이 통하는 이치(感通)': 허령(虛靈)한 자신의 마음으로 느껴 천하 만물의 이치를 통하는 것을 말한다. ≪주역(周易)≫계사전(繫辭傳) 상(上)에 "고요히 움직이지 않는 경지에서 느껴 마침내 천하의 사리를 통달한다.(寂然不動 感而遂通天下之故)"라고 하였다.

가? 촌동네 서당과 같은 곳에서 천가시[184]를 읽어 본 사람이라면 더 말할 필요가 없을 것이다. 여기에서 만일 한 발 더 나아간다면 반드시 이렇게 말할 것이다.

▶ 1-122

必將曰：律詩必首句如何起，三四如何承，五六如何接，末句如何結。古詩要照應，要起伏。析之爲句法，總之爲章法。

율시는 반드시 첫구에서 어떻게 起를 형성하고, 제3, 4구에서도 어떻게 承을 형성하고, 제5, 6구에서는 어떻게 이어받고, 말구에서는 어떻게 結을 이루어야 한다. 고시는 호응해야 하고 기복이 있어야 하며 나누면 구법이 되고 이를 종합하면 장법이 된다.

---

183) 평측(平仄): 한자 발음상 평성과 측성. 평성은 낮고 평평한 소리로 처음과 끝이 똑같으며 짧게 소리나고, 측성은 상성, 거성, 입성이 있어서 상성은 처음이 낮고 끝이 높은 소리이고, 거성은 처음이 높고 끝이 낮은 소리이며, 입성은 끝을 빨리 닫듯 거두어들이는 짧은 소리이다. 平·上·去·入 이 네가지 소리를 4성이라 하고 평성은 平韻, 측성은 仄韻이라하여 한시의 글자 배치 규칙에 적용함.
184) 천가시(千家詩): 편자 미상, 宋의 유극장(劉克莊)이 ≪분문찬류당송시현천가시선(分門纂類唐宋時賢千家詩選)≫을 지었는데, 近體詩를 收錄하였고 初學者를 위해 만든 것이다. 上集에 七言絶句 八十餘首, 下集에 七言律詩 四十餘首가 들어있다. 천가시는 명대의 어떤 이가 이를 증감한 것이다. 千家란 수많은 사람이란 뜻이다. ≪原詩校注≫에 이 부분에 대해 "송대 유극장은 부문별로 나누어 당송대의 천가시를 편찬하였는데 수록한 시들은 단지 근체시였다. 쉬운 것을 실었으니 본래는 처음 시를 배우는 사람들을 위한 것이었다. 상집은 칠언절구로 80여수가 있고, 대부분은 후집에 선별되어 실려있는데 대개 그것을 본래 증감하거나 삭제 했을 다름이다. 시를 수록했는데, 천가라고 명명하였다.(宋劉後村克莊, 有分門纂類唐宋千家詩選, 所錄惟近體, 而趨向頗易, 本爲初學說也. 今村塾所謂千家詩者, 上集, 七言絶八十餘首, 大半在後村選中, 蓋據其本刪之耳. 故詩僅數十家, 而以千家爲名.)"라고 되어있다.

1-123

此三家村詞伯相傳久矣, 不可謂稱詩者獨得之秘也。若捨此兩端, 而謂作詩另有法, 法在神明之中, 巧力之外, 是謂變化生心。

이것은 시골 서당의 글 짓는 사람에게서 오랫동안 전해진 것이며, 시를 짓는 사람이 독자적으로 얻은 비밀이라고는 말할 수는 없다. 만약 이 두 가지 외에 시를 짓는 별도의 방법이 있다고 말한다면 법은 신명의 가운데에 있고, 기교의 밖에 있는 것이니, 이것을 일컬어 변화가 마음을 낳는다고 하는 것이다.

1-124

變化生心之法, 又何若乎？則死法爲'定位', 活法爲'虛名.' '虛名'不可以爲有, '定位' 不可以爲無。

변화가 마음을 낳는 법은 무엇인가? 사법은 '정위'[185]이고 활법은 '허명'[186]이다. '허명'은 있다고 할 수 없으며 '정위'는 없다고 할 수 없는 것이다.

1-125

不可爲無者, 初學能言之, 不可爲有者, 作者之匠心變化, 不可言也。而神明之法, 果可言乎！ 彼享宴之格鬼神、合愛敬, 果有法乎？ 不過卽揖讓獻酬而感通之。

없어서는 안 되는 것은 처음 배우는 사람이라도 능히 말할 수 있지만, 있어서는 안 되는 것은 작가의 장인정신이 변화하는 것이므로 말로 설명할 수 없는 것이다. 신명의 법은 과연 말할 수 있는

---

185) 정위(定位): 정하여진 위(位).
186) 허명(虛名): 실속이 없는 명예. 헛된 명예.

가! 저 연회자리에서 귀신과 감통하고 사랑하고 공경하는 것에 합해지는 법이 과연 있겠는가? 정성을 들여 절도있게 공손히 예를 갖추어187) 술잔을 올려서188) 귀신과 감통하는189) 일일 뿐이다.

▶ 1-126

夫識辨不精, 揮霍無具, 徒倚法之一語, 以牢籠一切。譬之國家有法, 所以儆愚夫愚婦之不肖而使之不犯。
저 식견을 변별하는 능력이 정밀하지 않고 언어 구사력이 갖추어지지 않아 단지 법이라는 한 마디 말에 의지하여 모든 것을 구속하는 것은, 국가의 법이 어리석은 국민들의 바르지 못한 행동을 경계하여 범하지 않도록 하기 위해 있는 것에 비유할 수 있다.

▶ 1-127

未聞與道德仁義之人講論習肄, 而時以五刑五罰之法恐懼之而迫脅之者也。惟理、事、情三語, 無處不然。
하지만 여태껏 인의도덕을 갖춘 사람과 함께 강론하고 학습할 때에 수시로 다섯 가지 형벌과 다섯 가지 죄190)를 법으로 겁을 주거

---

187) 읍양(揖讓): 공손하게 읍(揖)하며 사양하는 예절을 가리킨다. 본디 읍하여 서로 겸양하는 뜻을 나타내는 것을 말하는데, 특히 요순(堯舜) 시대에 천자(天子)의 자리를 서로 선양(禪讓)했던 일을 가리키기도 한다.
188) 헌수(獻酬): 술잔을 주고 받는 일을 가리킨다. 손님이 찾아 올 때에도 음식 대접을 중하게 생각했다는 말이다.
189) 감통(感通): 허령(虛靈)한 자신의 마음으로 느껴 천하 만물의 이치를 통하는 것을 말한다. ≪주역(周易)≫ 계사전(繫辭傳) 상(上)에 "고요히 움직이지 않는 경지에서 느껴 마침내 천하의 사리를 통달한다.(寂然不動, 感而遂通天下之故)"라고 하였다.
190) 오형(五刑): 이마에 문신을 새기는 것(墨), 코를 베는 것(劓), 발꿈치를 베는 것(剕), 거세하는 것(宮), 사형에 처하는 것(大辟) 등 다섯 가지 형벌. 월(刖)

나 협박한다는 것은 들어보지 못했다. 오직 리·사·정 이 세 글자만 있으면 어디에서도 다 통한다.

▶ 1-128

三者得, 則胸中通達無阻, 出而敷爲辭, 則夫子所云'辭達'。
'達'者, 通也。

이 세 가지가 체득되면 마음속이 통달하여 막힘없이 밖으로 표출되어 언어로 표현된다. 이것이 바로 공자가 말한 '사달'[191]인 것이다. '달'은 통하다는 뜻이다.

▶ 1-129

通乎理, 通乎事, 通乎情之謂。而必泥乎法, 則反有所不通矣。辭且不通, 法更於何有乎? 曰理、曰事、曰情三語, 大而乾坤以之定位, 日月以之運行, 以至一草一木一飛一走, 三者缺一, 則不成物。

이른바 리·사·정 이 세 가지 용어를 말해보면 다음과 같다. 크게는 이 세 가지 원리로 하늘과 땅[192]이 그 바른 위치를 정하고 해

은 비(荆)라고도 한다. ≪尙書·呂刑≫
191) 사달(辭達): 출전은 ≪論語·衛靈公≫: "공자께서 말하길 "말은 뜻을 전달하면 그만이다.(子曰: 辭達而已矣)"라고 했다. 말과 글은 뜻이 통하게 하는 것이 중요하지, 풍부하고 화려하다고 훌륭한 것은 아니다. 곧 말하거나 글 쓰는 이는 자신의 뜻을 표현하여 상대가 이해하도록 만드는 데 중점을 둬야지 본심이 드러나지 않거나 이해되지 않을 정도로 과장이나 수식을 일삼아서는 안 된다는 뜻이다.
192) 건곤(乾坤): 건곤은 하늘과 땅으로, 군주의 훌륭한 정치와 교화를 광대한 천지의 조화에 비유하여 다 형용할 수 없음을 말한 것이다. ≪주역≫ 〈태괘(泰卦)〉 상(象)에 "하늘과 땅의 기운이 서로 통하는 것이 태괘이다. 제왕은 이로써 천지의 도를 북돋우고, 천지의 일을 도와 백성을 좌우한다.(天地交泰 后以 財成天地之道 輔相天地之宜 以左右民)"는 말이 나온다.

와 달이 운행하는 것이며, 심지어 풀 한포기, 나무 한그루, 하나의 비상, 하나의 움직임에 있어서도 이 세 가지 중 하나만 결여된다면 온전한 물상을 이룰 수 없다는 것이다.

▶ 1-130

文章者, 所以表天地萬物之情狀也。然具是三者, 又有總而持之, 條而貫之者, 曰氣。事、理、情之所爲用, 氣爲之用也。
문장이라는 것은 천지 만물의 정황을 드러내는 것이다. 그러나 이 세 가지를 갖추었다고 하더라도 이를 총괄적으로 유지하면서 조리 있게 관통시키는 것이 있어야 하는데 이것을 기라고 한다. 리·사·정에 의해 쓰여 지는 것, 기가 이 세 가지를 대신하여 쓰인다.

▶ 1-131

譬之一木一草, 其能發生者, 理也。其旣發生, 則事也。旣發生之後, 夭矯滋植, 情狀萬千, 咸有自得之趣, 則情也。苟無氣以行之, 能若是乎？又如合抱之木, 百尺干霄, 纖葉微柯以萬計, 同時而發, 無有絲毫異同, 是氣之爲也。
한 그루의 나무와 한 포기의 풀에 비유하자면, 예를 들어 풀과 나무가 생하는 것은 리이고, 이미 생겨나는 것은 사(事)이다. 생겨난 후부터 숲의 나무는 둘러싸여 감고[193] 곧게 자라는 등 수 만 가지로 나뉘는데, 그 모든 것에는 자득하는[194] 것에 이를 수가 있는데

---

193) 요교(夭矯): 본래는 사람이 피곤할 때 자주 기지개를 편다는 뜻인데, 인신되어 숲의 나무가 서로 얽히고 설켜 감은 모양이라는 뜻이 되었다.
194) 자득(自得): 어떠한 환난을 만나더라도 언제나 태연히 대처한다는 뜻이다. ≪맹자≫〈이루하(離婁下)〉편에 "군자가 올바른 방법으로 깊이 탐구하는 목적은 근원적인 도를 자득하기 위해서이다.(君子深造之以道, 欲其自得也)"라는 말이 나온다.

이것이 바로 정이다. 또한 예를 들면 아름드리나무가 백 척이나 솟아 하늘을 가리고, 조밀한 잎과 작은 가지들이 수 만 가지여서, 동시에 생장하여 조금도 차이도 없게 하는 것이 바로 기의 작용이다.

▶ 1-132

苟斷其根, 則氣盡而立萎。此時理、事、情俱無從施矣。吾故曰：三者藉氣而行者也。得是三者, 而氣鼓行於其間, 絪縕磅礴, 隨其自然, 所至卽爲法, 此天地萬象之至文也。

만약 그 나무의 뿌리를 잘라버리면 나무는 기가 끊어져 바로 말라비틀어질 것이다. 이 때에 리·사·정은 모두 작용할 수가 없다. 그래서 세 가지는 기에 의지하여 운행하는 것이다.195) 리·사·정 이 세 가지가 있으면서 기가 충만하게 그 안에서 두드리고, 천지의 기운이 서로 얽히고196) 단단해져서197) 자연스럽게 그것을 따라 이르면 곧 법이 된다. 이것이 천지가운데 만상에 이르는 문장이다.

▶ 1-133

豈先有法以馭是氣者哉！ 不然, 天地之生萬物, 捨其自然流

---

195) "세 가지는 기에 의지하여 운행하는 것이다.": 조비는 ≪典論·論文≫에서 "문장은 기를 중심으로 삼는다(文以爲氣爲主)"라고 하여 기를 주로 작가의 특수한 개성으로 보았다. 한유는 ≪答李翊書≫에서 "기가 성하면 말의 장단과 소리의 고하는 모두 의당해진다(氣盛則言之長短與聲之高下者皆宜)"라고 하여 기를 문장의 기세로 보았다. 흔히 중국문학에서 기는 창작자의 도덕수양과 학식 정도에 관계된 주관적 속성으로 사용되고 있다.

196) 인온(絪縕): 음양의 기운이 빈틈없이 서로 얽히는 것이다. ≪주역≫〈계사전하(繫辭傳下)〉5장에 "천지의 기운이 서로 얽히매 만물이 형성된다(天地絪縕萬物化醇)"라고 되어있다. 즉 천지의 기운이 서로 얽혀서 우주가 영구히 공고하다는 뜻이다.

197) 방박(磅礴): 돌이 크고 단단한 모양을 말한다.

行之氣，一切以法繩之，夭矯飛走，紛紛於形體之萬殊，不
敢過於法，不敢不及於法，將不勝其勞，乾坤亦幾乎息矣。
어찌 먼저 법이 있고 이렇게 기를 부린다고 할 수 있겠는가? 그렇
지 않다. 천지가 만물을 낳고 자연스럽게 운행하는 기를 버리고
모든 것을 법으로 구속한다면 어떻게 되겠는가? 온갖 천태만상의
형체가 번잡함에도 감히 법에 지나쳐서도 안 되고 그렇다고 법에
미달되어서도 안 되니, 그 수고로운 일들을 다 이길 수 없어 천지
조차도 거의 멈출 것이다.

▶ 1-134

草木氣斷則立萎，理、事、情俱隨之而盡，固也。雖然，氣
斷則氣無矣。而理、事、情依然在也。何也？草木氣斷則立
萎，是理也。

풀과 나무에 기가 끊어지면 시들게 되고 리·사·정은 모두 뒤따라
사라지는 것은 본래 당연한 것이다. 비록 그렇지만 기가 끊기면 기
가 없어지는 데도 리·사·정은 그대로 존재한다. 그 이유는 무엇
인가? 초목에 기가 끊어지면 시들어버리는데 이것이 바로 리이다.

▶ 1-135

萎則成枯木，其事也。枯木豈無形狀？向背、高低、上下，則
其情也。由是言之：氣有時而或離，理、事、情無之而不在。

시들어 마르면 고목이 되는데, 이것이 바로 사이다. 고목에 어찌
형태와 앞뒤와 길이와 위아래가 없겠는가? 그러한 즉 이것이 바로
'정'이다. 이에 근거해서 말하자면 기는 때때로 떠나는 경우가 있
지만 리·사·법은 어디를 간들 존재하지 않는 경우가 없다.

> 1-136

向枯木而言法, 法於何施？必將曰："法將析之以爲薪, 法將斫之以爲器。"若果將以爲薪爲器, 吾恐仍屬之事、理、情矣。而法又將遁而之他矣。

고목에 대해 법으로 말하자면 법은 어디에 적용할 수 있을까? 필히 "법을 장차 쪼개서 땔감으로 만드는 것이고, 고목을 장차 베어서 그릇으로 만드는 것이다."라고 말할 것이다. 만약 땔감과 그릇으로 만든다면 나는 여전히 그것이 리·사·정에 속할지 모르겠다. 그래서 법은 또 순환하다가 다른 곳으로 갈 것이다.

> 1-137

天地之大文, 風雲雨雷是也。風雲雨雷變化不測, 不可端倪。天地之至神也, 卽至文也。試以一端論：泰山之雲, 起於膚寸, 不崇朝而遍天下。

하늘과 땅 사이에 가장 뛰어난 문장은 바람, 비 그리고 벼락과 같다. 바람, 비 그리고 벼락은 변화를 예측할 수 없고, 일의 시작과 끝[198]을 찾을 수 없다. 하늘과 땅에 이르러 신비스럽게 되었고 이에 이르러 뛰어난 문장이 된 것이다. 이와 같은 문장에 이른 것을 한 번 논해보면, 태산[199]의 구름은 얼마 되지 않는 조그마한 곳에서[200]

---

198) 단예(端倪): 일의 시초와 끝. 본말(本末)이라는 뜻이다. ≪莊子·大宗師≫에 "不知端倪"라고 되어 있다.
199) 태산(泰山): 중국 산둥성(山東省) 중부 태산 산맥의 주봉(主峰)으로 높이 1,532m, 총면적 426㎢이다. 중국의 5대 명산(名山)의 하나인 동악(東岳)으로 신성하게 여겨졌으며, 역대 황제들이 하늘의 뜻을 받는 봉선의식(封禪儀式)을 행했던 곳이다.
200) 부촌(膚寸): 옛 척도(尺度)의 이름인데, 얼마 안 되는 길이를 가리킨다. 네 손가락 넓이를 부(膚)라 하고, 한 손가락의 넓이를 촌(寸)이라 칭하였다. ≪춘추≫ 〈희공(僖公)〉 31년 조에 '부촌이합(膚寸而合)'이라 하였다.

일어나, 조정을 숭배하지 않고 천하에 두루 미치는 것과 같다.201)

▶ 1-138

吾嘗居泰山之下者半載, 熟悉雲之情狀 : 或起於膚寸, 彌淪六合。或諸峰競出, 升頂卽滅, 或連陰數月, 或食時卽散。

내가 일찍이 태산 아래에서 반년 정도 머무른 적이 있어, 구름의 여러 모습을 잘 알고 있다. 작은 곳에서 생겨나서 천지와 사방202)을 넓게 잠기게 하였고, 여러 봉우리에서 다투어 나와 높이 올라갔다가 곧 사라지기도 하였다. 몇 개월을 뒤덮다가도 밥 먹는 사이에 갑자기 없어지기도 하였다.

▶ 1-139

或黑如漆, 或白如雪。或大如鵬翼。或亂如散鬐。或塊然垂天, 後無繼者。或連綿纖微, 相續不絶。

어떤 것은 칠흑같이 검고, 어떤 것은 눈처럼 희다. 어떤 것은 붕새203)의 날개만큼 크고 어떤 것은 머리카락을 산발한 것처럼 어지럽다. 어떤 것은 편안하게204) 하늘을 드리우다205)가 나중에 이어

---

201) "태산의 구름은 …… 미치는 것과 같다.": ≪公羊傳≫ 〈僖公〉 31년 조에 "觸石而出, 膚寸而合, 不崇朝而徧雨乎天下者, 唯泰山爾"라고 되어 있다.
202) 육합(六合): 천지(天地)와 사방(四方)을 가리킨 것으로 우주 전체를 의미하는데, 정자(程子)가 ≪중용(中庸)≫의 의의를 가지고 이르기를 "그 글이 처음에는 한 이치를 말하였고, 중간에는 흩어져서 만사가 되었고, 끝에 가서는 다시 합하여 한 이치가 되었으니, 내놓으면 육합에 가득 차고 거두어들이면 물러가 은밀한 데에 감추어져서, 그 의미가 무궁하니, 이는 다 진실한 학문이다.(其書始言一理, 中散爲萬事 末復合爲一理, 放之則彌六合 卷之則退藏於密, 其味無窮, 皆實學也)"라고 한 데서 나온 말이다. ≪中庸章句≫
203) 붕익(鵬翼): 붕새의 날개. 곧 아주 먼 길을 난다는 비유이다. ≪莊子・逍遙遊≫에 "붕새가 날개를 치면 그 날개가 마치 하늘에 드리운 구름과 같은데, 빙빙 돌며 회오리바람 타고 9만 리나 날아 올라간다." 한 데서 온 말이다.

지지 않았다. 어떤 것은 작은 것이 가늘게 길게 이어졌고, 서로 이어지다가 끊어지지 않은 것도 있다.

▶ 1-140

又忽而黑雲興, 土人以法占之, 曰:'將雨', 竟不雨。又晴雲出, 法占者曰:'將晴', 乃竟雨。雲之態以萬計, 無一同也。
또 갑자기 검은 먹구름이 일어나자, 그 지방 사람206)이 구름의 운행한 법으로 예측하기를 '곧 비가 올 것이다.'라고 했지만 결국 비는 오지 않았다. 또 맑은 구름이 나오자 '곧 날이 갤 것이다.'라고 했지만 결국 비가 왔다. 구름의 모양은 수없이 많으며 어느 하나 같은 것이 없다.

▶ 1-141

以至雲之色相, 雲之性情, 無一同也。雲或有時歸, 或有時竟一去不歸。或有時全歸, 或有時半歸:無一同也。 此天地自然之文, 至工也。
구름의 색상, 특징, 성정207)은 하나도 같은 것이 없다. 구름은 어떤 때는 돌아왔으나 어떤 때에는 한번 가면 돌아오지 않는다. 어떤 때는 완전히 돌아오다가도 어떤 때는 반만 돌아왔으니, 어느

---

204) 괴연(塊然): 편안히 있는 모양을 가리킨다.
205) 수천(垂天): 하늘을 드리우다는 뜻이다. ≪장자(莊子)≫〈소요유(逍遙遊)〉편에 "붕새가 한번 힘을 내어 날아 오르면 그 날개가 마치 하늘가에 드리운 구름과 같다."고 하였으며, 또 "뱁새가 깊은 숲 속에 들어가 둥우리를 틀 때 나뭇가지 하나면 그것으로 족하다."고 하였다.
206) 토인(土人): 그 지방 사람.
207) 성정(性情): 주자(朱子)는, "인(仁)은 바로 성(性)이고, 측은(惻隱)은 바로 정(情)인데, 이것이 모두 마음에서 발생하는 것이니 마음이 성과 정을 통솔하는 것이다." 하였다. ≪朱子語類 卷5≫

하나도 똑같은 것이 없다. 이것이 천지 자연의 무늬이니 매우 교묘하다 할 수 있겠다.

▶ 1-142

若以法繩天地之文, 則泰山將出雲也, 必先聚雲族而謀之曰: 吾將出雲而爲天地之文矣。先之以某雲, 繼之以某雲, 以某雲爲起, 以某雲爲伏。

만약 법으로 천지의 문장을 구속한다면 이것은 곧 태산에서 구름이 나오려고 할 때 먼저 구름들을 모아208) 말하길 우리는 앞으로 구름을 내어 천지의 무늬를 만들려 한다. 어떤 구름은 앞에 두고, 어떤 구름은 그 다음으로 한다. 어떤 구름은 일어서 있게 하고, 어떤 구름은 엎드려 있게 한다고 했다.

▶ 1-143

以某雲爲照應、爲波瀾, 以某雲爲逆入, 以某雲爲空翻, 以某雲爲開, 以某雲爲闔, 以某雲爲掉尾。

어떤 구름은 호응하고, 어떤 구름은 공중에서 돌며, 어떤 구름은 열리고, 어떤 구름은 꼬리를 내리게 만든다고 말하는 것과 같다.

▶ 1-44

如是以出之, 如是以歸之, 一一使無爽, 而天地之文成焉。無乃天地之勞於有泰山, 泰山且勞於有是雲, 而出雲且無日矣!

이런 까닭으로 나아가고, 이런 까닭으로 돌아간다면 하나도 어그

---

208) 운족(雲族): 구름을 모으다. ≪莊子·左宥≫에 "雲氣不待族而雨"라고 되어 있다.

러짐이 없이 천지의 무늬가 만들어 것이다. 하지만 이와 같다면 어찌 천지가 태산이 있다고 해서 수고럽지 않겠으며, 또한 구름이 있다고 해서 수고럽지 않겠는가! 구름이 또한 나올 날이 없을 것이다.

1-145

蘇軾有言:"我文如萬斛源泉, 隨地而出." 亦可與此相發明也.
소식이 "나의 문장은 끊임없이 솟아오르는 샘물209)과 같이 땅의 지세에 따라 흘러나오는 것과 같다."210)라고 말한 것이 있다. 이 역시 함께 설명하여 밝힐 수 있다.

1-146

或曰:"先生言作詩, 法非所先, 言固辯矣. 然古帝王治天下, 必曰'大經大法', 然則, 法且後乎哉?"
어떤 사람이 "선생님께서 시를 지을 때 법이 우선하는 것이 아니라고 말씀하셨다는데, 과연 이치에 맞는 것 같습니다. 하지만 고대 제왕이 천하를 다스릴 때 반드시 '大經大法'211)을 말하였는데, 그렇다면 법도 이후라는 말입니까?"라고 물었다.

1-147

余曰: 帝王之法, 卽政也. 夫子言:"文武之政, 布在方策." 此

---

209) 만곡원천(萬斛源泉): 끊임없이 솟아오르는 샘물을 말한다.
210) "나의 문장은 …… 흘러나오는 것과 같다": 출전은 소식(蘇軾)의 ≪東坡題跋≫에 "吾文如萬斛泉原, 不擇地而出. 在平地, 滔滔汩汩, 雖一日千里無難."라고 되어 있다.
211) '대경대법(大經大法)': 공명 정대한 원리와 법칙을 말한다. 당대 韓愈의 ≪與孟尙書≫: "其大經大法, 皆亡滅而不救, 坏爛而不收."구절이 있다.

一定章程, 後人守之。苟有毫髮出入, 則失之矣。

나는 제왕의 법이 바로 정치 강령이라고 말했다. 공자는 "문왕과 무왕의 정치 강령은 모두 방책에 열거되어 있다."212)라고 말했다. 이것을 후세사람들은 잘 지켰는데 만약 조금이라도 빈틈이 생기면 곧 그것을 잃어버렸다.

▶ 1-148

修德貴日新。而法者舊章, 斷不可使有毫髮之新。法一新, 此王安石之所以亡宋也。

덕을 닦을 때 매일 새로워지는 것을 중요하게 여긴다.213) 하지만 법은 오래된 규칙으로 조그마한 새로움도 절대로 용납해서는 안 된다. 하지만 법이 일단 새로워졌고, 이것이 왕안석214)이 송나라를 망하게 한 원인이다.

▶ 1-149

若夫詩, 古人作之, 我亦作之。自我作詩, 而非述詩也。故凡有詩, 謂之新詩。若有法, 如敎條政令而遵之, 必如李攀

---

212) "문왕과 무왕의 정치 강령은 모두 방책에 열거되어 있다.(文武之政, 布在方策)": ≪禮記·中庸≫에 "文武之政、布在方策。其人存、則其政擧。其人亡、則其政息"라고 되어 있다.
213) "덕을 닦을 …… 중요하게 여긴다.": ≪易·大畜≫에 "修德貴日新"라고 되어 있다.
214) 왕안석(王安石): 생졸년은 1021~1086, 송(宋)나라 임천(臨川) 태생으로 자는 개보(介甫), 호는 반산(半山)이다. 신종(神宗) 때 재상으로 있으면서 정치개혁을 단행하여 청묘(靑苗), 수리(水利), 균수(均輸), 보갑(保甲) 등의 신법(新法)을 신설하였다가 물의를 빚고 구당 대신(舊黨大臣)들의 반대에 부딪쳐 진남 절도사(鎭南節度使)로 좌천되었다. 뒤에 다시 중앙에 진출하여 좌복야(左僕射)에 제수되고 철종(哲宗) 때 사공(司空)으로 승진하였다. 문장에 능하여 당송팔대가(唐宋八大家)의 한 사람으로 꼽히고, 저서에 ≪주관신의(周官新義)≫와 ≪임천집(臨川集)≫ 등이 있다. ≪宋史 卷327 王安石列傳≫

龍之擬古樂府然後可。

무릇 시란 옛사람이 지었는데 나도 지을 수 있다. 내 스스로 시를 지어야 하는 것이지 옛사람의 시를 서술하는 것이 아니다. 그래서 시를 짓는 것을 모두 '신시'라고 부른다. 만일 시에 법이 있어 마치 지켜야할 법령이나 정강215)처럼 준수한다면, 반드시 이반룡의 고악부216)를 모방해야 할 것이다.217)

> 1-150

詩, 末技耳, 必言前人所未言, 發前人所未發, 而後爲我之詩。

시는 말단의 여기(餘技)일 뿐이다. 반드시 앞시대 사람이 하지 않은 말을 해야 하고, 앞시대 사람이 드러내지 않는 바를 드러낸 후에야 비로소 자신의 시가 되는 것이다.

> 1-151

若徒以效顰效步爲能事, 曰:'此法也。' 不但詩亡, 而法亦且亡矣。余之後法, 非廢法也, 正所以存法也。

만약 헛되게 다른 사람을 모방218)하는 것을 능사로 여기고, 내가

---

215) 교조(敎條): 지켜야할 규칙이나 법규. 종교상의 신조를 말한다.
216) 고악부(古樂府): 한시(漢詩)의 한 가지 형식인데 풍속·인정 등을 읊은 것으로 민간에서 유행하던 가요이다, 서명(書名). 10권으로 되어 있으며 원(元)의 좌극명(左克明)이 편집한 것이다. 고악부사(古樂府詞)를 나누어 고가요(古歌謠)·고취곡(鼓吹曲)·횡취곡(橫吹曲)·상화곡(相和曲)·청상곡(淸商曲)·무곡(舞曲)·금곡(琴曲)·잡곡(雜曲)의 8곡으로 편집하였다. ≪四庫提要·總集類≫
217) "이반룡이 고악부를 모방해야 할 것이다.": ≪夕堂永日緖論內編≫주에 보인다.
218) 효빈(效顰): 춘추시대 월(越) 나라의 미인 서시(西施)가 심장병을 앓으면서 이맛살을 찌푸리자 찌푸린 그 모습도 매우 아름답게 보였으므로, 그 이웃의 추녀(醜女)가 그 찌푸린 모습을 흉내냈더니, 마을 사람들이 모두 그녀를 피해 버리고 보지 않았다는 고사에서 온 말로, 전하여 자기의 재주는 헤아리지 않

'이것을 법이다.'라고 부른다면 시가 망할 뿐만 아니라 법도 망하게 될 것이다. 내가 법을 뒤로 하고자 하는 것은 법을 폐지하고자 하는 것이 아니고 법을 존재하게 하고자 하는 바이다.

▶ 1-152

夫古今時會不同, 卽政今尙有因時而變通之. 膠固不變, 則 新莽之行周禮矣. 奈何風雅一道, 而踵其謬戾哉!

옛날과 지금의 분위기가 다르기에 정책과 법령은 시대에 따라 변통해야 한다. 만약 아교처럼 굳게 붙어서219) 변화하지 않으면 이것은 왕망220)이 주대의 제도를 실행한 것처럼 된다.221) 어찌 시가는 한 길을 가면서 잘못된 전철을 밟을 수 있겠는가!

고 억지로 남을 흉내내려고 하는 것을 비유한다.
219) 교고(膠固): 아교로 붙인 것처럼 굳고 단단하다. 완고하다.
220) 신망(新莽): 왕망(王莽)을 가리킨다. 외척(外戚)인 왕망(王莽)이 나라를 찬탈한 뒤 국호(國號)를 '신(新)'이라 하였기 때문에 이렇게 부른다.
221) "왕망이 주대의 …… 것이 된다.": 왕망(기원전 45~기원후 23)은 한(漢) 나라 평제(平帝)를 시해한 뒤 섭황제(攝皇帝)로 자칭하며 섭정(攝政)을 행하다가 결국 황제의 자리를 찬탈하고 신(新) 나라를 세웠다. 그는 주공(周公)의 선례를 들어 자신의 집권을 정당화하면서 주공이 지었다는 ≪주례(周禮)≫에 근거하여 각종 개혁을 시도했으나, 시대착오적인 개혁으로 혼란을 초래하여 민심을 잃고 농민 반란군에게 피살되었다. ≪주관≫은 곧 ≪주례≫를 말한다. 왕망이 집권할 때 그에게 아부하기 위해 유흠(劉歆)이 비부(秘府)에 소장되어 있던 ≪주관≫을 개찬(改竄)하고 ≪주례≫로 이름을 고쳐 유가 경전의 하나로 격상시켰다는 설이 유력하다. 유흠 등은 태후에게 올린 글에서 섭황제인 왕망을 극구 예찬하여 "드디어 비부를 열고 유자들을 모아 예와 악을 제작했으며(遂開秘府 會群儒 制禮作樂)", "≪주례≫를 발굴하여 하(夏) 나라와 은(殷) 나라의 예를 본받았음을 밝히셨다.(發得周禮 以明因監)"고 하였다. ≪漢書 卷99 王莽傳上≫

2 내편(하)

▶ 2-01

曰理、曰事、曰情，此三言者足以窮盡萬有之變態。凡形形色色，音聲狀貌，擧不能越乎此。

리·사·정이라 일컬어지는 이 세 가지는 만물의 변화하는 모습을 충분히 다 설명할 수 있다. 형형색색의 소리와 모양이 모두 이 세 가지를 넘을 수는 없다.

▶ 2-02

此擧在物者而爲言，而無一物之或能去此者也。曰才、曰膽、曰識、曰力，此四言者所以窮盡此心之神明。

이는 모두 사물 자체에 대해서 말한 것으로 어떤 사물도 이 세 가지를 떠나서 존재할 수 없다. 재·담·식·력이라 일컬어지는 이 네 가지로 말하자면, 이 안에 마음 속에 신명스러움을 다 궁구한 것이다.

▶ 2-03

凡形形色色，音聲狀貌，無不待於此而爲之發宣昭著。此擧在我者而爲言，而無一不如此心以出之者也。以在我之四，衡在物之三，合而爲作者之文章。

무릇 형형색색의 소리와 모습들은 이것이 없으면 드러나지 않는다. 이것들은 모두 사물 자체에 대하여 말하는 것으로, 네 가지와 외부 사물에 내재하는 세 가지로 균형을 잡았다. 이 두 가지가 합쳐진 것을 작가의 문장이라 한다.

2-04

大之經緯天地, 細而一動一植, 詠嘆謳吟, 俱不能離是而爲言者矣。

크게는 천지의 경위222)를 다스리고 세세하게는 하나 하나의 동식물에 미치어 노래하고 읊는 시는 결국 이것들을 떠나서 말할 수 없다.

2-05

在物者前已論悉之, 在我者雖有天分之不齊, 要無不可以人力充之。

사물 안에 존재하는 것은 앞에서 이미 상세히 논하였다. 비록 내 자신 안에 있는 것은 하늘로부터 받은 것이 같지는 않지만, 사람의 힘으로 채울 수 없는 것은 아니다.

2-06

其優於天者, 四者具足, 而才獨外見, 則群稱其才。而不知其才之不能無所憑而獨見也。

하늘에서 내려 받은 것이 넉넉한 사람이 네 가지를 충분히 갖추고서 재능이 밖에 드러나면 많은 사람들이 그의 재능을 칭찬한다. 하지만 그들은 의지하는 것 없이 홀로 표현될 수 없다는 것을 모른다.

---

222) 경위(經緯): 우주의 경도(經度)와 위도(緯度)를 가리킨다.

2-07

其歉乎天者, 才見不足, 人皆曰才之歉也, 不可勉强也。不知有識以居乎才之先, 識爲體而才爲用。若不足於才, 當先研精推求乎其識。

그 하늘에서 내려 받은 것이 부족한 사람이 재능이 부족하게 드러나면, 사람들은 재능이 부족함을 억지로 어떻게 할 수 있는 것이 아니다고 말한다. 이는 식견이 재능에 비해 먼저이며, 식견은 주체이고 재능은 식견을 위해 존재하는 것은 모르는 것이니, 만일 재능은 부족하면 마땅히 먼저 마음을 가다듬고 식견을 연구해야 한다.

2-08

人惟中藏無識, 則理事情錯陳於前, 而渾然茫然, 是非可否, 姸媸黑白, 悉眩惑而不能辨, 安望其敷而出之爲才乎!

오직 사람의 마음223)에 식견이 없으면 바로 리·사·정이 앞에 이리저리 섞여 옳음과 그름, 가능함과 불가함, 아름다운 것과 더러운 것224), 검은 것과 흰 것이 모두 어지럽게 되어 분별할 수가 없다. 그러하니 어떻게 그것을 펼쳐내어 재능이 되기를 바라겠는가?

2-09

文章之能事, 實始乎此。今夫詩, 彼無識者, 旣不能知古來作者之意, 並不自知其何所興感、觸發而爲詩。

문장을 짓는 능력은 실제로 여기에서 시작된다. 지금 저 시에 식

---

223) 중장(中藏): 본래는 내장을 가리키는데, 여기서는 사람의 마음을 가리킨다.
224) 연치(姸媸): 아름다운 것과 더러운 것을 말한다.

견이 없는 사람들은 고대 작가의 뜻을 모르고, 또한 그들이 어떤 감흥으로 시를 지었는지도 모른다.

▶ 2-10

或亦聞古今詩家之論，所謂體裁、格力、聲調、興會等語，不過影響於耳，含糊於心，附會於口，而眼光從無著處，腕力從無措處。

어떤 사람은 옛날과 지금의 시가이론 즉 이른바 문체와 스타일(體裁)·격조와 힘(格力)·소리와 사조(聲調)·흥취의 모임(興會) 등의 말을 들어도 단지 귓가에서 앵앵거릴 뿐 모호하여 분명하지225) 않다. 입으로는 아는 척하지만 눈을 둘 곳도 힘을 쓸 곳도 없다.

▶ 2-11

卽歷代之詩陳於前，何所抉擇？ 何所適從？ 人言是，則是之，人言非，則非之。

역대의 시가 눈앞에 펼쳐져 있는데 어떤 선택을 할 수 있고 무엇을 따를 수 있겠는가? 다른 사람이 옳다고 말하면 나도 옳다고 따라하고, 남이 아니라고 말하면 나도 아니라고 똑같이 말하겠는가?

▶ 2-12

夫非必謂人言之不可憑也。而彼先不能得我心之是非而是非之，又安能知人言之是非而非之也！ 有人曰："詩必學漢、魏學盛唐。"

---

225) 함호(含糊): 말을 입안에 우물거리고 분명치 않게 말함. 분명하지 않은 모양을 말한다.

반드시 다른 사람의 말이 믿을 수 없다고 말하는 것은 아니지만, 먼저 내 자신의 마음의 잘못도 명확하게 알지 못하면서 어찌 다른 사람 말의 잘못을 가려낼 수 있겠는가! 어떤 사람이 "시는 반드시 한·위를 배우고 성당을 배워야 한다."[226]라고 말했다.

➤ 2-13

彼亦曰: "學漢、魏, 學盛唐." 從而然之。而學漢、魏與盛唐所以然之故, 彼不能知, 不能言也。卽能效而言之, 而終不能知也。

저 사람 역시 "한·위를 배우고 성당을 배운다."라고 말하면서 좇아서 그렇게 했다. 그러나 그는 자신이 한·위와 성당을 배워야 하는 까닭을 이해할 수 없고 말할 수도 없다. 다른 사람의 말을 모방하여 말할 수 있으나 끝까지 그것을 이해할 수는 없다.

➤ 2-14

又有人曰: "詩當學晚唐, 學宋、學元." 彼亦曰: "學晚唐, 學宋、學元." 從而然之。而學晚唐與宋、元所以然之故, 彼又終不能知也。

또 어떤 사람이 "시는 마땅히 만당·송·원을 배워야 한다."라고 말하면 그 역시 "만당·송·원을 배워야 한다."라고 말하며 좇아서 그렇게 한다. 그러나 그는 송과 원을 배워야 하는 까닭을 끝내 알지 못한다.

---

226) "詩必學漢、魏學盛唐": 명대 전후칠자로 대표되는 복고파들이 "문장은 반드시 진한을 따르고, 시는 반드시 성당을 좇아야 한다."고 주장하였다. 명초 대각체와 팔고문의 구속을 타파하고 모방과 표절을 일삼는 형식주의 문단의 병폐를 비판하였다.

2-15

或聞詩家有宗劉長卿者矣, 於是群然而稱劉隨州矣。又或聞有 崇尙陸游者矣, 於是人人案頭無不有劍南集, 以爲秘本, 而 遂不敢他及矣。

어떤 시인 중에서 유장경227)을 종주로 삼는 사람이 있다는 소리를 들으면, 너나 할 것없이 일제히 유장경을 칭찬한다. 또 어떤 사람이 육유를 숭상하는 사람이 있다는 소리를 들으면, 사람들은 책상 머리맡에 ≪검남집≫을 펴두고 그것을 진기하고 소중한 책으로 여기고 다른 사람의 시를 읽으려고 하지 않는다.

2-16

如此等類, 不可枚擧一槪。人云亦云, 人否亦否, 何爲者耶?

이와 같은 일들을 이루 다 셀 수가 없다. 남이 말하면 말하는 대로, 남이 아니라고 말하면 아니라고 하는데, 이것은 도대체 무슨 까닭인가?

2-17

夫人以著作自命, 將進退古人, 次第前哲, 必具有隻眼而後 泰然有自居之地。

저 사람이 저작을 통해서 자신의 가치를 표현하여 옛사람보다 나음과 못함을 논하고, 옛날 성현들이 그 다음이라는 서열을 매긴다면, 반드시 혜안을 갖추어야 비로소 자신이 머물 자리가 있을 것이다.

---

227) 유장경(劉長卿): 중당(中唐) 때의 시인으로 자는 문방(文房)이다. 수주 자사(隨州刺史)를 지내어 유 수주(劉隨州)라고도 불리며, 오언시에 능하여 '오언장성(五言長城)'으로도 불린다.

2-18

倘議論是非, 聾瞽於中心, 而隨世人之影響而附會之, 終日以其言語筆墨爲人使令驅役, 不亦愚乎!

만약 잘잘못을 가리고자 하는데 자신의 생각이 명확하지 못하여, 세상 사람들의 영향에 따라 부화뇌동하고 내내 자신의 말과 문장이 모두 다른 사람의 명령에 따르기만 한다면 또한 어리석지 않겠는가?

2-19

且有不自以爲愚, 旋愚成妄, 妄以生驕, 而愚益甚焉! 原其患始於無識, 不能取捨之故也。

또한 자신이 어리석다고 생각하지 않아 어리석음은 제멋대로 되고, 제멋대로 하는 것은 다시 교만함을 낳아 어리석음은 더욱 심화된다. 이러한 폐단의 근원은 무식하여 잘 취사선택하지 못하는 데서 비롯된 것이다.

2-20

是卽吟詠不輟, 累牘連章, 任其塗抹, 全無生氣。其爲才耶? 爲不才耶?

이리하면 불철주야 끊임없이 시를 읊조리고, 잇달아 문장을 써내며,228) 아무런 생각도 없이 막 글을 쓰는229) 것 뿐 이어서, 어떠한 생동감도 찾아볼 수 없다. 이러한 사람이 재능이 있는 것인가? 재능이 없는 것인가?

---

228) 누독연장(累牘連章): 잇달아 문장을 써서 올리는 것을 말한다.
229) 도말(塗抹): 생각하지 않고 글을 내리쓰는 일. ≪낭환기(琅環記)≫에 "신필(信筆)로 도말(塗抹)했으나 스스로 천연(天然)의 맛이 있다." 하였음.

2-21

惟有識, 則是非明, 是非明, 則取捨定。不但不隨世人脚跟, 並亦不隨古人脚跟。非薄古人爲不足學也。

오직 식견이 있어야만 옳고 그름이 분명해진다. 옳고 그름이 명확해져야만 취사선택을 정해진다. 세상 사람들의 발자취를 따르지 않을 뿐만 아니라 옛사람의 발자취를 그대로 따라하지도 않지만, 이것이 옛사람을 배울 가치가 없다고 낮게 보는 것은 아니다.

2-22

蓋天地有自然之文章, 隨我之所觸而發宣之, 必有克肖其自然者, 爲至文以立極。我之命意發言, 自當求其至極者。

대개 천지에는 자연의 문장이 있어 내가 자연과 닿는 것에 따라 이를 드러내면 반드시 자연을 충분히 닿게 되고, 훌륭한 문장을 지어 지극함을 세울 수 있다. 자신의 뜻을 서술할 때는 스스로 마땅히 지극함을 얻어야만 한다.

2-23

昔人有言:"不恨我不見古人, 恨古人不見我。" 又云:"不恨臣無二王法, 但恨二王無臣法。" 斯言特論書法耳。而其人自命如此。等而上之, 可以推矣。

옛날 어떤 사람이 "내가 옛사람을 보지 못함이 한스러운 것이 아니라, 옛사람이 나를 보지 못한 것이 한스럽다."[230]라고 하였다. 또한 "나에게 왕희지와 왕헌지의 법이 없음이 한스러운 것이 아니

---

230) "내가 옛사람을 ...... 것이 한스럽다.": 출전은 ≪南史≫32卷 ≪張融傳≫으로 "不恨我不見古人, 所恨古人又不見我。"라고 되어있다.

라, 단지 왕희지와 왕헌지231)가 자신의 법이 없음이 한스럽다."라고 말했다. 이 대화는 단지 서예에 대한 것일 따름인데도 그 사람의 뜻이 이와 같았으니, 서예와 동등하거나 한 등급 높은 수준이라고 할 수 있는 시는 어떠한 지를 미루어 짐작할 수 있다.

▶ 2-24

譬之學射者, 盡其目力臂力, 審而後發. 苟能百發百中, 卽不必學古人, 而古有后羿、養由基其人者, 自然來合我矣.
이것을 비유해보면, 활 쏘는 것을 배우는 사람이 시력과 팔의 힘을 다하여 잘 살핀 후에 진실로 활을 쏘아 백발백중 하려고, 반드시 옛사람들한테 배울 필요는 없다. 고대의 활쏘기 달인인 후예232)와 양유기233)와 같은 사람과 자신이 자연스럽게 합쳐진 것이다.

---

231) 왕희지(王羲之)와 왕헌지(王獻之): 왕희지와 왕헌지(王獻之)는 부자간(父子間)으로, 진(晉)나라 때의 유명한 서예가이다. 왕희지는 회계(會稽) 태생으로 자가 일소(逸少)이고 원제(元帝) 때에 우군장군(右軍將軍)을 지낸 까닭에 '왕일소(王逸少)' 또는 '왕우군(王右軍)'으로도 불리며, 특히 초서(草書)와 예서(隸書)에 탁월하였다. 왕헌지는 자가 자경(子敬)으로 오흥 태수(吳興太守)와 중서령(中書令) 등을 지냈고 서법(書法)의 풍골(風骨)이 아버지보다 약간 모자랐지만 꽤 미취(媚趣)가 있었으며, 당시 사람들이 이들 부자를 '이왕(二王)'으로 칭송하였다고 한다. ≪晉書 卷80 王羲之列傳≫
232) 후예(后羿): 중국 태고때 유궁국의 군주이다. 하의 태강을 재위를 찬탈하였으나 사냥을 지나치게 좋아하여 정무를 돌보지 않다가 寒浞에게 죽임을 당했다. 한착은 예의 아내를 자신의 아래로 삼았는데 그둘 사이에서 난 아들이 바로 요이다. 그는 하나라의 소강에게 죽음을 당했다.
233) 양유기(養由基): 춘추(春秋) 시대 초(楚) 나라 대부(大夫) 인데 활을 잘 쏘았다고 일컬어진다. 활쏘기에 능하여 1백 보(步) 앞에 있는 버들잎을 쏘면 백발백중이었다 한다. ≪史記 卷4 周本記≫

▶ 2-25

我能是, 古人先我而能是。未知我合古人歟? 古人合我歟?
高適有云: "乃知古時人, 亦有如我者。" 豈不然哉!

내가 이렇게 할 수 있었던 것은 옛사람은 이미 그렇게 했는데, 이 것은 내가 옛사람과 일치한 것인가? 아니면 옛사람이 나에게 일치한 것인가? 고적이 일찍이 "옛사람도 나와 같은 것이 있음을 알겠도다."234)라고 말했는데 어찌 그렇지 않겠는가!

▶ 2-26

故我之著作與古人同, 所謂其揆之一。卽有與古人異, 乃補古人之所未足, 亦可言古人補我之所本足。而後我與古人交爲知己也。

그러므로 자신의 작품과 옛사람의 작품이 서로 같다는 것은, 바로 우리가 추구하는 기준이 일치함을 뜻하는 것이다.235) 설령 옛사람과 다른 점이 있을지라도 내가 옛 사람이 부족한 면을 보충할 수 있고 옛사람이 내가 부족한 면을 보충할 수 있다고 말할 수 있는 다음에야, 나와 옛사람이 서로를 잘 알아주는 벗이 될 수 있는 것이다.

▶ 2-27

바로 이와 같기 때문에 나의 뜻은 하나 하나 모두 식견으로부터

---

234) "옛 사람이 또한 나와 같은 것이 있음을 알겠도다.": 이 구절은 고적(高適)의 〈苦雪〉(제4수) 시에 나오는 구절이다.
235) 규(揆): ≪맹자(孟子)≫ 이루하(離婁下)장에 "뜻을 얻어 중국에 행하면 마치 부절처럼 합치하니, 선대의 성인과 후대의 성인이 그 법도는 한가지이다.[得志行乎中國 若合符節 先聖後聖 其揆一也]"라는 말이 보인다. 여기서는 道 라는 의미이다.

나오는 것이다. 식견이 밝으면 대담해져서 표현하고픈 대로 표현해도 겁낼 것이 없고, 횡설수설[236]해도 다 알맞으며, 자연의 오묘한 이치가 손아귀에 들어있기에 하나라도 그 사물의 본질을 닮지 않은 것이 없다.

惟如是, 我之命意發言, 一一皆從識見中流布。識明則膽張, 任其發宣而無所於怯, 橫說豎說, 左宜而右有, 直造化在手, 無有一之不肖乎物也。

▶ 2-28

且夫胸中無識之人, 卽終日勤於學, 而亦無益, 俗諺謂爲'兩脚書櫥'。記誦日多, 多益爲累。及伸紙落筆時, 胸如亂絲, 頭緖旣紛, 無從割擇。

마음에 식견이 없는 사람은 설사 종일 열심히 공부한다 하더라도 아무런 소용이 없다. 마치 속담에서는 그들을 '두 다리가 달린 책장'[237]이라고 일컫는다. 암송하여 기록한 것은 나날이 많아지는데, 쌓일수록 쓸데는 없다. 종이를 펴서 붓을 잡을 때, 마음은 어지럽고 두서가 없어 어디서부터 써야 할 지 모르겠다.

▶ 2-29

中且餒而膽愈怯, 欲言而不能言, 或能言而不敢言, 矜持於銖兩尺蠖之中, 旣恐不合於古人, 又恐貽譏於今人。

---

236) 횡설수설(橫說豎說): 사람을 깨우치기 위해 직설(直說)하기도 하고 우회해 말하기도 하는 것을 말한다. 강설(講說)이 논리 정연한 것을 칭찬하는 말.
237) '양각서주(兩脚書櫥)': 책을 통독하여 많이 읽기는 하지만 진정으로 필요한 부분을 전혀 활용할 줄 모르는 멍청한 학자를 비유한 말이다. 조익(趙翼)의 ≪해여총고(陔餘叢考)≫에 "齊陵隆學極博, 而讀易不解文義. 王儉曰: 陸公, 書櫥也. 今人謂讀書多而不能用者爲兩脚書櫥, 本此."라고 되어 있다.

또 내면이 줄어들면서 담은 더욱 겁에 질려 말하고 싶어도 하지 못한다. 설사 말할 수 있어도 감히 말하지 못하고, 한 두 문장이나 한 두 글자 정도의 역량을 가지고 궁지를 가진다. 옛사람에 어울리지 못할까 걱정할 뿐만 아니라 요즘 사람들의 웃음거리가 될 것도 걱정한다.

▶ 2-30

如三日新婦, 動恐失體。又如跛者登臨, 擧恐失足。文章一道, 本據寫揮灑樂事, 反若有物焉以桎梏之, 無處非礙矣。

이를테면 시집간 지 사흘 밖에 안 된 새색시가 예를 어길까 무서워하는 것과 같고, 또 절름발이가 발을 헛디딜까 걱정하는 것과 같다. 문장의 한 도는 본디 가슴을 터놓고 풍류를 나누는 즐거운 일을 묘사하는 것인데, 다른 사물에 얽매여 자유롭지 않다면[238], 어느 한 곳도 장애가 될 곳이 없을 것이다.

▶ 2-31

於是, 强者必曰:"古人某某之作如是, 非我則不能得其法也。" 弱者亦曰:"古人某某之作如是, 今之聞人某某傳其法如是, 而我亦如是也。"

그러므로 용기 있는 사람은 반드시 "옛사람의 누구 누구의 작품이 이러이러한데, 내가 아니면 옛날 사람의 그 법을 터득할 수 없다."라고 말할 것이다. 용기 없는 사람은 또 "옛날 사람들의 작품이 이러하고 오늘날 이름난 사람들이 그 법을 전하는 것이 이러한데,

---

238) 질고(桎梏): 옛 형구인 차꼬와 수갑을 아울러 이르는 말, 지나친 속박으로 자유를 가질 수 없는 상태를 비유적으로 이르는 말이다.

나 또한 이와 같다."라고 말한다.

2-32

其黠者心則然而秘而不言。愚者心不能知其然, 徒誇而張於人, 以爲我自有所本也。

교활한 사람은 그렇다고 하면서도 감추면서 이야기하지 않는다. 어리석은 사람은 반드시 연유를 모르고서 부질없이 남에게 과장하여 자신은 그 근본이 있다고 말한다.

2-33

更或謀篇時, 有言已盡, 本無可贅矣, 恐方幅不足, 而不合於格, 於是多方拖沓以擴之, 是蛇添足也.

더욱이 어떤 사람들은 문장을 지을 때 말이 이미 다 표현되어 있어서 본디 군더더기가 없는데도 불구하고, 양이 부족하여 격에 맞지 않을까 염려하여 쓸모없는 것을 끌어다 붙이니, 이것은 뱀에 다리를 붙여 그리는 것과 같은 쓸데없는 짓이다.239)

2-34

又有言尙未盡, 正堪抒寫, 恐逾於格而夫矩度, 亟闖而已

---

239) 사족(蛇足): 쓸데없는 짓을 하면 손해를 본다는 뜻. 옛날 어떤 사람이 제사를 지낸 다음 그의 집에 사는 사람에게 술 한 잔 주었는데 두 사람이 마시기에는 부족하였다. 이에 상의하기를 땅에다가 뱀을 그리기 시합하여 먼저 끝내는 자가 마시기로 하였다. 한 사람은 뱀을 다 그려 술을 먹게 되었는데, 왼손에는 잔을 들고 오른손에는 다시 땅을 그으며 "나는 뱀의 발까지 그리겠다." 하고 발을 그렸으나 끝나기도 전에 상대편 역시 뱀을 다 그리고는 잔을 빼앗으며 "뱀은 원래 발이 없는데 자네가 어떻게 그리겠는가." 하며 술을 마셨다 한다. ≪戰國策·齊策≫

焉：是生割活剝也。之數者，因無識，故無膽，使筆墨不能自由，是爲操觚家之苦趣，不可不察也。

또 내용이 아직 미진하여 더 서술해야 하는데, 규칙에서 벗어나 법도를 잃어버릴까 하여 이내 문장을 끝내 버리니, 이것은 바로 산 채로 껍질을 벗겨 그대로 삼키는 격이다. 이러한 몇 가지의 예는, 식견이 없음으로 인해 담력이 없어서 문장을 자유롭게 하지 못하는 것이고, 이는 시 짓는 사람들의[240] 고민이기 때문에 신중히 잘 살펴보지 않을 수 없다.

▶ 2-35

昔賢有言：'成事在膽'、'文章千古事'，苟無膽，何以能千古乎？吾故曰：無膽則筆墨畏縮。

이전에 어떤 현명한 사람이 '일을 이루는 것은 담력에 있다'[241], '문장은 천고의 일'[242]이라고 말했다. 진실로 담력이 없으면 어찌 천고의 일을 잘 할 수 있겠는가? 때문에 내가 '담력이 없으면 붓끝이 움츠려든다.'라고 말했다.

---

240) 조고(操觚): 글 짓는 것, 또는 문필에 종사하는 것으로, 고(觚)는 옛날에 어떤 사실을 기록하던 네모난 나무 패(牌)다. 여기서는 시인을 말한다.

241) '성사재담(成事在膽)': 强至의 ≪韓忠獻公遺事≫에 "公(韓琦)平日謂成大事在膽."라고 되어 있다.

242) '문장천고사(文章千古事)': 두보의 〈偶題〉시 "<u>文章千古事</u>，得失寸心知。作者皆殊列，名聲豈浪垂。騷人嗟不見，漢道盛于斯。前輩飛騰入，餘波綺麗爲。後賢兼舊列，歷代各淸規。法自儒家有，心從弱歲疲。永懷江左逸，多病鄴中奇。騄驥皆良馬，騏驎帶好兒。車輪徒已斫，堂构惜仍亐。漫作潛夫論，虛傳幼婦碑。緣情慰漂蕩，抱疾屢遷移。經濟慚長策，飛栖假一枝。塵沙傍蜂蠆，江峽繞蛟螭。蕭瑟唐虞遠，聯翩楚漢危。聖朝兼盜賊，異俗更喧卑。郁郁星辰劍，蒼蒼雲雨池。兩都開幕府，萬宇揷軍麾。南海殘銅柱，東風避月支。故山迷白閣，秋水隱黃陂。不敢要佳句，愁來賦別離。"에 나오는 한 구절이다.

2-36

膽旣詘矣, 才何由而得伸乎? 惟膽能生才, 但知才受於天, 而抑知必待擴充於膽邪!

담력이 움츠려들면 재능을 어떻게 펼칠 수 있겠는가? 오직 담력이 있어야만 재능을 낳을 수 있으니, 단지 재능은 하늘에서 부여받은 타고난 것임을 알아야 할까! 아니면 반드시 담력에 의해서 확충된다는 것임을 알아야 할까!

2-37

吾見世有稱人之才。而婦美之曰: "能斂才就法。" 斯言也。非能知才之所由然者也。夫才者, 諸法之蘊隆發現處也。

나는 세상 사람들이 남의 재능을 보고 칭찬하는 것을 봤다. 며느리가 이것을 아름답다고 하면서 "재능을 잘 거두어 법에 나아간다."라고 말했는데 바로 이것이다. 하지만 이렇게 말하는 것은 재능이 어떻게 발휘되는 가를 모르기 때문이다. 저 '재능'이란 여러 가지 법이 쌓여서 크게[243] 발현된 것이다.

2-38

若有所斂而爲就, 則未斂未就以前之才, 尙未有法也。其所爲才, 皆不從理、事、情而得, 爲拂道悖德之言, 與才之義相背而馳者, 尙得謂之才乎?

만약 '재능'을 거두어 법에 나아가는 것이라면, 거두지 않고 나아가기 이전의 재능은 아직 법이 있지 않은 것이다. 그 재능이 모두 리·사·정으로부터 얻어지지 않아 도에 어긋나고 덕을 벗어난 말

---

243) 온륭(蘊隆): 쌓여서 크게 된다는 뜻이다. ≪詩經·大雅·雲漢≫에는 "蘊隆蟲蟲"라고 되어있고, ≪毛傳≫에는 "蘊蘊而暑, 隆隆而雷"라고 되어있다.

을 하며 재능의 뜻과 서로 어긋나 나아가는 것이라면 이를 재능이라고 일컬을 수 있겠는가?

▶ 2-39

夫於人之所不能知, 而惟我有才能知之, 於人之所不能言, 而惟我有才能言之, 縱其心思之氤氲磅礴, 上下縱橫, 凡六合以內外, 皆不得而囿之.

다른 사람이 알지 못하는 것을 오직 나에게만 재능이 있어 쉽게 알 수 있고, 남이 말해내지 못한 것을 오직 나에게만 재능이 있어 해낼 수 있다. 생각에서 상상력이 넘쳐나고 기운이 어리어[244] 웅장하고 막힘이 없어 상하, 종횡, 우주[245]의 안과 밖 등 모두 어느 곳에도 구속되지 않는다.

▶ 2-40

以是措而爲文辭, 而至理存焉, 萬事準焉, 深情託焉, 是之謂有才.

이러한 기개가 문장에서 표현될 때 최고의 논리가 들어있고 모든 것의 기준이 되며 '정'이 들게 되니, 이것이 바로 재능이 있다고 말하는 것이다.

▶ 2-41

若欲其斂以就法, 彼固掉臂遊行於法中久矣. 不知其所就者, 又何物也. 必將曰: "所就者, 乃一定不遷之規矩."

만약 재능을 거두어 법을 취하고자 한다면 그것은 실로 법 안에서

---

244) 인온(氤氲): 천지의 두 기운이 서로 화합하는 형상을 말한다.
245) 육합(六合): 천지사방(天地四方)을 가리키는 말로 우주 전체를 뜻한다.

조용히246) 돌아다니는 것과 같다. 나아간다고 하는 것도 어떤 것인지 모르겠다. 반드시 "나아간다는 것은, 이내 일정하여 변하지 않는 규칙247)"을 말한 것이다.

▶ 2-42

此千萬庸衆人皆可共趨之而由之, 又何待於才之斂耶？故文章家止有以才禦法而驅使之, 決無就法而爲法之所役, 而猶欲詡其才者也.

이것은 수많은 보통 사람들이 모두 공통적으로 추구하는 것이니, 또한 어찌 재능을 거두는 것을 기대할 필요가 있겠는가? 그러므로 문장가는 단지 재능으로써 법을 통제하며 부리는 것이지, 결코 법에 나아가 법을 부리면서 그 재능을 펼치려 하는 일은 없다.

▶ 2-43

吾故曰："無才則心思不出." 亦可曰："無心思則才不出." 而所謂規矩者, 卽心思之肆應各當之所爲也. 蓋言心思, 則主乎內以言才. 言法, 則主乎外以言才.

그러므로 나는 "'재능'이 없어서 사고가 시작되지 않는다."라고 말한다. 또한 "사고가 없으면 재능이 나오지 않는다."라고 말하고 싶다. 이른바 규범이라는 것은 사고력이 각 상황에 빠르게 대응하여 이루어지는 것이다. 대체로 사고력은 내재적인 면을 주로 하는 재능을 말하고, 법도는 외재적인 면을 주로 하는 재능을 말한다.

---

246) 도비(掉臂): 팔을 내저어 돌아본 체하지 않는다는 뜻으로, 누구에게도 응수하거나 돌아본 체하지 않고 조용히 지낸다는 뜻이다.
247) 규거(規矩): 걸음쇠와 곡척(曲尺)을 말하는데, 모두 목수가 사용하는 도구이다. 곧 일상생활에서 지켜야 할 법도를 말한다.

> 2-44

主乎內, 心思無處不可通, 吐而爲辭, 無物不可通也。夫孰得而範圍其心, 又孰得而範圍其言乎！主乎外, 則囿於物而反有所不得於我心, 心思不靈, 而才銷鑠矣。

내재적인 면을 주로 하면 생각은 통하지 못할 곳이 없고, 그것을 드러내어 문장을 만들면 어떠한 사물도 통하지 못할 것이 없다. 누가 그 마음을 제한할 것이다. 또한 누가 그 말을 한정지을 수 있겠는가! 외재적인 면을 주로 한다면 사물에 갇혀서 도리어 내 마음에서 얻지 못하게 되니, 사고가 민첩하지 못하고, 재능은 쇠가 녹듯이 사그라든다.248)

> 2-45

吾嘗觀古之才人, 合詩與文而論之, 如左丘明、司馬遷、賈誼、李白、杜甫、韓愈、蘇軾之徒, 天地萬物皆遞開闔於其筆端, 無有不可擧, 無有不能勝, 前不必有所承, 後不必有所繼, 而各有其愉快。

내가 일찍이 옛날에 재능있는 사람을 살펴보니 시와 문장을 하나로 묶어 논할 때, 좌구명249)·사마천·가의250)·이백·두보·한유·

---

248) 소삭(銷鑠): 쇠붙이를 녹이다는 뜻이다.
249) 좌구명(左丘明): ≪춘추좌전(春秋左傳)≫의 저자. 노(魯) 나라 태사(太史)로서, 공자(孔子)와 동 시대의 인물인데, ≪논어(論語)≫에 나오는 글로 보아 공자가 존경한 인물이었던 듯하다. ≪사기(史記)≫ 십이제후 연표(十二諸侯年表)에 의하면, 공자가 ≪춘추≫를 지은 뒤에 공문(孔門)의 제자들이 그 진의(眞意)를 후세에 정하지 못할 것을 염려하여 좌구명이 ≪좌씨춘추≫를 지었다고 하였다.
250) 가의(賈誼): 문(文)과 부(賦)를 잘 지은 전한(前漢) 문제(文帝) 때의 문신이다. 최연소 박사가 된 중국 전한 문제 때의 문인 겸 학자. 진나라 때부터 내려온 율령·관제·예악 등의 제도를 개정하고 전한의 관제를 정비하기 위한 많

소식과 같은 사람들은 천지만물을 모두 일일이 그들의 붓 끝에서 만들어졌다. 어느 하나도 표현할 수 있는 것이 아니었고 반드시 뒤에 계승한 것도 아니어서, 각각 그들이 스스로 얻은 즐거움이 있었다.

2-46

如是之才, 必有其力以載之。惟力大而才能堅, 故至堅而不可摧也。歷千百代而不朽者以此。

이러한 재능은 반드시 그 힘이 있어야 실을 수 있다. 오직 힘이 커야 재능이 견고할 수 있고, 지극히 견고해야 실어낼 수 있다. 그들이 천년을 잇고도 영원히 썩지 않는 이유가 바로 여기에 있는 것이다.

2-47

昔有人云:"擲地須作金石聲。" 六朝人非能知此義者, 而言金石, 喩其堅也。此可以見文家之力。

옛사람들이 "땅에 내 던질 때 반드시 쇳소리를 내야한다."[251]라고

은 의견을 상주했다. 당시 고관들의 시기로 좌천되자 자신의 불우한 운명을 굴원(屈原)에 비유해 〈복조부(鵩鳥賦)〉와 〈조굴원부(弔屈原賦)〉를 지었으며, ≪초사(楚辭)≫에 수록된 〈석서(惜誓)〉도 그의 작품으로 알려졌다. 4년 뒤 복귀하여 문제의 막내아들 양왕(梁王)의 태부가 되었으나 왕이 낙마하여 급서하자 이를 애도한 나머지 1년 후 33세로 죽었다. 저서에 ≪신서(新書)≫ 10권이 있으며, 진(秦)의 멸망 원인을 추구한 〈과진론(過秦論)〉은 널리 알려져 있다. 당시의 천하를 두고 사람들은 치세(治世)라 하였지만, 그는 홀로 당시의 사세(事勢)에서 통곡할 만한 것 한 가지, 눈물 흘릴 만한 것 두 가지, 길이 탄식할 만한 것 여섯 가지를 지적하여 상소하였다. ≪通鑑節要 卷7 太宗孝文皇帝上≫

251) "擲地須作金石聲": 시문을 땅에 던지면 쇠로 만든 악기 소리가 난다는 말로, 문장이 아름다운 것을 말한다. 진(晉) 나라 손작(孫綽)이 '천태산부(天台山

말했다. 육조시대 사람은 이 말 뜻을 이해하지 못했고, 금석이라는 단어는 견고함을 비유하여 말한 것이다. 여기에서 우리는 문장가의 힘을 볼 수 있다.

▶ 2-48

力之份量, 卽一句一言, 如植之則不可僕, 橫之則不可斷, 行則不可遏, 住則不可遷。易曰:'獨立不懼.' 此言其人:而其人之文當亦如是也。

힘의 세기는 한 구절 한 마디에서 나타나는데, 세로로 세워놓으면 넘어지지 않고 가로로 눕혀놓으면 끊어지지 않으며, 움직이면 막을 수 없고 멈추면 옮길 수 없다. ≪易經≫에서 '홀로 서서 두려워하지 않는다.'[252]라고 했는데, 이는 그러한 사람을 이야기한 것이고, 그러한 사람의 문장도 마땅히 이와 같다.

▶ 2-49

譬之兩人焉, 共適於途, 而值羊腸蠶叢峻棧危梁之險。其一弱者, 精疲於中, 形戰於外, 將裹足而不前, 又必不可已而進焉。

예를 들어 두 사람이 함께 길을 가다가 구불구불한 길[253], 절벽

賦)'를 짓고는 친구인 범영기(范榮期)에게 말하기를, "그대가 이 글을 한 번 땅에 던져 보라. 그러면 쇠로 만든 악기 소리가 날 것이다." 하였는데, 범영기가 처음에는 믿지 않다가 한 번 읽어 본 뒤에는 찬탄하는 말이 입에서 끊이지 않았다고 한다. 출전은 ≪晉書 卷56 孫綽列傳≫이다. 또 유의경(劉義慶)의 ≪세설신어(世說新語)≫에 "孫興公〈天台賦〉成, 以示梵榮期云: 卿試擲地, 要作金石聲."라고 되어 있다.

252) '獨立不懼': ≪주역(周易)≫ 대과괘(大過卦) 상사(象辭)에 나오는 말이다.
253) 양장(羊腸): 산서성(山西省)에 있는 판도(坂道) 이름이다. 비탈길이 마치 양의 창자처럼 꼬불꼬불하여 매우 험난하므로 붙여진 이름인데, 험준한 고개를

낭떠러지와 우거진 숲 사이로 난 길254), 위험한 다리와 같은 위험을 만나면, 약한 사람은 정신이 안에서 힘들고 형체가 밖에서 두려워하여 장차 발을 동동 구르며 앞으로 나아가지 못할 것이다.

▶ 2-50

於是步步有所憑藉, 以爲依傍。或藉人之推之挽之, 或手有所持而捫, 或足有所緣而踐。卽能前達, 皆非其人自有之力, 僅愈於木偶, 爲人昇之而行耳。

또한 어쩔 수 없어 기대서 나아가게 되면, 이에 걸음 걸음 의지할 것이 있어 기대고 의지하거나, 혹은 다른 사람이 밀거나 당기고 혹은 손으로 잡거나 발로 디딜 것이 있어야만 앞으로 나갈 수 있고, 모두 그 사람 스스로의 힘으로 하는 것이 아니어서, 나무 인형을 사람들이 매고 가는 것보다 겨우 나을 뿐이다.

▶ 2-51

其一爲有力者, 神旺而氣足, 逕往直前, 不待有所攀援假借, 奮然投足, 反趨弱者扶掖之前。

힘이 있는 사람은 정신이 왕성하고 기운도 충만하여 지름길로 직진하고, 세력이 있는 사람을255) 빌리지 않아도 용감히 나아가면, 힘이 약한 사람이 붙들고 나아가는 것보다 오히려 앞서갈 수 있다.

▶ 2-52

此直以神行而形隨之, 豈待外求而能者！故有境必能造, 有

말한다. 흔히 험난한 세로(世路)에 비유하기도 한다.
254) 잠총(蠶叢): 촉도(蜀道)가 아직 제대로 뚫리지 않았을 때 우거진 숲으로 난 길을 말한다.
255) 반원(攀援): 세력이 있는 사람을 의지함.

造必能成。吾故曰：“立言者，無力則不能自成一家。”

이것은 곧 정신이 가는대로 형체가 따르는 것이다. 어찌 밖으로 충분히 구하기를 기다리겠는가! 때문에 나는 "말을 세우는 사람이, 힘이 없으면 일가를 이룰 수 없다."라고 말했다.

▶ 2-53

夫家者，吾固有之家也。人各自有家，在己力而成之耳。豈有依傍想像他人之家以爲我之家乎！是猶不能自求家珍，穿窬鄰人之物以爲已有。

저 '家'라는 것은 자신의 본디 가지고 있는 집이다. 사람들은 각각 스스로의 집이 있으며 자신의 힘으로 그것을 만들 뿐인데, 어찌 다른 사람의 집을 의지하거나 상상하여 자기의 집이라고 할 수 있겠는가! 이것은 마치 자신의 집에 보물을 가질 수 없어서, 옆집의 보물을 훔쳐서 자기 것으로 여기는 것과 같다.

▶ 2-54

卽使盡竊其連城之璧，終是鄰人之寶，不可爲我家珍。而識者窺見其裏，適供其啞然一笑而已。故本其所自有者而益充而廣大之以成家，非其力之所自致乎！

설사 화씨의 벽[256]을 훔쳐온다 할지라도, 결국은 이웃집의 보물이

---

[256] 연성지벽(連城之璧): 출전은 ≪韓非子≫이다. 전국시대, 초(楚)나라에 변화씨(卞和氏)란 사람이 산 속에서 옥(玉)의 원석을 발견하자 곧바로 여왕(厲王)에게 바쳤다. 여왕이 보석 세공인(細工人)에게 감정시켜 보니 보통 돌이라고 한다. 화가 난 여왕은 변화씨를 월형(刖刑:발뒤꿈치를 자르는 형벌)에 처했다. 여왕이 죽은 뒤 변화씨는 그 옥돌을 무왕(武王)에게 바쳤으나 결과는 마찬가지였다. 이번에는 왼쪽 발뒤꿈치를 잘리고 말았다. 무왕에 이어 문왕(文王)이 즉위하자 변화씨는 그 옥돌을 그러안고 궁궐 문 앞에서 사흘 낮 사흘

지 자신의 보물은 아닌 것이다. 학식이 있는 사람은 저의를 꿰뚫으며 실소를 금치 못할 것이다. 그러므로 그 스스로 가지고 있는 바를 근본으로 하고, 더욱 확대하여 일가를 이룬 사람은 그 힘이 이룬 것이 아니겠는가!

▶ 2-55

然力有大小, 家有鉅細。吾又觀古之才人, 力足以蓋一鄉, 則爲一鄉之才。力足以蓋一國, 則爲一國之才。力足以蓋天下, 則爲天下之才。

그런데 힘에는 크고 작음이 있으며 집에도 크고 작음이 있다. 내가 옛날의 재능있는 사람을 보면, 힘이 한 마을을 덮을 정도로 충분하면 한 마을의 재능있는 사람이다. 힘이 한 나라를 덮을 만하면 한 나라의 재능있는 사람이다. 힘이 천하를 덮기에 충분하다면, 이는 천하의 재능있는 사람이다.

▶ 2-56

更進乎此, 其力足以十世, 足以百世, 足以終古。則其立言不朽之業, 亦垂十世, 垂百世, 垂終古, 悉如其力以報之。試合古今之才, 一一較其所就, 視其力之大小遠近, 如分寸銖兩之悉稱焉。

밤을 울었다. 문왕이 그 까닭을 묻고 옥돌을 세공인에게 맡겨 갈고 닦아 본 결과 천하에 둘도 없는 명옥이 영롱한 모습을 드러냈다. 문왕은 곧 변화씨에게 많은 상을 내리고 그의 이름을 따서 이 명옥을 '화씨지벽'이라 명명했다. 그 후 화씨지벽은 조(趙)나라 혜문왕(惠文王)의 손에 들어갔으나 이를 탐내는 진(秦)나라 소양왕(昭襄王)이 15개의 성(城)과 교환하자는 바람에 한때 양국간에는 긴장이 조성되기도 했다. 이에 연유하여 화씨지벽은 '연성지벽(連城之壁)'이라고도 불렸다.

게다가 여기에서 더 나아가 그 힘이 십 세기, 백 세기, 평생동안하면, 문장을 짓는 불후의 사업257)도 십 세기, 백 세기, 평생동안 전할 수가 있으니, 모두 그 힘에 맞추어 보답할 것이다. 옛날과 지금의 재능 있는 사람을 들어서 일일이 그들의 성취를 비교하여 힘의 크고 작음, 멀고 가까움, 한 푼 한 치까지 세밀히 구분하여 일컫는 것과 같다.

▶ 2-57

又觀近代著作之家, 其詩文初出, 一時非不紙貴, 後生小子, 以耳爲目, 互相傳誦, 取爲摸楷. 及身沒之後, 聲問卽泯, 漸有起而議之者.

또한 요즈음 작가를 관찰해보면 그 시와 산문이 처음 나올 때는 종이 값이 비싸지 않았다.258) 후세 젊은 사람들이 귀에서 눈으로 서로 전하여 암송하고 모방했다. 죽은 뒤에는 명성이 곧 사라지고 점점 더 논쟁을 일으키는 사람까지 있게 되었다.

▶ 2-58

或間能及其身後, 而一世再世, 漸遠而無聞焉. 甚且詆毁叢生, 是非競起, 昔日所稱其人之長, 卽爲今日所指之短. 可勝歎哉!

---

257) 조비의 ≪典論·論文≫에 "蓋文章, 經國之大業, 不朽之盛事. 年壽有時而盡, 榮樂止乎其身, 二者必至之常期, 未若文章之無窮"라고 되어있다.
258) 지귀(紙貴): 진나라 사람인 좌사(左思)는 시문을 잘 지었는데, 특히 부(賦)를 짓는 솜씨가 뛰어났다. 삼도부(三都賦)는 좌사가 지은 촉도부(蜀都賦), 오도부(吳都賦), 위도부(魏都賦)를 말하는데, 처음에는 그 작품성을 인정받지 못하다가 현안이 서문을 써 주자 사람들이 다투어 전해 베끼는 바람에 낙양(洛陽)의 지가(紙價)가 뛰었다 한다. ≪晉書 卷92 左思傳≫

간혹 죽은 뒤에도 영향을 미칠 수 있으나, 한 두 세대 점점 시간이 지나면서 명성이 없게 된다. 심한 경우에는 비방이 끊임없이 나오고 시비가 앞다투어 일어나, 예전에 칭찬했던 그의 장점이 단점으로 지적되고 있으니 어찌 안타깝지 않겠는가!

▶ 2-59

卽如明三百年間, 王世貞、李攀龍輩盛鳴於嘉隆時, 終不如明初之高、楊、張、徐, 猶得無毁於今日人之口也.

명나라 삼백 여년 간 왕세정259)과 이반룡260)이 비록 가정(嘉靖)・륭경(隆慶)261) 연간에 명성을 얻었다가 결국 명나라 초기의 고계・양기・장우・서분보다도 못하지만, 그래도 오늘날 사람들의 입에서 폄하하는 말은 없다.

▶ 2-60

鍾惺、譚元春之矯異於末季. 又不如王、李之猶可及於再世之餘也. 是皆其力所至遠近之份量也.

종성262)과 담원춘263)이 말기에 새로운 면이 있었지만 또한 왕세

---

259) 왕세정(王世貞): 명나라의 문인으로 자는 원미(元美), 호는 봉주(鳳州) 또는 엄주산인(弇州山人)이다. 젊을 때부터 문명(文名)이 높아 가정칠재자(嘉靖七才子)의 한 사람으로 손꼽혔고, 이반룡(李攀龍)과 함께 이왕(李王)이라 불리며 명대 후기 시단을 주도하였다. 시문평론집으로 ≪예원치언(藝苑卮言)≫이 있다.
260) 이반룡(李攀龍): "詩必盛唐"이라는 기치 하에 엄숙한 창작태도로 복고를 주장한 후칠자(後七子)의 대표시인으로 모방의 흔적이 농후하고 ≪창명집(滄溟集)≫이 있다.
261) 가륭(嘉隆): 가정(嘉靖)은 명대 세종(世宗)의 연호이고, 1522~1566년간을 말하고, 륭경(隆慶)은 명대 목종(穆宗)의 연호로 1567~1572년간을 말한다.
262) 종성(鍾惺): 생졸년은 1574~1624, 경릉파를 형성해 그 중심인물이 되었던 중국 명나라 말기의 시인 겸 시론가(詩論家). 명나라 공안파(公安派)들이 자신

정과 이반룡이 두 세대에 미치는 것보다는 못하게 되었다. 이것은 모두 그 힘이 닿는 곳이 멀고 가까운 정도에 따른 것이다.

▶ 2-61

統百代而論詩, 自 ≪三百篇≫而後, 惟杜甫之詩, 其力能與天地相終始, 與 ≪三百篇≫等。自此以外, 後世不能無入者主之, 出者奴之, 諸說之異同, 操戈之不一矣。

백대를 통시적으로 시를 논평하면 ≪시경≫이후는 오직 두보시만이 그 힘이 능히 천지와 함께 존재하고 ≪시경≫과 상응된다. 이 밖에도 후세에 기준에 드는 사람만 중시하고 벗어나는 사람은 배척하니, 온갖 이야기들이 난무해서 논쟁이 끊이질 않았는데, 이러한 일이 결코 한 두 번이 아니었다.

▶ 2-62

其間又有力可以百世, 而百世之內, 互有興衰者。或中湮而復興, 或昔非而今是。

그 중 힘이 백대를 전할 수도 있고, 백대 안에 때로는 흥한 사람 때로는 쇠한 사람이 있기도 하다. 간혹 중간에 없어졌다가 다시 일어나기도 하고, 간혹은 예전에는 부정되었다가 지금에 와서야 인정을 받기도 한다.

의 심정을 평명하게 읊었지만 실없고 경솔하게 한 탓에 그 폐단을 바로잡기 위하여 유심(幽深)·기취(奇趣)가 넘치는 시의 창조를 제창했다.
263) 담원춘(譚元春): 생졸년은 1586~1637?, 자가 우하(友夏)이다. 삼원(三袁)의 공안(公安)과 가까운 경릉(竟陵) 출신으로 당시 '종담(鍾譚)'이라고 일컬었으며 시체(詩體)를 '경릉체(竟陵體)' 또는 '종담체(鍾譚體)'라고도 하였다. 공안파와 경릉파의 이와 같은 문학적 성과는 문학사적으로 높은 평가를 받았다.

> 2-63

又似世會使之然。生前或未有推重之，而後世忽崇尙之。如韓愈之文，當愈之時，擧世未有深知而尙之者。

또 시대나 사조에 따라서 조성되기도 하고, 어떤 것은 생전에는 존숭을 못 받다가 후세에는 별안간 높이 떠받들기도 하다. 한유와 같은 사람의 문장은 그가 세상에 있을 때 천하에 어떤 사람도 깊이 이해하고 높이 떠받들지 않았다.

> 2-64

二百餘年後，歐陽修方大表章之，天下遂翕然宗韓愈之文，以至於今不衰。信乎，文章之力有大小遠近，而又盛衰乘時之不同如是！ 欲成一家言，斷宜奮其力矣。

이백 여년 후에 구양수가 비로소 그를 크게 알려, 천하에서 모두 하나같이264) 한유의 문장을 종사로 삼아 지금에 이르기까지 쇠퇴하지 않았다. 확실히 문장의 힘은 대소 원근이 있고, 그것들의 융성함과 쇠함은 또한 시대에 따라서 이렇게 달라지는 것이다. 만약 일가의 문장을 이루려면, 절대적으로 노력하고 분투해야 한다.

> 2-65

夫內得之於識而出之而爲才，惟膽以張其才。惟力以克荷之。得全者其才見全。得半者其才見半。

저 안에서 얻은 식견에서 얻어 나온 것이 재능인데, 오직 담력이 있어야만 그 재능을 펼칠 수 있고, 오직 힘이 있어야만 그것을 실을 수 있다. 전부를 얻은 사람은 그 재능이 전부 나타나고, 절반을

---

264) 흡연(翕然): 일치 합동(一致合同)하는 모양을 말한다.

2-66

而又非可矯揉蹴至之者也, 蓋有自然之候焉。千古才力之大者, 莫有及於神禹, 神禹平成天地之功, 此何等事!

이는 또한 일부러 힘을 써서[265] 이르게 되는 것이 아니라 대개 자연의 이치에 따른 것이다. 천고에 재능과 힘이 큰 사람은 하나라의 우임금[266]에 비할 사람이 없으니, 하나라 우임금이 천지를 이룬 공은 이 얼마나 대단한가!

2-67

而孟子以爲行所無事, 不過順水流行坎止自然之理, 而行疏淪排決之事。豈別有治本之法。有所矯揉以行之者乎! 不然者, 是行其所有事矣。

그러나 맹자는 하나라 우임금이 비범한 일을 한 것이 아니라[267], 물의 흐름에 따른 자연의 이치에 순응하여 트고 밀치고 끊는 일[268]을 시행하는 일에 지나지 않다. 어찌 별도로 물을 다스리는 법이 있어서 일부러 힘을 쓰는 일이 있겠는가? 그렇지 않은 사람은 일을 꾸미고 있다[269]고 하였다.

---

265) 축(蹴): 발로 찬다는 말이다. ≪맹자≫〈고자상(告子上)〉편에 "호통치면서 주면 길가는 사람도 받지 않고, 발로 차서 주면 걸인도 달갑게 여기지 않는다(嘑爾而與之, 行道之人弗受, 蹴爾而與之, 乞人不屑也.)"라고 되어있다.

266) 신우(神禹): 하(夏) 나라 우(禹) 임금을 경칭하는 말이다.

267) "맹자는 하나라 …… 것이 아니라": ≪孟子・離婁下≫에 "禹之行水也, 行其所無事也"라고 되어 있다.

268) "물의 흐름에 …… 끊는 일": ≪孟子・離婁下≫에 "禹疏九河, 淪濟漯而注諸海, 決汝漢, 排淮泗, 而注之江"라고 되어있다.

2-68

大禹之神力, 遠及萬萬世。以文辭立言者, 雖不敢幾此, 然異道同歸, 勿以篇章爲細務自遜, 處於沒世無聞已也。
우임금의 신통한 힘은 멀리 수 만 대까지 이른다. 글을 짓는 사람은 감히 여기에 비할 수는 없다. 하지만 길은 달라도 귀결은 같으니, 문장을 작은 일이라 여기면서 스스로를 비하시켜 결국 어떤 명성도 얻지 못함에 이르게 하지 말라.

2-69

大約才、膽、識、力, 四者交相爲濟。苟一有所歉, 則不可登作者之壇。四者無緩急, 而要在先之以識。
대개 재능·담력·식견·힘 이 네 가지는 서로 어울려 구제해 준다. 만약 하나라도 결핍되면 작가의 반열에 오를 수 없다. 이 네 가지는 늦고 빠름은 구분할 수 없지만, 먼저 식견을 갖추는 것이 핵심이다.

---

269) "우임금이 비범한 …… 꾸미고 있다": 또 맹자(孟子)가 이르기를, "지혜를 미워하는 것은 천착하기 때문이니, 만일 지혜로운 자가 우 임금이 물을 흘러가게 하듯이 한다면 지혜를 미워하는 일이 없을 것이다. 우 임금이 물을 흘러가게 한 것은 일삼은 바가 없이 자연의 형세에 따른 것이니, 만일 지혜로운 자가 또한 일삼은 바가 없음을 행한다면 지혜가 또한 클 것이다.(所惡於智者, 爲其鑿也, 如智者若禹之行水也, 則無惡於智矣, 禹之行水也, 行其所無事也, 如智者亦行其所無事, 則智亦大矣)" 한 것과 또 백규(白圭)란 사람이 일찍이 홍수(洪水)를 다스리면서 제방(堤防)을 쌓아 물을 막아서 이웃 나라로 쏟아 내리고는, 스스로 자기의 치수(治水)가 우임금보다 낫다고 말했다. 맹자가 또 이르기를, "우 임금은 사해를 구렁으로 삼았거늘, 지금 그대는 이웃 나라를 구렁으로 삼았구려.(禹而四海爲壑 今吾子以鄰國爲壑)" 한 데서 온 말이다.
≪孟子 離婁下, 告子下≫

2-70

使無識, 則三者俱無所託。無識而有膽, 則爲妄, 爲鹵莽, 爲無知, 其言背理、叛道, 蔑如也。

만약 식견이 없으면 나머지 세 가지는 모두 기댈 곳이 없다. 식견이 없으면서 용기만 있으면, 곧 표현해도 허망하고 어리석고 무지하게 되며 말은 이치에 위배되고 도에 배반되며 앎이 하나도 없다.

2-71

無識而有才, 雖議論縱橫, 思致揮霍, 而是非淆亂, 黑白顚倒, 才反爲累矣。無識而有力, 則堅僻、妄誕之辭, 足以誤人而惑世, 爲害甚烈。

식견이 없으면서 재능이 있으면, 비록 의론이 종횡무진하고 생각의 길이 민첩하지만 옳고 그름이 뒤섞이고 흑백이 전도되어 재능이 오히려 누가 될 수 있다. 식견이 없으면서 힘이 있으면 완고하게 편벽된[270] 말과 허황된 말을 늘어놓아 남을 잘못되게 하고 세상을 어지럽게 할 뿐이다. 그 해로움이 가장 크다.

2-72

若在騷壇, 均爲風雅之罪人。惟有識, 則能知所從、知所奮、知所決, 而後才與膽、力, 皆確然有以自信。擧世非之, 擧世譽之, 而不爲其所搖。

만약 시단을 좌지우지하는 종단[271]이 된다고 해도 모두 풍아의 죄

---

270) 견벽(堅僻): 단단하게 굳어있고 편벽되어 있다. 완고하다는 뜻이다. ≪荀子・非十二子≫에 "行辟而堅"라고 되어 있다.
271) 소단(騷壇): 문인들이 시문을 짓는 결사(結社)를 말한다. 문단을 좌우하는 종단의 지위를 말한다. 여기서는 시단을 말한다. 또한 소단적치(騷壇赤幟)라는

인이 될 수 있다. 오직 '식견'을 갖추어야만 비로소 무엇을 좇아야 하고 어느 방향으로 노력을 해야 하며 어떻게 결론을 내려야 하는지를 알 수 있다. 그런 다음에 자신의 재능·담력·힘에 대해 모두 확실한 자신이 있어 온 세상이 비난하고 칭찬해도 동요하지 않는다.

▶ 2-73

安有隨人之是非以爲是非者哉！ 其胸中之愉快自足, 寧獨在詩文一道已也！ 然人安能盡生而具絶人之姿, 何得易言有識！
어찌 남의 옳고 그름의 판단에 따라 자신의 옳고 그름을 판단하리오! 그의 가슴속에 즐겁고 스스로 만족하면 그만인 것을, 어찌 유독 시문 한 가지 도에 있으랴! 사람이 태어나자마자 뛰어난 모습을 지닐 수 있고, 또한 어떻게 식견이 있다고 쉽게 말할 수 있으리오!

▶ 2-74

其道宜如 ≪大學≫之始於格物。誦讀古人詩書, 一一以理事情格之, 則前後、中邊、左右、向背, 形形色色、珠類萬態, 無不可得。不使有毫髮之罅, 而物得以乘我焉。
그 방법은 마땅히 ≪대학≫에서 말한 격물로부터 시작한다.272)

말이 있는데, 이 결사를 이끄는 문사(文士)를 군대의 장수에 비겨 일컫는 말이다.
272) ≪대학장구(大學章句)≫: "이른바 격물치지란 앎에 이르고자 하는 것으로 사물에서 그 이치를 궁구하게 되는 것을 말한다. 대개 사람 마음의 신령스러움은 알 수 없는 것이 없으며 천하의 사물을 이치가 없는 것이 없다. 오직 리만이 끝이 없기에 그 앎 또한 끝이 없다. 이러한 까닭으로 대학의 첫 번째 가르침은 반드시 배우는 사람이 천하의 사물에 있어서 그가 이미 알고 있는 이치에다가 더욱더 궁구하여 지극함에 이름을 구하는 것이다.(所謂致知在格物者, 言欲致吾之知, 在卽物而窮其理也. 蓋人心之靈, 莫不有知. 而天下之

옛사람의 시와 서를 통독하고 일일이 리·사·정에 의거하여 연구해야만 전후, 가운데와 주변, 좌우, 앞뒤와 형형색색의 온갖 사물 양태에 대하여 알지 못할 것이 없게 되며, 털끝만큼의273) 누락도 없게 하여 사물을 잘 사용할 수 있게 된다.

▶ 2-75

如以文爲戰, 而進無堅城, 退無橫陣矣。若捨其在我者, 而徒日勞於章句誦讀, 不過剽襲、依傍、摹擬、窺伺之術, 以自躋於作者之林, 則吾不得而知之矣！

만약 문장을 쓰는 것을 전쟁에 비유하면, 진격할 때는 견고한 성이 없고, 후퇴할 때는 진형이 가로로 펼쳐져 없는 것과 같다. 만약 나에게 있는 것을 놔두고서 하루 종일 힘들게 남의 장구만을 암송하게 한다면, 이는 단지 베끼고 모방하며 통째로 표절하는 기술을 배우는 것에 불과하다. 이것으로 작가의 숲으로 올라가려면, 내가 알려고 하는 것을 얻을 수 없다.

▶ 2-76

或曰：＂先生發揮理事情三言, 可謂詳且至矣。然此三言, 固文家之切要關鍵。＂而語於詩, 則情之一言, 義固不易。而理與事, 似於詩之義, 未爲切要也。先儒云：＂天下之物, 莫不有理。＂若夫詩, 似未可以物物也。

物, 莫不有理. 惟於理有未窮, 故其知有不盡也. 是以大學始敎, 必使學者卽凡天下之物, 莫不因其已知之理而益窮之, 以求至乎其極.)＂

273) 호발(毫髮): 털끝만큼도 없다. 조금도 없다는 뜻이다. 두보(杜甫)의 시에 "털끝만큼도 유감이 없이, 파란의 그 문장 홀로 원숙해졌어라.(毫髮無遺憾, 波瀾獨老成)"라는 표현이 있다. ≪杜少陵詩集 卷2 敬贈鄭諫議十韻≫

어떤 사람이 "선생께서 리·사·정 세 가지를 발휘하셨는데, 상세하고도 치밀합니다. 이 세 가지는 실로 문장을 짓는 사람에 있어 절대적인 핵심이자 관건이다."라고 했다. 하지만 시에 있어서 정이라고 하는 것은 그 의의가 변함이 없지만, 리와 사는 그리 절대적인 핵심이 되지 않는다. 선배 유학자 주희는 "천하의 사물 중에 리를 갖추지 않은 것이 없다."274)라고 말했다. 만약 저 시를, 마치 사물 하나 하나처럼 한정해서는 안 될 것이다.275)

▶ 2-77

詩之至處, 妙在合蓄無垠, 思致微渺, 其寄託在'可言'·'不可言'之間, 其指歸在'可解'·'不可解'之會, 言在此而意在彼, 泯端倪而離形象, 絶議論而窮思維, 引人於冥漠恍惚之境, 所以爲至也。

시의 최고봉은 무한한 함축과 치밀한 생각에 그 오묘함이 들어있는 것이다. 그 기탁하는 바가 '말할 수 있음'과 '말할 수 없음' 사이에 있고 그 귀착되는 바가 '풀이할 수 있음'과 '풀이할 수 없음'의 접점에 있다. 말은 여기에 있지만 의미는 저기에 있으며, 사물의 실마리가 없고 실제적 형상을 떠나며, 이론적 논의의 단초가 끊어지고 형상이276) 이탈해서 사람을 아득하고277) 황홀한 경지로 이

---

274) "천하의 사물 …… 않은 것이 없다.": 송대 이학의 집성자인 주희는 ≪대학(大學)≫에서 가장 중요한 원리인 격물치지하여 리를 구한다는 문장인데 원문은 다음과 같다. "天下之物莫不有理焉, 莫不有性焉. 所以謂之理者, 窮知而後可知 ; 所以謂之性者, 盡知而後可知 ; 所以謂之命者, 聖之而後可知也. 此三者, 天下之眞知也."
275) 물물(物物): ≪莊子·山木≫편에 "浮遊乎萬物之祖, 物物而不物於物."라고 되어 있다.
276) "이론적 …… 형상이": 송대(宋代)에 와서 성리학자(性理學者)들의 중요한 형이상학 이론이 되었다.

끌어가기 때문에 지극한 것이 된다.

▶ 2-78

若一切以理槪之, 理者, 一定之衡, 則能實而不能虛, 爲執而不爲化, 非板則腐。如學究之說書, 閭師之讀律, 又如禪家之參死句、不參活句, 竊恐有乖於風人之旨。

만약 모든 것을 리로 개괄하면 리는 일정한 저울이다. 즉 가득 찰 수는 있어도 텅빌 수는 없고 지킬 수는 있어도 변화할 수 없어서, 단단하지 않으면 썩어 버린다. 시골 서당의 글, 마을 훈장의 율구, 선가278)의 사구279)만 참고하고, 활구280)를 참고하지 않는다면 나는 이것이 시인281)의 뜻과 달라질까 두렵다.

▶ 2-79

'말'에 대해서 말해보면, 천하에 진실로 그 '리'가 있어도, 그것이

---

277) 명막(冥漠): 아득히 멀리있는 모양을 말한다. 저승, 죽음, 죽은 사람이라는 의미로도 쓰인다.
278) 선가(禪家): 참선 수도(參禪修道)하는 승려로서의 속인과 다른 기품이 있다는 말이다. 엄우는 ≪滄浪詩話·詩辨≫의 첫머리에 妙悟를 제시했는데 내용은 다음과 같다. "詩를 논하는 것은 禪을 논하는 것과 같다. …… 대저 禪道가 오직 妙悟에 달려있듯 詩道 역시 妙悟에 달려 있다.(論詩如論禪. …… 大抵禪道惟在妙悟, 詩道亦在妙悟.)" 禪의 妙悟로써 詩를 비유한 것이다. 묘오라는 것이 순간적인 깨달음을 나타내는 禪家의 '頓悟'만 가리키는 것이 아니라 점진적인 수련 끝에 비로소 얻을 수 있는 '漸修'도 강조하고 있음을 의미한다. 즉 깊은 체험을 감상하다 문득 이치를 깨닫게 된다는 것이다.
279) 사구(死句): 생기가 없이 죽어있는 시문(詩文)을 가리킨다.
280) 활구(活口): 활기(活氣)가 있는 시문(詩文)을 가리킨다. 엄우의 ≪滄浪詩話≫에 "須參活句, 不參死句"라고 되어 있다.
281) 풍인(風人): 시인(詩人)을 가리킨다. ≪시경(詩經)≫조풍(曹風) 후인(候人)에서, 소인이 은총을 받아 고관에 오른 것을 비평하여, "아, 저 소인이여, 복장이 도대체 걸맞지 않구나.(彼其之子 不稱其服)"라고 하였다.

실제 말에 드러나지 않는 것이 있다. 시의 경우도 '리'만을 고집해서는 안 되는데, 또한 그것을 어찌 하나하나 실제 말로 나타낼 수 있으리오!

以言乎事, 天下固有有其理, 而不可見諸事者。若夫詩, 則理尙不可執, 又焉能一一徵之實事者乎!

▶ 2-80

而先生斷斷焉必以理事二者與情同律乎詩, 不使有毫髮之或離, 愚竊惑焉! 此何也?

하지만 선생님께서는 분명히 리·사·정 이 세 가지를 시에 적용시켜 절대 분리되어서는 안 되는 것이라 하였는데, 저는 약간 의심스러운데, 이것은 도대체 무슨 까닭입니까?"

▶ 2-81

予曰:"子之言誠是也。子所以稱詩者, 深有得乎詩之旨者也。"然子但知可言可執之理之爲理, 而抑知名言所絶之理之爲至理乎? 子但知有是事之爲事, 而抑知無是事之爲凡事之所出乎?

내가 "너의 말은 진실로 옳다. 네가 시에 대하여 말한 것은 시의 뜻을 깊이 깨달은 것이다."라고 했다. 그러나 너는 단지 말할 수 있고 붙잡을 수 있는 '리'가 '리'가 되는 것만 알았지, 이름과 말이 끊어진[282] '리'인 줄은 알고 있는가? 너는 오직 실제 말이 있어야만 말이 되는 줄 알았지, 실제 말이 없는 것이 모든 말이 나오는

---

282) 각언소절(各言所絶): 이름과 말이 끊어졌다는 뜻이다. 왕창령의 ≪題僧房≫에 "彼此各言絶"라고 되어 있다.

곳임을 모르는가?

▶ 2-82

可言之理, 人人能言之, 又安在詩人之言之！可徵之事, 人人能述之, 又安在詩人之述之！必有不可言之理, 不可述之事, 遇之於默會意象之表, 而理與事無不燦然於前者也。今試擧杜甫集中一二名句, 爲子晰之而剖之, 以見其槪, 可乎？

말할 수 있는 리는 다른 사람들도 모두 말할 수 있는데, 또한 어찌 시인이 그것을 말할 필요가 있겠는가? 반드시 말로 표현할 수 없는 리와 서술할 수 없는 말이 있어 잠잠하게 모인 의상283)이 드

---

283) 의상(意象): 이 용어는 ≪易經·系辭上≫에서 가장 먼저 나오는데 "성인은 상을 세워 뜻을 다 표현하였고, 괘를 만들어 정위를 다 표현하였으니 계사는 그 말을 다 표현할 수 있다."라고 되어있다. 여기서 '象'과 '言'이 나오는데 象은 형상적 부호이고, 言은 개념적인 부호이다. 여기서 상과 의의 상관관계가 형성되어 意象이론이 발원되었다. 문학의 자각시대였던 위진남북조 때 陸機의 ≪文賦≫, 劉勰의 ≪文心雕龍≫, 鍾嶸의 ≪詩品≫등의 저서에서 '의상'에 대한 용어가 각기 다양하게 쏟아져 나왔다. 이후 唐代 司空圖는 ≪二十四詩品≫에서 의상을 작자의 구상 속에서 형성되는 주체의 정의가 삼투되고 관철되는 상으로, 의와 상의 결합체로 파악했다. 또 嚴羽는 '興趣', 王漁洋은 '神韻' 명대 胡應麟은 '興象' 청대 方東樹는 '風神'이라는 개념을 들고 나와 이것을 시가의 심미표준으로 삼았고, 淸末民初에 王國維는 '境界'를 주장하며 이것을 詞의 표준으로 삼았다. 郭紹虞는 ≪中國歷代文論選≫에서 意象은 작가의 상상 속의 경계를 가리킨다고 주장했다. 서양에서 부르는 이미지는 이성과 감정의 결합을 강조하고 있는데, 이것은 엄격히 따지면 중국의 의상 개념과 약간 차이가 있다. 서양의 이미지즘에서 강조하는 것은 이성과 감정의 결합을 강조하면서도 정서적 대응물과 사물을 강조하는 것이다. 즉 이미지의 객관성과 즉물성을 강조할 뿐만 아니라 이미지의 객관성과 선택성, 주체와 객체의 교융성, 주관이 선택한 독특한 객관 이미지에서 주객체의 순간적인 교융 속의 새로움과 기이함을 체현해 내는 것이다. 서양에서 말하는 이미지는 '意境'에 해당되는데 이것은 예술의 전체적인 효과를 체현하고 있는 개념이지만, '意象'은 전체적인 효과를 지니고 있으면서도 일부의 효과를 체현하고 있다. (朱光潛 著, 정상홍 역, ≪詩論≫, 동문선, 1991.)

러나서 만나게 되면, 리와 말은 모두 전자보다 더 찬란할 것이다. 지금 너에게 두보의 시집 중에 유명한 한 구절을 분석해서 그 개요를 보여줘도 되겠느냐?

▶ 2-83

如〈玄元皇帝廟〉作'碧瓦初寒外'句, 逐字論之 : 言乎'外', 與內爲界也. '初寒何物', 可以內外界乎? 將'碧瓦'之外, 無'初寒'乎?

〈玄元皇帝廟〉시284)에 쓰여있는 '碧瓦初寒外' 구를 살펴보면 다음과 같다. 바깥은 안과 경계를 이루는 것인데, 초한은 무엇이기에 안과 밖의 경계가 있다는 것인가? '碧瓦'의 바깥에는 '初寒'이 없다는 것인가?

▶ 2-84

'寒'者, 天地之氣也. 是氣也, 盡宇宙之內, 無處不充塞. 而'碧瓦'獨居其外, '寒'氣獨盤踞於'碧瓦'之內乎?

'寒'은 천지의 기로써, 이 기는 우주 안에 가득 차 있지 않은 곳이 없다. 그런데 '碧瓦'만이 홀로 바깥에 위치하고, '찬' 기운이 넓고 굳게 뿌리를 박고 '벽와'의 안쪽에만 차 있다는 말인가?

---

284) 〈玄元皇帝廟〉: 원제목은 〈冬日洛城北謁玄元皇帝廟〉로 원문은 다음과 같다. "配極玄都閟, 凭虛禁御長. 守祧嚴具禮, 掌節鎭非常. 碧瓦初寒外, 金莖一氣旁. 山河扶繡戶, 日月近雕梁. 仙李盤根大, 猗蘭突葉光. 世家遺舊史, 道德付今王. 畫手看前輩, 吳生遠擅場. 森羅移地軸, 妙絶動宮墻. 五聖聯龍袞, 千官列雁行. 冕旒俱秀發, 旌旆盡飛揚. 翠柏深留景, 紅梨迥得霜. 風箏吹玉柱, 露井凍銀床. 身退卑周室, 經傳拱漢皇. 谷神如不死, 養拙更何鄕."

2-85

'寒'而曰'初', 將嚴寒或不如是乎？'初寒'無象無形, '碧瓦'有物有質。合虛實而分內外, 吾不知其寫'碧瓦'乎？寫'初寒'乎？寫近乎？寫遠乎？使必以理而實諸事以解之, 雖稷下談天之辯, 恐至此亦窮矣。

'寒'에 대해 '初'라고 말하였는데, 그렇다면 엄동설한에 이와 같지 않다는 말인가? '초한'은 형상이 없고 벽와는 물질을 이루는데도, 허와 실은 합쳐지고 내외가 구분되니, 나는 이것이 벽와를 묘사한 것이지 아니면 먼 곳을 묘사한 것인지 알 수가 없다. 굳이 리를 말에 사실화하여 해석하게 한다면, 비록 직하학사[285]와 같은 천하의 학자라 할지라도 아마 이것을 설명하기에는 궁색할 것이다.

2-86

然設身而處當時之境會, 覺此五字之情景, 恍如天造地設, 呈於象、感於目、會於心. 意中之言, 而口不能言, 口能言之, 而意又不可解。

그러나 몸을 던져 자신이 당시의 정황에 처하여 이 다섯 글자의 정경을 깨닫는다면 마치 천지가 창조되는 것과 같이 황홀해지고, 형상으로 드러나고 눈으로 감촉되고 마음으로 이해될 것이다. 의

---

285) 직하학사(稷下學士): 제나라의 위왕(威王: 재위 기원전 378~343년)과 선왕(宣王 : 재위 기원전 342~324년)이 임치성 서문인 직문(稷門) 밖에 학당을 세우고 천하의 학자들을 초빙하여 학문을 강론하도록 하였다. 제나라 왕은 직하의 학자들을 모두 대부에 준하는 예우와 록을 주었다. 이곳 출신의 대표적인 학자로는 맹자(孟子), 순우곤(淳于髡), 추연(鄒衍), 윤문(尹文), 환연(環淵), 전병(田騈), 신도(愼到), 순경(荀卿), 추석(騶奭)등이 있다. 직하학사 전의 여러 사상들은 지리적으로 멀리 떨어져 독자적인 경향을 띠었으나 직하라는 곳으로 한데 모이게 되어 의견 교류가 가능하게 됨으로 해서 고대 중국의 사상들이 절충적이고 종합적인 경향을 띠게 되었다.

중의 말을 입으로 표현할 수 없고, 입으로는 말할 수 있어도, 그것이 무슨 뜻인지는 또한 풀이할 수 없다.

▶ 2-87

나에게 묵묵히 상상을 불러일으켜서 명백히 보여주면, 표현은 마침내 안도 있고 밖도 있으며, '한기(寒)'과 '초겨울의 한기(初寒)'이 있다. 단지 '푸른기와(碧瓦)'라는 한 실제 형상을 빌려와 표현함에 있어 중간이 있고 끝이 있다. 허실이 결합되고 유무가 나란히 서있게 된다. 바로 앞에서 그것을 선택해서 스스로 깨달아야 비로소 그 이치가 분명해지고 그 일이 확실해진다.

劃然示我以默會想像之表, 竟若有內、有外, 有寒有初寒。特借碧瓦一實相發之, 有中間, 有邊際, 虛實相成, 有無互立, 取之當前而得, 其理昭然, 其事的然也。

▶ 2-88

昔人云：" 王維詩中有畫。" 凡詩可入畫者, 爲詩家能事。如風雲雨雪, 景象之至虛者, 畫家無不可繪之於筆；若初寒內外之景色, 卽董巨復生, 恐亦束手擱筆矣！天下惟理事之入神境者, 固非庸凡人可摹擬而得也。

옛날 사람이 "왕유는 시속에 그림이 있다."286)라고 말하였다. 무릇 시에 그림을 넣을 수 있는 것이 바로 시인의 뛰어난 능력이다. 예

---

286) "시중유화(詩中有畫)": 시 속에 그림이 있고 그림 속에 시가 있다는 것은 소식(蘇軾)이 왕유(王維)의 왕유의 〈書摩詰藍田烟雨圖〉시에 쓰기를 "마힐의 시를 음미해 보면 시 속에 그림이 있고, 마힐의 그림을 관찰해 보면 그림 속에 시가 있다.(味摩詰之詩 詩中有畫 觀摩詰之畫 畫中有詩)"라고 한 데서 온 말이다.

를 들면 바람, 구름, 비와 눈 등 지극히 흔한 사물의 경치들은 화가들이 모두 붓끝에서 그려낼 수 있었다. 그러나 '初寒'의 안밖과 같은 경물의 풍경과 같은데, 동원(董源)과 거연(巨然)287)이 다시 태어나도 어쩔 수 없이 붓을 내려놓고 말았을 것이다. 천하에 이러한 말을 가지고서 신묘한 경지에 들어갈 수 있는 것은, 평범한 사람들이 이를 모방하여 할 수 있는 것이 아니다.

▶ 2-89

又〈宿左省〉作'月傍九霄多'句: 從來言月者, 祇有言圓缺, 言明暗, 言升沉, 言高下, 未有言多少者。

또한 두보의 〈春宿左省〉시288)에 '月傍九霄多'라는 구절을 보면, 종래 달을 묘사하는 사람들은 단순히 찼는지 기울었는지, 밝은지 어두운지, 떠오르는지 지는지, 높은지 낮은지 만을 이야기하였을 뿐, 많고 적음을 이야기 한 사람은 여태껏 없었다.

▶ 2-90

若俗儒不曰: '月傍九霄明', 則曰: '月傍九霄高', 以爲景象眞而使字切矣。今曰:'多', 不知月本來'多'乎？ 抑傍九霄而始'多'乎？ 不知月'多'乎？ 月所照之境'多'乎？ 有不可名言者。

---

287) 동거(董巨): 동원(董源) 자는 숙달(叔達) 혹은 북원(北苑)이고 종릉(鍾陵) 사람이다. 오대 남당 때 후원부사(後苑副使) 관직을 역임했고, 그림을 잘 그려서 이름을 날렸다. 거연(巨然)은 江寧 사람으로 본군에서 개원사(開元寺)의 중이 되었고, 산수를 잘 그리는 동원을 스승으로 삼았다. 이 두사람을 일컬어 동거(董巨)라고 불렸다.
288) 〈宿左省〉:원제목은 두보의 〈春宿左省〉시이고 "花隱掖垣暮, 啾啾栖鳥過。星臨萬戶動, 月傍九霄多。不寢聽金鑰, 因風想玉珂。明朝有封事, 數問夜如何？"에 나오는 한 구절이다.

만약 세상의 캐캐묵은 선비라면 '月傍九霄明'이 아니면 '月傍九霄高'라 하면서 이는 정경을 절묘하게 나타낸 것이라 여겼다. 지금 '多'라고 말하는 것이, 글자도 절실하게 '九霄'에 가까워서 비로소 많아졌다는 것인지? 아니면 달이 비춰는 범위가 많아졌다는 것인가? 이것을 뭐라고 이름 지을 수 없었다.

▶ 2-91

試想當時之情景, 非言'明'、言'高'、言'升'可得, 而惟此'多'字可以盡括此夜宮殿前之景象。他人共見之, 而不能知、不能言 ; 惟甫見而知之, 而能言之。其事如是, 其理不能不如是也。

그 당시의 정경을 생각해보면, '明', '高', '升'을 말하지 않아도 알 수 있다. 다른 사람이 함께 보아도 알 수 없고 말할 수는 없지만, 오직 두보만이 보고 알았으며 말할 수 있었다. 그 말이 이러한데 그 이치도 이와 같지 않을 수 없다.

▶ 2-92

又〈夔州雨濕不得上岸〉作'晨鐘雲外濕'句: 以'晨鐘'爲物而'濕'乎? 雲外之物, 何啻以萬萬計!

또한 〈夔州雨濕不得上岸〉[289]시에 '晨鐘雲外濕'의 구절을 살펴보면 '晨鐘'을 사물로 여겨 '濕'이라고 한 것인가? 구름 밖의 사물을 어찌 수 만 가지로 상상할 수 있겠는가!

---

289) 〈夔州雨濕不得上岸〉: 원제목은 〈船下夔州郭宿, 雨濕不得上岸, 別王十二判官〉시로 "依沙宿舸船, 石瀨月娟娟。風起春燈亂, 江鳴夜雨懸。晨鐘雲外濕, 胜地石堂烟。柔櫓輕鷗外, 含凄覺汝賢。"에 나오는 한 구절이다.

▶ 2-93

且鐘必於寺觀, 卽寺觀中, 鐘之外, 物亦無算, 何獨濕鐘乎? 然爲此語者因聞鐘聲有觸而云然也。
또 쇠북종은 반드시 절에서 볼 수 있는데, 절 가운데에는 종외에도 수많은 사물이 있는데 어찌 유독 종만이 축축하게 젖었다고 하는 것인가? 그러나 이 말을 한 사람은 종소리를 듣고서 마음에 느낀 바가 있어서 그렇게 말한 것이다.

▶ 2-94

聲無形, 安能濕? 鐘聲入耳而有聞, 聞在耳, 止能辨其聲, 安能辨其濕? 曰: '雲外', 是又以目始見雲, 不見鐘 ; 故云: '雲外。'
소리는 형태가 없는데 어찌 축축하게 젖을 수 있는가? 종소리가 귀에 들어가서 듣는 것이고 듣는 것은 단지 귀에 있어서 그 소리를 변별할 수 있을 뿐인데, 어찌 그 축축한 것을 변별할 수 있겠는가? '雲外'라고 말하는 것은 처음에는 눈으로 구름을 보았으나 나중에 종이 보이지 않았기 때문에 '운외'라고 말한 것이다.

▶ 2-95

然此詩爲雨濕而作, 有雲然後有雨, 鐘爲雨濕, 而鐘在雲內, 不應云'外'也。斯語也, 吾不知其爲耳聞耶? 爲目見耶? 爲意揣耶?
그러나 이 시는 비에 축축하게 젖은 것에 대해 쓴 것이고, 구름이 있는 다음에 비가 와서 종이 비에 젖은 것이라면, 종은 구름 안에 있는 것으로써 구름 '外'라고 말할 수는 없다. 나는 이 말이 귀로 들었다는 것인지 눈으로 보았다는 것인지 아니면 추측해 본 것인지 모르겠다.

▶ 2-96

俗儒於此, 必曰:'晨鐘雲外度', 又必曰:'晨鐘雲外發', 決無下'濕'字者. 不知其於隔雲見鐘, 聲中聞濕, 妙悟天開, 從至理實事中領悟, 乃得此境界也.

세상의 캐캐묵은 선비는 이에 대해 반드시 '晨鐘雲外度'가 아니면 '晨鐘雲外發'이라고 하지, 결코 '濕'이라는 글자를 쓰지 않을 것이다. 그것은 구름 사이로 종이 보이며 소리 중에 습함을 들어 오묘한 깨침이 열리고 지극한 이치와 실제의 일 속에서 깨달아 이러한 경계를 깨달았음을 모르는 것이다.

▶ 2-97

又〈摩訶池泛舟〉作'高城秋自落'句:夫'秋'何物, 若何而'落'乎?時序有代謝, 未聞云'落'也;卽'秋'能落, 何繫之以'高城'乎?而曰:'高城落', 則'秋'實自'高城'而'落', 理與事俱不可易也.

또 〈摩訶池泛舟〉시[290]에 '高城秋自落'구절을 살펴보면, 가을이 무엇이기에 어떻게 떨어진다는 표현을 할 수 있는 것인가? 계절에는 대사(代謝)라는 표현은 있지만, 떨어진다는 표현은 여태껏 들어보지 못했다. 가을이 떨어질 수 있다면, 어찌 그것을 '高城'과 연결시키는 것인가? '高城落'이면 가을이 실제로 고성으로부터 떨어지는 것이니, 리와 사가 모두 바꿀 수 없다.

---

290) 〈摩訶池泛舟〉: 원제목은 〈晚秋陪嚴鄭公摩訶池泛舟(得溪字, 池在張儀)〉시로 "湍駛風醒酒, 船回霧起堤. 高城秋自落, 雜樹晚相迷. 坐触鴛鴦起, 巢傾翡翠低. 莫須惊白鷺, 爲伴宿淸溪."에 나오는 한 구절이다.

2-98

以上偶擧杜集四語, 若以俗儒之眼觀之：以言乎理, 理於何通？以言乎事, 事於何有？所謂言語道斷, 思維路絶。然其中之理, 至虛而實, 至渺而近, 灼然心目之間, 殆如鳶飛魚躍之昭著也。理旣昭矣, 尙得無其事乎？

이상을 두보집에 있는 사자어로 들어보면, 만약 세상의 케케묵은 선비의 눈으로 바라본다면 리를 말한 것에 대해 리가 어떻게 통하는가 하고, 사를 말한 것에 대해 사가 어디에 있는가를 말하는 것이다. 이른바 언어의 도가 단절되고[291] 생각이 끊어진 것이다. 그러나 그 안의 이치는 지극히 텅비면서도 충만하고, 지극히 아득하면서 가까워서, 마음과 눈 사이의 이치는 훤히[292] 드러나서 마치 '솔개가 날고 물고기는 뛰는'[293] 것처럼 밝게 드러나는 것 같다. 리가 이미 밝아졌으니, 오히려 그 일이 없을 수 있겠는가?

2-99

古人妙於事理之句, 如此極多, 姑擧此四語以例其餘耳。其更有事所必無者, 偶擧唐人一二語。

옛사람들의 사와 리에 대해 오묘한 구절이니, 그 사가 없을 수 있겠는가? 옛사람들의 사와 리에 대한 오묘한 구절이 이처럼 극히 많다. 잠시 이 네 구절을 들어 그 나머지 다른 것의 예시로 든 것

---

291) 언어도단(言語道斷): 언어의 도가 끊어지다는 말이다. ≪維摩經·阿閦佛品≫에 "一切言語道斷"라고 되어있다.
292) 작연(灼然): 빛이 밝은 모양을 말한다.
293) "솔개가 날고 물고기는 뛰는(鳶飛魚躍)": 하늘에는 솔개가 날고 못에는 고기가 뛴다는 뜻으로, 현상으로 나타나는 모습은 다르지만 관통하는 원리는 하나인 자연 만물의 이치를 가리킨다. ≪詩經≫〈대아(大雅) 한록(旱麓)〉에 "솔개 날아 하늘에 이르고, 고기는 못에서 뛰네.(鳶飛戾天, 魚躍于淵)"라고 되어있다.

일 뿐이다. 게다가 실제적인 사조차 없는 경우가 있으니, 당나라 사람의 한 두 마디 말로 예를 들어 보겠다.

▶ 2-100

如"蜀道之難, 難於上青天", "似將海水添宮漏", "春風不度玉門關", "天若有情天亦老", "玉顏不及寒鴉色"等句, 如此者何止盈千累萬！ 決不能有其事, 實爲情至之語.

"촉 지방으로 가는 길의 어려움은 푸른 하늘로 올라가는 거보다 힘들구나"294), "바닷물을 궁중의 물시계에 부은 것과 같고"295), "봄바람이 옥문관을 넘지 못하고"296), "하늘에 감정이 있다면 하늘 또한 늙겠지"297), "옥같이 아름다운 얼굴이 추운날 까마귀보다 못해

---

294) "蜀道之難, 難於上青天": 이백의 〈蜀道難〉시에 나오는 한 구절이고, 전문은 다음과 같다. "噫吁嚱！危乎高哉！蜀道之難, 難于上青天. 蠶叢及魚鳧, 開國何茫然！爾來四萬八千歲, 不與秦塞通人烟. 西當太白有鳥道, 可以橫絕峨眉巔. 地崩山摧壯士死, 然後天梯石棧相鉤連. 上有六龍回日之高標, 下有冲波逆折之回川. 黃鶴之飛尙不得過, 猿猱欲度愁攀援. 青泥何盤盤！百步九折縈岩巒. 捫參歷井仰脅息, 以手撫膺坐長嘆. 問君西游何時還, 畏途巉岩不可攀. 但見悲鳥號古木, 雄飛雌從繞林間. 又聞子規啼夜月, 愁空山. 蜀道之難, 難於上青天！使人聽此凋朱顏. 連峰去天不盈尺, 枯松倒挂倚絕壁. 飛湍瀑流爭喧豗, 砯崖轉石萬壑雷. 其險也如此, 嗟爾遠道之人胡爲乎來哉？劍閣崢嶸而崔嵬, 一夫當關, 萬夫莫開. 所守或匪親, 化爲狼與豺. 朝避猛虎, 夕避長蛇. 磨牙吮血, 殺人如麻. 錦城雖雲樂, 不如早還家. 蜀道之難, 難於上青天, 側身西望長咨嗟."
295) "似將海水添宮漏": 이익(李益)의 〈宮怨〉시에 나오는 한 구절로 전문은 다음과 같다. "露濕晴花春殿香, 月明歌吹在昭陽. 似將海水添宮漏, 共滴長門一夜長."
296) "春風不度玉門關": 두보의 〈出塞〉시에 나오는 한 구절로 전문은 다음과 같다. "黃河遠上白云間, 一片孤城万仞山. 羌笛何須怨楊柳, 春風不度玉門關." 또한 왕지환(王之渙)의 〈涼州詞〉에도 이 구절이 나온다.
297) "天若有情天亦老": 이하(李賀)의 〈金銅仙人辭漢歌〉에 나오는 한 구절로 전문은 다음과 같다. "魏明帝青龍九年八月, 詔宮官牽車西取漢孝武捧露盤仙人, 欲立置前殿. 宮官旣拆盤, 仙人臨載乃濳然泪下. 唐諸王孫李長

졌네"298) 등의 구가 바로 그러한 예들인데, 이와 같은 것이 어찌 많지 않겠는가! 결코 그러한 사가 있을 수 없으며 실제로 정만 이르게 되었다는 말이다.

▶ 2-101

夫情必依乎理。情得然後理眞。情理交至, 事尙不得耶！ 要之作詩者, 實寫理事, 情可以言, 言可以解, 解卽爲俗儒之作。
무릇 정은 반드시 리에 의지하며, 정이 얻어져야 다음에 리가 참될 수 있다. 정과 리가 서로 만났는데, 사를 얻지 못하겠는가? 요컨대 시를 지은 사람이 실제로 리, 사, 정을 묘사할 때 말하고 풀이할 수 있다면, 그것은 곧 세상의 변변치 않은 선비의 작품이다.

▶ 2-102

惟不可名言之理, 不可施見之事, 不可徑達之情, 則幽渺以爲理, 想像以爲事, 惝恍以爲情, 方爲理至事至情至之語。
오직 말로 형용할 수 없는 리, 볼 수 없는 사, 바로 표현될 수 없는 정만이 곧 아득한 리, 상상의 사, 황홀한 정이 되어 비로소 리의 지극함, 사의 지극함, 정의 지극함이 되는 것이다.

吉邃作〈金銅仙人辭漢歌〉。茂陵劉郎秋風客, 夜聞馬嘶曉無迹。畫欄桂樹懸秋香, 三十六宮土花碧。魏官牽車指千里, 東關酸風射眸子。空將漢月出宮門, 憶君淸淚如鉛水。衰蘭送客咸陽道, 天若有情天亦老。携盤獨出月荒涼, 渭城已遠波聲小。"

298) "玉顔不及寒鴉色": 왕창령(王昌齡)의 〈長信怨〉시에 나오는 한 구절로 전문은 다음과 같다. "奉帚平明金殿開, 暫將團扇共徘徊。玉顔不及寒鴉色, 猶帶昭陽日影來。"

2-103

此豈俗儒耳目心思界分中所有哉！ 則余之爲此三語者, 非腐也, 非僻也, 非錮也。得此意而通之, 寧獨學詩？ 無適而不可矣。

이것이 어찌 변변치 않은 선비의 눈과 귀 그리고 생각 가운데 있겠는가? 내가 말한 이 세 마디의 말은 쓸데없는 것, 편벽된 것, 닫혀있는 것이 아니다. 이 뜻을 깨달아 통한다면 어찌 시를 배우는 데에만 적용되겠는가? 적용되지 않는 곳이 없을 것이다.

2-104

或曰：＂先生之論詩, 深源於正變盛衰之所以然, 不定指在前者爲盛, 在後者爲衰。＂而謂明二李之論爲非。

어떤 사람이 "선생님의 시론은 정변과 성쇠의 원인을 깊이있게 원류를 찾아 연구하였는데, 반드시 앞시대 사람의 것이라 해서 융성하고 뒷시대 사람의 것이라고 해서 쇠하다고 가리켜서 말하지는 않았다."라고 했다. 또한 당시 선생님께서는 명대의 이몽양과 이반룡의 이론이 틀렸다고 말했습니다.

2-105

是又以時人之模稜漢、魏、貌似盛唐者, 熟調陳言, 千首一律, 爲之反覆以開其錮習、發其憒蒙。乍聞之, 似乎矯往而過正。徐思之, 眞膏肓之針砭也。

또 당시가 한·위를 모방하고 성당을 형식적으로 본받을 사람들이 천편일률적으로 진부한 말을 늘어놓은 것에 대해 반복적으로 설명했고 그 완고한 습관을 열어주고 몽매한 생각을 일깨워야 한다고 했습니다. 처음에 그것을 들었을 때는 잘못된 것을 바로잡으면서도 지나친 것처럼 느껴졌습니다. 하지만 곰곰이 생각해보니 참으로 핵심을 찌르는299) 말이었습니다.

2-106

然則, 學詩者, 且置漢、魏、初盛唐詩勿卽寓目, 恐從是入手, 未免熟調陳言, 相因而至, 我之心思終不出也.

그렇다면 시를 배우는 사람들이 한·위·초당·성당의 시를 그냥 놔둔 채 보지 않아야 할 것입니다. 이로부터 들어가게 되면 진부한 어조로 펴는 말을 면할 수 없고 서로 인하여 이르게 되어 자신의 생각이 끝끝내 벗어나지 못할까 걱정됩니다.

2-107

不若卽於唐以後之詩而從事焉, 可以發其心思, 啓其神明. "庶不墮蹈襲相似之故轍, 可乎?"

그렇지 않고 당대 이후의 시를 읽어서 글을 쓴다면, 생각을 열고 신명을 이끌어서 "대개 모방하고 옛것을 좇아 답습하니300) 밝지 않을 수 있을 것이니, 그것이 옳겠습니까?"

2-108

余曰 : "吁! 是何言也?" 余之論詩, 謂近代之習, 大概斥近而宗遠, 排變而崇正, 爲失其中而過其實.

내가 "아! 이 무슨 말인가?"라고 말했다. 내가 시를 논한 것은 근

---

299) "핵심을 찌르는(針砭)": 쇠침과 돌침으로 핵심 또는 정곡을 찌른다는 뜻이다.
300) 도습(蹈襲): 옛 것을 좇아서 그대로 함. 초습(勦襲). ≪금사(金史)≫ 이경전(李經傳)에 "시를 짓되 각고(刻苦)를 다하며 감히 전 사람을 도습하지 않았다." 하였음.

대의 관습을 일컬은 것이고, 대개 시기적으로 가까운 것을 배척하고 오래전의 먼 것을 종주로 받들고, 변화를 배척하고 바른 것을 숭상하여, 그 가운데를 잃어버리면서 그 충만함이 지나친 것임을 말하였던 것이다.

2-109

故言非在前者之必盛, 在後者之必衰。若子之言, 將謂後者之居於盛, 而前者反居於衰乎。

그렇기 때문에 앞 시대의 것이라고 반드시 융성하며 후대의 것이라고 해서 반드시 쇠퇴한 것이 아니라고 말한 것이다. 하지만 그대의 말에 의하면, 후대에 나오는 것일수록 융성하고, 전시대에 있는 것은 도리어 쇠퇴했다는 말인가?

2-110

吾見歷來之論詩者, 必曰: "蘇、李不如 《三百篇》, 建安、黃初不如蘇、李, 六朝不如建安、黃初, 唐不如六朝。而斥宋者, 至謂不僅不如唐, 而元又不如宋。"

내가 역대의 시를 논한 사람을 보면 그들은 꼭 "소무와 이릉의 시는 《시경》만 못하였고, 건안과 황초 시기의 시는 소무와 이릉의 시만 못하였다. 육조는 건안과 황초시대301)만 못하고, 당대는 육조대만 못하다. 송을 배척하는 사람은 당대만 못할 뿐 아니라 원대 또한 송대만 못하다."라고 말했다.

---

301) 황초(黃初): 삼국(三國) 시대 위 문제(魏文帝: 조비(曹丕))의 연호(220~226)로, 이 연간에는 특히 훌륭한 시문가(詩文家)가 많아 황초체(黃初體)라는 시체(詩體)가 이룩되기도 했다.

▶ 2-111

惟有明二三作者，高自位置，惟不敢自居於《三百篇》，而漢、魏、初盛唐居然兼總而有之，而不少讓。

오직 두 세 명의 작자만이 자신의 위치를 높이기 위해 단지 《시경》에만 감히 비할 수 없었을 뿐 한·위·초당·성당의 것은 자신들이 모두 겸비할 수 있다고 말하는데 한 치의 양보도 없었다.

▶ 2-112

平心而論，斯人也，實漢、魏、唐人之優孟耳。竊以爲相似而僞，無寧相異而眞，故不必泥前盛後衰爲論也。

차분한 마음으로 논한다면, 이 사람은 실제로 한·위·당인들의 시의 형식만 모방한 사람에 불과하다. 내가 생각하기에 서로 비슷하여 거짓인 것보다는, 차라리 서로 다르지만 참인 것이 낫다. 그러므로 반드시 앞시대는 성대했고, 뒤시대는 쇠퇴했다고 논할 필요가 없는 것이다.

▶ 2-113

夫自《三百篇》而下，三千餘年之作者，其間節節相生，如環之不斷，如四時之序，衰旺相循而生物、而成物，息息不停，無可或間也。吾前言踵事增華，因時遞變，此之謂也。

무릇 《시경》이후 삼천여년 동안의 작가들은, 그 사이에 대대로 연결된 것이 마치 끊임없는 고리나 순서대로 다가오는 사계절과 같다. 쇠퇴와 흥성이 번갈아 이어지면서 사물을 생성하는 것을 잠시라도 쉬지 않았으며, 한 치의 틈도 없는 것 같다. 내가 앞에서 말한 두 가지, 앞시대 사람들의 성과를 계승하여 발전을 증가시킨다는 것, 시대에 따라서 점차 변화한다는 것은 바로 이것을 일컬은 말이다.

▶ 2-114

故不讀〈明良〉、〈擊壤之歌〉, 不知 ≪三百篇≫之工也。不讀 ≪三百篇≫, 不知漢、魏詩之工也。不讀漢、魏詩, 不知六朝詩之工也, 不讀六朝詩, 不知唐詩之工也。不讀唐詩, 不知宋與元詩之工也。

그러므로 〈명량의 노래〉302)와 〈격양의 노래〉303)를 읽지 않고서는 ≪시경≫의 훌륭함을 알 수 없고, ≪시경≫을 읽지 않고서는 한위 시의 훌륭함을 알 수 없다. 한위 시를 읽지 않고서는 육조 시의 훌륭함을 알 수 없고, 육조 시를 읽지 않고서는 당시의 훌륭함을 알지 못한다. 또한 당시를 읽지 않고서는 송시과 원시의 훌륭함을 알 수 없다.

▶ 2-115

夫惟前者啓之, 而後者承之而益之, 前者創之, 而後者因之

---

302) 〈명량(明良)〉: 밝은 임금과 어진 신하가 서로 만나다는 뜻이다. ≪서경≫에 "순(舜) 임금이 노래를 지어 부르니 고요(皐陶)가 화답하기를, 원수(元首)는 밝고 고굉(股肱 신하는 팔다리라는 뜻)이 어질매모든 일이 편안하네." 하였다.
303) 〈격양가(擊壤歌)〉: 격양가는 요(堯) 임금 때 한 노인이 배불리 먹고 배를 두드리며 '흙덩이를 치면서(擊壤)' 노래하기를 "해가 뜨면 나가서 일하고 해가 지면 들어가서 쉬도다. 우물 파서 물을 마시고 밭 갈아서 밥을 먹으니, 임금의 힘이 나에게 무슨 상관이 있으랴.(日出而作 日入而息 鑿井而飲 耕田而食 帝力何有於我哉)"라고 했던 데서 온 말로, 전하여 태평성대를 의미하고, 구준(衢樽)은 큰 길거리에 설치한 술동이를 말한 것으로, ≪회남자(淮南子)≫ 〈무칭훈(繆稱訓)〉편에 "성인의 도는 마치 큰 길거리 한가운데에 술동이를 두어 지나는 사람마다 크고 작은 양에 따라 각각 적당하게 떠 마시도록 하는 것과 같다.(聖人之道 猶中衢而致樽邪 過者斟酌 多小不同 各得所宜)"라고 한 데서 온 말인데, 이는 곧 인정(仁政)을 베푸는 데에 비유한 것이다.

而廣大之. 使前者未有是言, 則後者亦能如前者之初有是言;
前者已有是言, 則後者乃能因前者之言而另爲他言.

오직 전자가 열어주면 후자는 그것을 계승하여 더 발전시키고, 전자가 새로운 것을 만들면 후자는 이어서 확대하는 것이다. 앞시대에서 이러한 말을 하지 않았다면 후대에도 전자가 처음 이 말을 한 것처럼 할 수 있으며, 앞시대에서 이미 이러한 말이 있었다면 후대에서는 앞시대의 말에 의거하여 다르게 말할 수 있는 것이다.

▶ 2-116

總之, 後人無前人, 何以有其端緖. 前人無後人, 何以竟其引伸乎! 譬諸地之生木然: ≪三百篇≫, 則其根. 蘇、李詩, 則其萌芽由蘖. 建安詩, 則生長至於拱把. 六朝詩, 則有枝葉. 唐詩, 則枝葉垂蔭. 宋詩則能開花, 而木之能事方畢.

종합하면 후대사람들은 앞 시대 사람들이 없었다면 어찌 그 단서를 가질 수 있었겠으며, 앞 시대 사람들은 후대사람들이 없었으면 어찌 그것을 펼쳐낼 수 있었겠는가! 그것을 나무에 비유하자면 ≪시경≫은 뿌리이고, 소무와 이릉의 시는 그 싹이 움튼 것이다. 건안의 시는 한 아름이나 성장한 것이고, 육조의 시는 가지와 잎사귀가 있는 것이다. 당시는 가지와 잎사귀가 우거진 것이며 송시는 꽃이 필 수 있는 것이니 나무의 재능이 모두 완비된 것이다.

▶ 2-117

自宋以後之詩, 不過花開而謝, 花謝而復開. 其節次雖層層積累, 變換而出. 而必不能不從根柢而生者也. 故無根, 則蘖何由生? 無由蘖, 則拱把何由長? 不由拱把, 則何自而有枝葉垂蔭、而花開花謝乎?

송대 이후의 시는 단지 꽃이 피었다가 시들며, 꽃이 시들었다가 다시 피는 것에 지나지 않는다. 그 절차가 비록 층층이 누적되어 쌓여져 있어 변화해서 나온 것이지만, 반드시 뿌리로부터 나오지 않으면 안 되는 것이다. 그리고 뿌리가 없다면 싹이 어떻게 나오겠는가? 새싹으로부터 말미암아 나오지 않는다면, 나무줄기가 어떻게 성장하겠는가? 나무줄기로부터 나오지 않는다면, 나무줄기와 잎사귀가 어떻게 무성하게 드리워 질 수 있으며, 꽃이 피었다가 다시 질 수 있겠는가?

2-118

若曰:審如是, 則有其根斯足矣, 凡根之所發, 不必問也。又有由蘖及拱把, 成其爲本, 斯足矣。其枝葉與花, 不必問也。
만약 "이처럼 자세히 살펴보면, 뿌리가 있으면 이것으로 충분하고 뿌리가 나아가는 것은 굳이 물어볼 필요가 없다. 또한 싹에서 나무 몸통이 자라 그 나무를 이룰 수 있으면 그것으로 충분할 것이다. 그 가지와 꽃을 꼭 물어볼 필요는 없다.

2-119

則根特蟠於地而具其體耳, 由蘖萌芽僅見其形質耳, 拱把僅生長而上達耳。而枝葉垂蔭, 花開花謝, 可遂以已乎?
뿌리는 땅에서 주위를 빙빙 감아서 그 몸을 구현한 것일 뿐이고, 움과 싹은 터서 그 모습을 드러낼 뿐이며, 몸통은 자라서 위로 이르는 것일 따름이다. 가지와 잎사귀가 무성하게 우거져서 꽃이 피고 지는 것이 결국 끝이라는 말인가?

> 2-120

故止知有根芽者, 不知木之全用者也。止知有枝葉與花者, 不知木之大本者也。由是言之：詩自 ≪三百篇≫以至於今, 此中終始相承相成之故, 乃豁然明矣。豈可以臆劃而妄斷者哉！

그러므로 뿌리와 싹만 아는 것은 나무의 전체 쓰임새를 모르는 것이다. 단지 가지, 잎사귀와 꽃만 안다면 그것은 나무의 큰 근본을 모르는 것이다. 이로부터 말하자면, 시가 ≪시경≫에서부터 지금에 이르기까지 그 안에 시작과 끝이 서로 계승하여 이어지는 까닭이 시원하게304) 밝혀진다. 어찌 억측하고 제멋대로 판단하는 것인가!

> 2-121

大抵近時詩人, 其過有二：其一奉老生之常談, 襲古來所云忠厚和平、渾樸典雅、陳陳皮膚之語, 以爲正始在是, 元音復振, 動以道性情、託比興爲言。

무릇 근래의 시인들은 그 잘못이 두 가지가 있다. 하나는 상투적인 말을 받들고 옛날부터 내려온 충효, 화평, 전아, 혹은 진부하고 형식적인 말을 답습하는 것에서 바름이 비로소 시작되었다고 생각했고, 원대 음을 다시 펼쳐내야 하는 것이며, 움직이는 것으로써 성정을 말하고, 비305)와 흥306)을 기탁하여 말을 만든다고 여겼다.

---

304) 확연(豁然): 시원하게 터진 모양. 환히 깨달은 모양.
305) 비(比) : 비유(比喩)를 의미한다. 정현(鄭玄)은 ≪주례·대사(周禮·大師)≫에서 정중(鄭衆)의 주석을 인용하여, "비(比)는 사물에 견주는 것이다(比者, 比方於物也)"라고 했다. ≪예문류취(藝文類聚)≫ 권 56에 진(晉) 지우(摯虞)의 ≪문장류별론(文章流別論)≫을 인용하여 "비는 비슷한 것을 비유해서 말하는 것이다.(比者, 喩類之言也)"라고 했다. 주희(朱熹)는 ≪시경집전(詩

2-122

其詩也, 非庸則腐, 非腐則俚。其人且復鼻孔撩天, 搖脣振履, 面目與心胸, 殆無處可以位置。此眞虎豹之鞹耳!

그러한 시는 천속하지 않으면 부패하고, 부패하지 않으면 저속하다. 그 사람은 또한 매우 오만하고 입만 살아서 궤변을 늘어놓아서 아마도 그 면목과 마음이 자리할 곳이 없게 될 것이다. 이것은 정말 호랑이와 표범의 가죽이 개나 양과 다름이 없을 따름이다.

2-123

其一好爲大言, 遺棄一切, 掇採字句, 抄集韻脚。睹其成篇, 句句可劃。諷其一句, 字字可斷。其怪戾則自以爲<u>李賀</u>, 其濃抹則自以爲<u>李商隱</u>, 其澁險則自以爲<u>皮、陸</u>, 其拗拙則自以爲<u>韓、孟</u>。

다른 하나는 과장된 말을 좋아하여, 모든 것을 버리고는 자구를 모으고 운각을 모은다. 그리하여 이룬 편을 구마다 쪼갠다. 또한 하나의 구를 풍간하여 글자 하나 하나 마다 끊어진다. 그 괴이하게 어그러짐은 스스로를 이하로 여긴 것이며, 그 농염307)함은 자

經集傳≫에서 "비(比)라는 것은 저 사물로 이 사물을 비유하는 것이다.(比者, 彼物比此物也)"라고 했다.
306) 흥(興) : 일어남(起)의 의미이다. 정현(鄭玄)의 ≪주례·대사(周禮·大師)≫의 주를 보면, "흥(興)은 지금의 아름다움을 보고, 아첨하는 것에 의심하고 선한 일을 취하여 그에게 비유하여 권유하는 것이다.(興, 見今之美, 嫌於媚諛, 取善事以喩勸之)"라고 했다. 하안(何晏)은 ≪논어집해(論語集解)≫에서 공안국(孔安國)의 말을 인용하여, "흥은 같은 종류를 끌어 비유하는 것이다(興, 引譬連類)"라고 했다. 주희는 ≪시경집전(詩經集傳)≫에서 '흥'을 "먼저 다른 사물을 얘기하여 읊고자 하는 문사를 불러일으키는 것이다(先言他物以引起所詠之辭也)"라고 했다.
307) 농염(濃艶): 아주 화려하고 요염함.

신을 이상은으로 여겼고, 그 험삽함은 자신을 피일휴와 육구몽으로 여긴 것이고, 그 요졸함은 스스로를 한유와 맹교308)로 여겼다.

▶ 2-124

土苴建安, 弁髦初、盛。後生小子, 詫爲新奇, 競趨而效之。所云牛鬼蛇神, 虁蚿魍魎; 揆之風雅之義, 風者眞不可以風, 雅者則已喪其雅, 尙可言耶!

건안의 나머지들309), 쓸데없는310) 초·성당의 후세 젊은이들은311) 새롭고 기이한 것을 자랑스럽게 여기며 앞 다투어 그것을 본받아 진정으로 귀신과 도깨비와 괴물같은 것을 말하며 그것을 시의 뜻으로 헤아리니 풍은 진정으로 풍일 수 없거니와 아312)도 이미 그

---

308) 맹교(孟郊): 생졸년은 751~814, 자는 동야(東野)이며 796년 45세에 진사(進士)시험에 급제해 율양(溧陽)의 위(尉)가 되었으나 사직했다. 한유(韓愈)와 교분을 맺어 20세 정도 연장자이면서도 오히려 한유의 가르침을 받았으며, 가도(賈島)와 함께 그 일파에 속한다. 오언고시(五言古詩)에 뛰어나고 기발한 착상이 특징이며, 처량한 시풍 때문에 '도한교수'(島寒郊瘦)라고 평해진다. 시문집으로 ≪孟東野集≫10권이 있다.
309) 토저(土苴): 딴마음이 없는 것. 또는 그 나머지란 뜻이기도 하다. "도(道)의 진(眞)으로는 몸을 다스리고, 실마리 남은 것[緖餘]으로는 국가를 다스리고, 그 찌꺼기로는 천하를 다스린다." 하였다. ≪莊子≫
310) 변모(弁髦): 관례(冠禮)의 가관(加冠) 때에 한 번만 쓰고 마는 치포관(緇布冠)이고, 모(髦)는 동자(童子)의 드리운 머리칼이다. 모두 가관의 절차가 끝나면 쓸데없는 것이 된다는 데서 쓸데없는 사람이나 사물(事物)이라는 말로 쓰인다.
311) 후생(後生): 공자가 이르기를, "뒤에 태어난 사람이 두려워할 만하니, 뒤에 난 사람이 지금 사람만 못할 줄을 어떻게 알겠는가.(後生可畏 焉知來者之不如今也)" 한 데서 온 말이다. ≪論語·子罕≫
312) 아(雅): ≪시경≫중에서 정악의 노래. 사대부들의 노래여서 고상하고 우아하였다. 여기서는 고상하고 우아한 시가를 지칭하는 말이다. '아(雅)'는 '바름(正)'으로, 왕정(王政)의 흥폐를 논한 것이다. 양계초(梁啓超)의 ≪석사시명의(釋四時名義)≫의 고증에 따르면, "대아와 소아가 합해진 음악은 당시 정

아를 상실하였다. 그러하니 또한 말할 수 있겠는가!

▶ 2-125

吾願學詩者, 必從先型以察其源流, 識其升降。讀《三百篇》
而知其盡美矣, 盡善矣, 然非今之人所能爲。即今之人能爲
之, 而亦無爲之之理, 終亦不必爲之矣。

내가 시를 배우는 것은 사람에게 바라는 것은 반드시 이전의 모형에서 원류를 살펴서 그 기복을 아는 것이다. ≪시경≫을 읽으면 극히 아름답고 지극히 선함을 알지만 지금의 사람이 할 수 있는 것이 아니다. 지금 사람들이 충분히 그렇게 할 수 있다고 해도 그걸 할 이유가 없다면 결국 반드시 그렇게 할 필요는 없는 것이다.

▶ 2-126

繼之而讀漢、魏之詩, 美矣、善矣, 今之人庶能爲之, 而無
不可爲之。然不必爲之。或偶一爲之, 而不必似之。又繼之
而讀六朝之詩, 亦可謂美矣, 亦可謂善矣, 我可以擇而間爲
之, 亦可以恝而置之。

그것을 이어서 한대와 위대의 시를 읽으면 아름답고 선하며 지금 사람들이 거의 그렇게 할 수 있고 할 수 없는 것이 없지만 반드시 그렇게 할 필요가 없었다. 설령 우연히 그렇게 하여도 반드시 비

성(正聲)이라고 불렀다. …… '아(雅)'와 '하(夏)'는 옛날 같은 글자로 쓸 수 있었다. …… 아음(雅音)은 하음(夏音)으로 중원의 정성(正聲)을 말한 것이다(大小雅合의 音樂, 當時謂之正聲. …… '雅'與'夏'古字相通, …… 雅音卽夏音, 猶言中原正聲云爾)" 이 서(序)의 아래 문장 중 "아(雅)는 바름(正)이다"라고 말한 것으로 보아, 아(雅)는 정성(正聲)이란 의미에서 인신되어 나온 것일 수 있다. 주(周)왕조 공경(公卿), 사대부(士大夫)의 노래는 모두 아(雅) 시 속에 포함되어 있다.

숫한 것은 아니다. 또 이어서 육조의 시를 읽어도 아름답고 선하다고 할 수 있지만, 나는 취사선택하여 간간이 그것을 버려 둘 수도 있다.

▶ 2-127

又繼之而讀唐人之詩, 盡美盡善矣, 我可盡其心以爲之, 又將變化神明而達之。又繼之而讀宋之詩、元之詩, 美之變而仍美。善之變而仍善矣。吾縱其所如, 而無不可爲之, 可以進退出入而爲之。此古今之詩相承之極致, 而學詩者循序反覆之極致也。

또 이어서 당나라 사람의 시를 읽어 모두 아름답고 착하지만, 내가 그 마음을 다하면 또한 신명이 변화하여 이를 수 있다. 또 계속 이어진 송대 시와 원대 시를 읽어보면 아름다움은 변하여도 여전히 아름답고 변하여도 여전히 좋다. 이것이 고금의 시가 서로 계승하는 것의 극치이며, 시를 배우는 사람이 순서대로 반복하는 것의 극치이다.

▶ 2-128

原夫創始作者之人, 其興會所至, 每無意而出之, 卽爲可法可則。如≪三百篇≫中, 里巷歌謠、思婦勞人之吟詠居其半。

본래 처음으로 글을 쓰는 사람은 그 감흥을 얻은 것을 매번 무의식적으로 자유롭게 내보내도, 곧 법이 되고 규칙이 될 수 있다. 이를테면 ≪시경≫안에는 거리에서 부른 것이거나, 님을 그리워하거나 노동하는 사람을 읊은 것이 절반이라 말할 수 있다.

> 2-129

彼其人非素所誦讀講肄推求而爲此也。又非有所研特極思、腐毫輟翰而始得也。情偶至而感, 有所感而鳴, 斯以爲風人之旨, 遂適合於聖人之旨而刪之爲經以垂敎。非必謂後之君子, 雖誦讀講習, 研精極思, 求一言之幾於此而不能也。

이는 바로 시인의 뜻이며 결국 성인의 뜻에 들어맞아 그것을 경전으로 삼아 가르침을 이어온 것이다. 후대의 군자가 통독하고 강습하며 깊이 연구하여 이에 가까운 말을 구한다면 반드시 불가능한 것은 아니다.

> 2-130

乃後之人, 頌美、訓釋≪三百篇≫者, 每有附會。而於漢、魏、初盛唐亦然, 以爲後人必不能及。乃其弊之流, 且有逆而反之。推崇宋元者, 菲薄唐人。節取'中'、'晚'者, 遺置漢、魏。則執其源而遺其流者, 固已非矣。

후대 사람들 중에 ≪시경≫을 받들고 찬미하여 훈석하는 사람들은 항상 부회함이 있었다. 한·위·초성당의 경우에도 또한 그러하였으니, 이들은 절대로 후대 사람들이 이에 미칠 수 없다고 여겼다. 그 폐단의 흐름은 역으로 돌아온다. 후대의 군자중 송나라와 원나라를 존숭하는 사람은 당나라 사람을 비방하고, 중당과 만당을 택하는 사람은 한나라와 당나라를 저버린다. 즉, 근원을 잡고서 지류를 버리는 것은 분명히 잘못된 것이다.

> 2-131

得其流而棄其源者。又非之非者乎！然則, 學詩者, 使竟從事於宋、元近代, 而置漢、魏、唐人之詩而不問, 不亦大乖於詩之旨哉!

지류를 잡고서 그 근원을 버리는 것은 잘못되고 또 잘못된 것이다. 그러니 시를 배우는 사람이 송원과 근대의 것만 하고, 한·위·성당의 시를 버려두고 묻지 않는다면, 이 또한 시의 본래 뜻과 크게 어긋나는 것이 아니겠는가!

3 외편(상)

> 3-01

五十年前, 詩家群宗'嘉、隆、七子'之學。其學五古必漢、魏, 七古及諸體必盛唐。於是以體裁、聲調、氣象、格力諸法, 著爲定則。作詩者動以數者律之, 勿許稍越乎此。

오십년 전 시가는 모두 '가정·건륭연간 전후칠자'의 학설313)을 받들었다. 그들의 학설은 오언고시는 반드시 한위의 형식을 따라야 하며 칠언고시 및 그 외 여러 형식은 반드시 성당의 것을 따라야 한다는 것이었다. 그리하여 체재와 성조, 기상과 격력과 같은 여러 법을 항상 정해진 규칙으로 삼았다. 시를 지을 때 걸핏하면 위의 몇 가지를 가지고 구속하였으며 조금이라도 여기에서 벗어나는 것을 용납하지 않았다.

---

313) 전후칠자(前後七子): 명대 "진한의 문장과 성당의 시를 내세우고 대각체를 반대하며 복고의 기치를 든 문인들이 나왔다. 전칠자는 李夢陽(1472~1529), 何景明(1483~1521)를 비롯하여 왕구사, 왕정상, 강해, 변공, 서정경의 일곱 명이다. 후칠자는 이들의 복고주의를 계승했는데 李攀龍(1514~1570), 王世貞(1526~1590)을 비롯하여 사진, 서중행, 종신, 양유예, 오국륜 등의 일곱명이다. 명대 중엽의 전후칠자들은 "산문은 반드시 진·한 때의 것을 배워야하고, 시는 반드시 성당 때의 것을 배워야 한다."고 주장하면서 수십년간 성행해 온 대각체에 강력하게 반발하였다. 그러나 이들은 옛것의 모방만을 내세우고 그저 모든 문학이 옛것일수록 좋다는 편향적 입장을 취하여 지나친 보수주의에 빠지고 말았다.

3-02

又凡使事、用句、用字，亦皆有一成之規，不可以或出入。其所以繩詩者，可謂嚴矣。惟立說之嚴，則其途必歸於一，其取資之數，皆如有份量以限之，而不得不隘。

또한 전고와 글자의 사용도 모두 기존의 정해진 규칙이 있어서 조금도 바꿀 수 없었다. 시를 구속한 것이 엄격하다고 말할 만하였다. 학설을 세우는 것이 엄격하면 반드시 하나로 귀착되게 되고, 그 취하는 자료의 수는 모두 일정한 분량으로 제한하는 것과 같아서 협소해지지 않을 수 없게 된다.

3-03

是何也？以我所製之體，必期合裁於古人。稍不合，則傷於體，而爲體有數矣！

이것은 무엇인가? 바로 내가 만든 형식이 반드시 옛사람의 것과 꼭 들어맞아야 한다는 것이다. 조금이라도 맞지 않으면 바탕에 손상을 입는 것이라 하니 바탕을 만들 수 있는 것이 몇이나 되겠는가!

3-04

我啓口之調，必期合響於古人。稍不合，則戾於調，而爲調有數矣！氣象、格力無不皆然。則亦俱爲有數矣！

나의 가락이 반드시 옛사람과 잘 어울리기를 원하는데, 조금이라도 맞지 않으면 어긋난다고 하니 몇이나 가락을 지을 수 있겠는가! 기상과 궁구하는 힘이 모두 그러하니, 또한 몇이나 그것들을 만들 수 있겠는가!

3-05

其使事也, 唐以後之事戒勿用, 而所使之事有數矣！ 其用字句也, 唐以前未經用之字與句, 戒勿用, 則所用之字與句亦有數矣！

그 전고를 사용함에 있어서도 당대 이후의 것은 사용할 수 있는 전고가 몇이나 되겠는가! 그 자구를 사용하는 것도 당대 이전에 사용하지 않았던 자구는 사용하지 말라고 하니314), 사용할 수 있는 자구가 또한 몇이나 되겠는가!

3-06

夫其說 亦未始非也。然以此有數之則, 而欲以限天地景物無盡之藏, 並限人耳目心思無窮之取, 卽優於篇章者, 使之連詠三日, 其言未有不窮, 而不至於重見疊出者寡矣。

무릇 그 설들이 한 번도 잘못된 적이 없었다. 그러나 이러한 몇 가지의 규칙으로 천지의 무궁한 경물을 제한하려 하며 또한 사람의 이목과 무궁한 생각을 제한하려 한다면, 아무리 시를 짓는 데에 뛰어난 사람이라 하더라도 연이어 사흘 동안 시를 지으면 할

---

314) ≪原詩校注≫에 보면 "율시를 지을 때 당나라 이후 전고를 사용하는 것을 꺼린다고 하는데 그것이 믿을 만한 사실인가요? 라고 묻자, 왕사정이 '하경명, 이반룡, 이몽양과 왕세정 이래로 당대 이후 전고를 사용하지 않았다. 그러나 번드시 얽매일 필요는 없다. 하지만 육조 이전에 전고를 사용한 것은 사용하기에 너무 고아하다. 종합하면 당송 이후의 일은 특별히 고아한 것을 선택하여 취했다. 이를테면 유극장의 칠언율시는 오직 자기가 살던 시대의 전고만을 좋아했는데 그것은 틀린 것이다'라고 대답했다.(作律詩忌用唐以後事, 其信然歟? 答: 自何李, 李王以來, 不肯有唐以後事, 似不必拘泥. 然六朝以前事, 用之卽多古雅, 唐宋以下, 便不盡爾, 此理易不可解. 總之, 唐宋以後事, 需擇其尤雅者用之. 如劉後村七律, 專好用本朝事, 直得惡道)"라고 되어있다.

말이 다 막히지 않은 적이 없어, 중복되어 표현하지 않는 것은 드물 것이다.

▶ 3-07

夫人之心思, 本無涯涘可窮盡、可方體, 每患於局而不能攄、扃而不能發。乃故囿之而不使之攄, 鍵之而不使之發, 則萎然疲苶, 安能見其長乎!

저 사람의 생각이란 본디 무한하고 한계가315) 없으며, 항상 일부에 국한되어 퍼뜨릴 수 없거나, 막혀서 나아갈 수 없는 것을 걱정한다. 그렇기 때문에 생각을 가두어서 트이지 못하게 하고 감춰서 펼치지 못하게 한다면 마르고 병들고 시들은 차(茶)처럼 퇴보할 것이니, 어찌 그 장점을 볼 수 있겠는가!

▶ 3-08

故百年之間, 守其高曾, 不敢改物, 熟調膚辭, 陳陳相因。而求一軼群之步, 弛跅之材, 蓋未易遇矣!

때문에 백년간 그 고귀함을 지키느라 감히 바꾸지 못하고 익숙하고 진부한 문사가 서로 인하여 가득 늘어서게 되었다.316) 한 무리에서 빼어난 보폭을 지닌 인재를 구하여, 억지로 그 재목을 배척하니, 뛰어나고 탁월한 인재를 만나기가 쉽지 않구나!

▶ 3-09

於是楚風 懲其弊, 起而矯之。抹倒體裁、聲調、氣象、格力

---

315) 애사(涯涘): 한계.
316) 진진상인(陳陳相因): 세상이 잘 다스려져서 물건이 풍부한 것을 말한다.

諸說, 獨闢蹊徑, 而栩栩然自是也, 夫必主乎體裁諸說者或
失, 則固盡抹倒之, 而入於瑣屑、滑稽、隱怪、荊棘之境,
以矜其新異, 其過殆又甚焉！

〈초풍〉[317]에서 그 폐단을 비판하고 일어나 그것을 바로잡았다. 체재, 성조, 기상 그리고 궁구하는 힘과 같은 여러 학설을 엎어버리고 독자적으로 작은 길[318]을 개척하였으니, 이는 매우 기쁜 일[319]이라 할 수 있다. 하지만 체재와 여러 학설을 주도하는 사람들이 간혹 실수하면 그들을 모두 뒤엎어서 보잘 것 없고 해학적이며[320], 은벽한 이치를 찾아 괴이하고[321] 곤경한 처지에[322] 들어가

---

317) 초풍(楚風): ≪시경≫ 305편 중 국풍(國風)에는 초풍(楚風)이 없다. 비록 그 속에 강한(江漢)·형초(荊楚) 지방과 관계 있는 어휘가 여러 군데 나오기는 하지만, 그것은 중원 사람들이 남방으로 내려가서 민요를 채집하거나 사건을 기술할 때 지은 것이지 결코 초(楚) 지방 현지의 노래가 아니다. 굴원(屈原)이 출현한 이후에야 비로소 남방문학이 창작되기 시작하였다. 초나라 사람이 초어로 초성을 사용하여 초지와 초물을 기록하여 지은 ≪초사(楚辭)≫를 말한다.

318) 혜경(蹊徑): 작은 길. ≪맹자(孟子)≫ 〈고자 상(告子上)〉에, "우산(牛山)의 나무가 일찍이 무성했는데, 큰 나라의 교외(郊外)에 있기 때문에 사람들이 날마다 베어 간다. 그러나 밤 사이에 자라나고 비와 이슬이 적셔 주어 새싹이 나오건만 소와 양이 또 나오는 족족 뜯어 먹어 버리니, 이 때문에 저렇게 민둥산이 되었다."라고 하였고, 〈진심 하(盡心下)〉에는, "사람들이 다니는 산길이 잠시만 사용하면 길이 되지만, 또 잠시 사용하지 않으면 띠풀이 자라 막혀 버린다. 지금 띠풀이 그대의 마음을 꽉 막고 있도다."라고 하였는데, 이는 모두 사람이 수양하지 않아 마음이 황폐해졌음을 말하는 것이다.

319) 후후연(栩栩然): 기뻐하는 모양. 본래는 호접이 날아다니는 모습을 형용한 것이다. ≪莊子·齊物論≫에 보인다.

320) 골계(滑稽): 골계는 곧 해학을 뜻한다. 동방삭(東方朔)은 한 무제(漢武帝) 때의 문신으로, 해학과 변설이 아주 뛰어나서 특히 천자에게 풍간(諷諫)을 많이 했던 인물인데, 진(晉) 나라 하후담(夏侯湛)의 동방삭화찬(東方朔畫贊)에 의하면 "대저 총명하고 통달하며 가슴이 탁 트이고, 도량이 매우 광대하여, 재상과 경대부들을 능멸하고, 호걸들을 조롱하여 비웃었다.(夫其明濟開豁 包含弘大 陵轢卿相 嘲哂豪傑)"고 하였다.

새롭고 기이함을 자랑스럽게 여겼으니, 그 잘못됨이 매우 심하도다!

▶ 3-10

故楚風倡於一時, 究不能入人之深, 旋趨而旋棄之者, 以其說之益無本也。

그러므로 〈초풍〉은 한 시기를 풍미했지만 결국 사람의 마음속 깊이 쓰며 들어갈 수 없어 잠깐 나아가다가 내버려지게 되었으니 그 학설은 더 이상 본받을 것이 없다.

▶ 3-11

近今詩家, 知懲七子之習弊, 掃其陳熟餘派, 是矣。然其過。凡聲調字句之近乎唐者, 一切屛棄而不爲, 務趨於奧僻, 以險怪相尙。目爲生新, 自負得宋人之髓。幾於句似秦碑, 字如漢賦。新而近於俚, 生而入於澁, 眞足大敗人意。

근래의 시가는 전후칠자의 병폐를 비판하고 그 남은 진부한 무리들도 없애야 한다는 것을 알았으니 옳다고 할 수 있다. 그러나 그들의 잘못은 성조와 자구가 당시에 가까운 것은 모두 배척하여 쓰

---

321) 은괴(隱怪): 색은행괴(索隱行怪)의 준말로, 깊이 은벽(隱僻)한 이치를 찾고, 지나치게 괴이(怪異)한 행실을 하는 것을 말한다. ≪중용장구≫제11장에, "은벽한 것을 찾고 괴벽한 것을 행함을 후세에 칭술하는 이가 있는데, 나는 이러한 짓을 하지 않는다.(素隱行怪 後世有述焉 吾弗爲之矣)"라고 하였다.
322) 형라(荊棘): 고난을 말한다. 국가가 쇠망(衰亡)할 줄을 미리 알고 안타까워하는 것을 뜻한다. 진(晉) 나라 상서랑(尙書郎) 색정(索靖)이 장차 서진(西晉)이 멸망할 줄을 예감하고는, 낙양(洛陽) 궁문(宮門) 앞에 서 있는 구리 낙타[銅駝]를 가리키며 "앞으로는 네가 가시나무 덤불 사이에 서 있는 것을 보게 되겠구나.(會見汝在荊棘中耳)"라고 탄식했던 고사가 전한다. ≪晉書 卷60 索靖傳≫

지 않았고, 후미지고 편벽됨에 힘쓰고, 문사가 난삽하고 괴이함을 숭상하여 새롭고 신기한 것을 주목하여 스스로 송나라 사람의 정수를 얻었다고 자부한다. 구는 마치 진나라의 비문에 가까웠고, 글자는 한부와 같았다. 새롭지만 속되었고 생동감이 있으나 난삽했으니, 진실로 사람의 뜻을 크게 해친 것이다.

> 3-12

夫厭陳熟者, 必趨生新。而厭生新者, 則又返趨陳熟。以愚論之, 陳熟、生新, 不可一偏 ; 必二者相濟, 於是陳中見新, 生中得熟, 方全其美。

무릇 진부하고 오래된 것에 질리게 되면 반드시 새로운 것을 추구하고, 새로운 것이 질리면 다시 진부하고 오랜 것으로 돌아간다. 내 생각에 진부하고 오래된 것과 생생하고 새로운 것은, 한 쪽으로 치우칠 수 밖에 없다. 반드시 이 두 가지는 서로 도와야하니, 진부함 속에서 새로움이 보이고 새로움 가운데에서 진부함을 얻어야 바야흐로 두 가지가 모두 겸비했다고 할 수 있다.

> 3-13

若主於一, 而彼此交譏, 則二俱有過。然則, 詩家工拙美惡之定評, 不在乎此, 亦在其人神而明之而已。

만약 어느 하나를 중시하여 서로 비난한다면, 양자는 모두 잘못된 것이다. 그래서 시의 뛰어남과 서투름[323], 아름다움과 추함에 대해 논평하는 것은 여기에 있는 것이 아니라, 역시 그 사람의 신명을 밝히는데 있을 따름이다.

---

323) 공졸(工拙): 기교가 능란함과 서투름. 잘 짓고 못 짓는 것.

3-14

陳熟、生新, 二者於義爲對待。對待之義, 自太極生兩儀以後, 無事無物不然。日月、寒暑、晝夜, 以及人事之萬有——生死、貴賤、貧富、高卑、上下、長短、遠近、新舊、大小、香臭、深淺、明暗, 種種兩端, 不可枚擧。

진부함과 새로움 이 두 가지는 의미상에 있어서 서로 상대적인 것이다. 서로 상대적이라는 의미는 태극이 양의(兩儀)324)를 낳은 이후에 어떤 사물도 이와 같지 않은 것이 없다. 해와 달, 추위와 더위, 밤과 낮, 삶과 죽음, 귀함과 천함, 가난함과 부유함, 높고 낮음, 위와 아래, 길고 짧음, 멀고 가까움, 새 것과 헌 것, 크고 작음, 도시와 시골, 깊고 얕음, 밝고 어두움과 같은 세상사 모든 일처럼 각종 서로 대립되는 양극단은 셀 수 없을 만큼 많다.

3-15

大約對待之兩端, 各有美有惡, 非美惡有所偏於一者也。其間惟生死、貴賤、貧富、香臭, 人皆美生而惡死, 美香而惡臭, 美富貴而惡貧賤。然逢、比之盡忠, 死何嘗不美！江總之白首, 生何嘗不惡？幽蘭得糞而肥, 臭以成美。

대부분의 경우 대립이 되는 양극단에는 각각 미와 악이 있지만, 미와 악이 한쪽으로만 치우치는 것은 아니다. 그중에 오직 생사와 귀함과 천함, 가난함과 부유함, 향기남과 냄새남의 경우에 있어서

---

324) 양의(兩儀): 천지(天地) 또는 음양(陰陽)을 말한다. ≪주역(周易)≫계사(繫辭)에 있는 말. 태극이란 본래 일정한 물건처럼 시종(始終)이나 본말이 있는 존재자(存在者)가 아니라 무성무취(無聲無臭)하면서도 현묘한 이치로서 우주의 삼라만상 속에 내재(內在)하면서 만물이 되게 하는 기틀 내지 바탕을 말하는 것이다. 말하자면 일체의 조화(造化)와 품휘(品彙)와 근본 원리를 말하는 것이다. 그리고 양의는 음(陰)과 양(陽)을 뜻한다. ≪太極圖說 註≫

만큼은, 사람들이 모두 사는 것을 좋아하고 죽는 것을 싫어하는데, 향기로움을 좋아하고 냄새나는 것을 싫어한다. 부귀를 좋아하고 가난함과 천함을 싫어한다. 하지만 봉비(逢比)[325]가 충성을 다하였는데, 어찌 아름답지 않을 수 있겠는가? 강총[326]의 흰머리, 그윽한 난초[327]가 거름을 얻어서 땅이 비옥하여 잘 자라는 것이니, 악취도 때로는 아름다움이 될 수 있다.

▶ 3-16

海木生香則萎, 香反爲惡。富貴有時而可惡, 貧賤有時而見美, 尤易以明。卽莊生所云: "其成也毀, 其毀也成"之義。對待之美惡, 果有常主乎?

해목은 향기를 내고 나면 시들어 버리니, 향기도 오히려 해가 될 때가 있다. 부귀도 어떤 때는 미워할 수 있으며, 빈천도 어떤 때는 아름다울 수 있다. 좀 더 쉽게 말하면, 장자[328]가 말한 "이루는 것을 훼손하는 것이고, 훼손하는 것은 이루는 것이다."[329]라는 뜻이다.

---

325) 봉비(逢比): 봉은 龍逢이고 비는 比干이다. 하나라의 걸임금이 음란하자, 용봉은 강직하게 간언을 하였다가 죽었다. 상나라의 걸임금이 음란하자, 비간이 강직하게 간언을 하다가 배를 가르고 심장이 파해쳐져 죽었다. 보통 충성스런 신하를 비유하는 말로 쓰인다.
326) 강총(江總): 생졸년은 519~594, 남북조(南北朝) 때 고성(考城) 사람으로 자는 총지(總持)이고, 濟陽 考城(현 하남성 蘭考縣) 사람이다. 梁에서는 눈에 들어 관직이 太常卿에 이르렀다. 陳에서는 尙書令을 지내 '江令'이라고 불른다.
327) 유란(幽蘭): 굴원의 ≪이소경(離騷經)≫에 "그윽한 난초 묶고서 서성이노라. (結幽蘭兮延佇)" 하여, 혼탁한 세상에서 버림받은 은자(隱者)의 모습을 형용하였다.
328) 장생(莊生): 회양(睢陽) 몽현(蒙縣) 출신인 장자(莊子)를 말한다. ≪장자(莊子)≫ 열어구(列御寇)에 "그대도 희생용 소(犧牛)를 알고 있겠지. 비단옷에 맛있는 음식을 실컷 먹이다가 태묘(太廟)로 끌고 들어가나니, 그때 후회한들 무슨 소용이 있으리요." 하였다.

대립하는 양극단의 미와 악은 과연 항상 주인이 있다는 것인가?

> 3-17

生熟、新舊二義, 以凡事物參之。器用以<u>商、周</u>爲寶, 是舊勝新。美人以新知爲佳, 是新勝舊。肉食以熟爲美者也。果食以生爲美者也。反是則兩惡。推之詩, 獨不然乎?

날 것과 익은 것, 새로운 것과 헌 것의 두 의미를 사물을 가지고 예를 들면, 그릇은 상나라와 주나라 때의 것을 진귀하게 여기는데, 이것은 옛 것이 지금 것보다 낫기 때문이고, 미인은 새로 알게 된 사람이 아름다운데, 새사람이 옛사람보다 낫기 때문이다. 고기는 익혀 먹는 좋고, 과일은 생으로 먹는 것이 좋다. 만약 이와 반대의 경우라면 둘 다 좋지 않다. 반대로 이것을 시로 미루어보면, 어찌 이와 같지 않겠는가?

> 3-18

舒寫胸襟, 發揮景物, 境皆獨得, 意自天成, 能令人永言三歎, 尋味不窮, 忘其爲熟, 轉益見新, 無適而不可也。

마음속 생각을 묘사하고 경물을 떨쳐 드러내어 경계를 모두 홀로 얻으면 뜻이 저절로 자연스럽게 이루어지면 사람은 오랫동안 수차례 감탄했다. 여운이 계속 퍼져 나와서 오래되는 것을 잊어버리고 오히려 더욱 더 새로움이 드러나니, 어느 상황에서도 맞지 않은 것이 없다.

---

329) "其成也毀, 其毀也成": 이 구절은 ≪莊子·齊物論≫에서 따온 말이다.

3-19

若五內空如，毫無寄託，以勦襲浮辭爲熟，搜尋險怪爲生，均爲風雅所擯。論文亦有順、逆二義，並可與此參觀發明矣。

오장안이 텅비어 있는 것 같고, 조금도 기탁하는 바가 없으면서, 표절하고 뜬구름 잡는 말을 익숙하게 여긴다. 험괴한 것을 추구하는 것을 생기있는 것으로 여긴다면, 모두 풍아로 배척해야 할 바이다. 문장을 논할 때에도 순접과 역접이라는 두가지 뜻이 있는데, 아울러 이것을 함께 참고해보면 분명히 알 수 있다.

3-20

詩家之規則不一端，而曰體格、曰聲調，恆爲先務，論詩者所謂總持門也。詩家之能事不一端，而曰蒼老、曰波瀾，目爲到家，評詩者所謂造詣境也。

시인이 지켜야 할 규칙은 단지 하나만 있는 것이 아니다. 체격과 성조는 항상 급선무이고, 시론가들이 항상 잘 파악하여야 하는 것이다. 시인의 규칙은 단지 한 가지에만 한정된 것이 아니다. 노련함과 파란을 말하며 시야를 갖추는 것이 전문가가 되는 길이라 보며, 시를 논평하는 사람들이 조예의 경지라고 일컫는 것이다.

3-21

以愚論之：體格、聲調與蒼老、波瀾，何嘗非詩家要言妙義！然而此數者，其實皆詩之文也，非詩之質也。所以相詩之皮也，非所以相詩之骨也。試一論之。

나는 그것을 다음과 같이 논한다. 체격·성조·노련함·파란이 어찌 시인의 중요하면서도 오묘한 뜻이 아니겠는가! 그러나 이들 몇 가지는 실제로는 모두 시의 문장이며, 시의 형식은 아니다. 그러므로 시의 겉을 살피는 것이지, 시의 뼈대인 본질을 살피는 것은 아니다. 한 번 그것을 논해보고자 한다.

▶ 3-22

言乎體格：譬之於造器, 體是其製, 格是其形也。將造是器, 得般、倕運斤、公輸揮削, 器成而肖形合製, 無毫髮遺憾, 體格則至美矣。乃按其質, 則枯木朽株也, 可以爲美乎！ 此必不然者矣。

풍격330)을 그릇을 만드는 데에 비유하자면, 체(體)는 그 만드는 법이며, 격(格)은 그 형체이다. 장차 그릇을 만들 때, 노반과 같은 목수가 도끼를 쓰고, 공수와 같은 목수가 새김을 하여 그릇이 완성되고 모양을 갖추어 조금도 모자라는 부분이 없으면, 체격은 매우 훌륭한 것이다. 하지만 그 재료가 썩은 나무와 그루터기라면 훌륭하다고 할 수 있겠는가! 반드시 그렇다고 할 수 없을 것이다.

▶ 3-23

夫枯木朽株之質, 般、輸必且束手, 而器亦烏能成！ 然則, 欲般、輸之得展其技, 必先具有木蘭、文杏之材也, 而器之

---

330) 풍격(風格): 원래는 사람의 풍채나 품격을 가리키는 말이다. 이는 개인의 외형적인 모습에서 느껴지는 전체로서의 인상 내지 개성인 것이다. 문장에 있어서 풍격이란 문학 예술 작품이 전체적으로 드러내는 특징이라고 말할 수 있다. 유협(465~532)은 ≪문심조룡≫에서 작가의 재성과 기질의 선천적인 차이를 인식하면서 아울러 학문과 습성의 후천적인 요소를 중시하여 이 네 가지 요인이 문장 풍격을 결정짓는다고 보았다. 여덟 가지 풍격으로 '전아(典雅), 원오(遠奧), 정약(精約), 현부(顯附), 번욕(繁縟), 장려(壯麗), 신기(新奇), 경미(輕靡)' 등으로 구분하였다. 사공도(837~908)는 ≪시품(詩品)≫에서 풍격을 스물네 가지로 나누고 있다.

體格, 方有所託以見也。

썩은 나무와 그루터기와 같은 재료를 가지고서는 제아무리 뛰어난 공수와 같은 목수라도 속수무책일 것인데, 어찌 그릇을 만들 수 있겠는가! 그러므로 노반과 공수와 같은 재능을 발휘할 수 있으려면, 반드시 먼저 목란(木蘭)과 문행(文杏)과 같은 재료를 구비하고 있어야 그릇의 체격이 비로소 그것에 의지하여 드러날 수 있다.

3-24

言乎聲調: '聲'則宮商協韻, '調'則高下得宜, 而中乎律呂, 鏗鏘乎聽聞也。請以今時俗樂之度曲者譬之。度曲者之聲調, 先硏精於平仄陰陽。

성조에 대해 말하자면, '성'은 궁음331)과 상음332)이 어울리는 것이며, '조'는 고음과 저음이 서로 잘 맞는 것으로, 율려333)에 딱 들어맞으며 금옥의 소리는334) 듣기에 아주 좋다. 청컨대 지금 속악을 노래를 짓는 사람을 그것에 비유해서 말해보면, 자도곡을 짓는 사람은 먼저 성조의 평측과 음양을 정밀하게 연구해야 한다.

---

331) 궁음(宮音): 동양 음악의 오음(五音)의 하나. 오음 음계(音階)의 주음(主音)이 되는데, 오음은 궁(宮)·상(商)·각(角)·치(徵)·우(羽)이다
332) 상음(商音): 오음(五音)의 하나로, 상조(商調)를 위주로 한 슬프고 애절한 음악의 가락이다.
333) 율려(律呂): 성음(聲音)을 조정하는 관(管). 중국 고대 황제(黃帝) 때의 영륜(伶倫)이 대나무를 끊어 만든 것으로, 관의 장단에 따라 성음의 청탁(淸濁)과 고저가 생기게 된다. 양률(陽律) 6가지, 곧 황종(黃鐘)·태주(太簇)·고선(姑洗)·이칙(夷則)·무역(無射)·유빈(蕤賓)과 음려(陰呂) 6가지, 곧 대려(大呂)·협종(夾鐘)·중려(仲呂)·임종(林鐘)·남려(南呂)·응종(應鐘) 모두 12가지로 되어 있다. 음악을 뜻한다. ≪漢書·律曆志≫
334) 갱장(鏗鏘): 금옥(金玉)의 소리.

3-25

其吐音也, 分唇鼻齒齶開閉撮抵諸法, 而曼以笙簫, 嚴以鼙鼓, 節以頭腰截板, 所爭在渺忽之間. 其於聲調, 可謂至矣.

그 음을 토하여 나오게 하는 것은 입술, 코, 구강을 열고 닫음과 오므리는 등의 여러 방법으로, 생황과 퉁소를 부드럽게 불고[335], 북을 무게감있게 치고 눈깜짝할 사이에 경쟁하여 서로 조화를 이룬다. 이런 것이 성조에 있어서 중요하다고 말할 수 있다.

3-26

然必須其人之發於喉、吐於口之音以爲之質, 然後其聲繞樑, 其調遏雲, 乃爲美也.

그러나 반드시 사람의 목구멍을 통해서 입으로 나오는 음을 재료로 삼은 다음에야, 소리가 높이 울려 퍼지고 그 노래 가락이 매우 듣기 좋고[336] 훌륭하다고 할 수 있다.

3-27

使其發於喉者啞然, 出於口者颯然, 高之則如蟬, 抑之則如蚓, 吞吐如振車之鐸, 收納如鳴笛之牛.

목구멍에서 시작된 소리가 입에서 힘차게 나와서, 높이 우러러보

---

335) 생소(笙簫): 선인이 부는 생황과 퉁소를 말하고 난생(鸞笙)이라고도 부른다. 이백(李白)의 〈고풍(古風)〉에 "학의 등에 올라탄 한 선객이, 날고 날아 하늘을 올라가서, 구름 속에서 소리 높이 외치어, 내가 바로 안기생이라고 하네. 좌우에는 백옥 같은 동자가 있어, 나란히 자란생을 불어 대누나.(客有鶴上仙, 飛飛凌太淸, 揚言碧雲裏, 自道安期名. 兩兩白玉童, 雙吹紫鸞笙)"라고 하였다. ≪李太白集 卷1≫
336) 알운(遏雲): 구름을 멈추게 하여 나아가지 못하게 하는 것. 즉 노래소리가 구성지고 아름다워 듣기 좋은 훌륭한 음악을 말함. 이 단어는 ≪列子·湯問≫에 나옴.

면 매미와 같고, 아래로 내려다보면 지렁이와 같으며, 토하여 나
오는 것은 끄는 수레의 방울과 같고, 거두어 들이는 것은 마치 마
구간에서 소가 우는 것 같다.

▶ 3-28

而按其律呂, 則於平仄陰陽、脣鼻齒齶開閉撮抵諸法, 毫無
一爽, 曲終而無幾微愧色!
其聲調是也, 而聲調之所麗焉以爲傳者, 則非也。則徒恃聲
調以爲美, 可乎?

그리하여 그 율려를 따르면 평측, 음양, 순비, 치조, 개폐, 촬구와
같은 여러 규칙에 조금도 어긋나지 않으며, 곡이 끝나도 조금도
부끄럽지 않다.337) 이와 같은 성조는 맞지만, 성조의 아름다움이
전해진다고 생각하는 것은 잘못된 것이다. 부질없이 성조의 아름
다움만을 믿어서야 되겠는가!

▶ 3-29

以言乎蒼老:凡物必由稚而壯, 漸至於蒼且老。各有其侯,
非一於蒼老也。且蒼老必因乎其質, 非凡物可以蒼老槪也。
'노련함(蒼老)'에 대해 말해보면, 무릇 사물은 반드시 어린 단계에
서 장성한 단계에 이르고, 점차적으로 고아하면서도 노련하게 된
다. 각기 그 시기는 각기 달라서, 똑같이 무척 오래된 느낌을 주는

---

337) 괴색(愧色): 마음속으로 조금도 부끄러울 것이 없으리라는 말이다. 후한(後
漢) 채옹(蔡邕)이 곽태(郭太)의 비문을 짓고 나서 노식(盧植)에게 "내가 비명
을 많이 지었지만, 그때마다 모두 부끄러운 느낌을 가졌는데, 곽유도에 대해
서만은 부끄러울 것이 없다.(吾爲碑銘多矣, 皆有慙德, 唯郭有道無愧色耳)"
라고 말한 고사가 있다. 《後漢書 卷68 郭太列傳》

것에 이르는 것은 아니다. 또한 무척 오래된 느낌을 주는 것은 반드시 그 기질을 따라야 하므로, 모든 사물이 전부 무척 오래된 느낌을 주는 것은 아니다.

▶ 3-30

卽如植物, 必松柏而後可言蒼老。松柏之爲物, 不必盡干霄百尺, 卽尋丈楹檻間, 其鱗鬣夭矯, 具有凌雲磐石之姿。

식물을 예로 들면, 꼭 소나무와 측백나무가 있은 연후에야338) 비로소 노련함을 논할 수 있다. 소나무와 측백나무가 반드시 모두 하늘을 백 척이나 솟구친 것은 아니며, 한 장이나 되는 솔비늘과 구불구불한 것이 모두 구름을 뚫고 오르고 내리는339) 반석340)의 자태를 갖추고 있다.

---

338) "소나무와 …… 이후에야": ≪論語≫⟨자한(子罕)⟩편에 "해가 추워진 다음에야 소나무와 잣나무가 뒤에 시듦을 아는 것이다.(歲寒然後知松柏之後凋也)"라고 한 데서 온 말이다.
339) 능운(凌雲): 구름 위에 치솟는다는 뜻으로, 의기(意氣)가 초월함을 의미한다. ≪사기(史記)≫ 권117 사마상여열전(司馬相如列傳)에, "사마상여가 대인지송을 지어 천자에게 아뢰자, 천자가 크게 기뻐하여 표표히 구름 위에 치솟는 의기가 있었다.(相如旣奏大人之頌, 天子大說, 飄飄有凌雲之氣)"고 한 데서 온 말이다. 또 두보(杜甫)의 ⟨희위육절구(戲爲六絶句)⟩시에 "유신의 문장은 노년에 더욱 성숙해져서, 하늘에 치솟는 굳센 필력에 의사도 자유롭네.(庾信文章老更成, 凌雲健筆意縱橫)"라고 한 데서 온 말로, 하늘에 솟는다는 것은 곧 시문을 짓는 재주가 뛰어남을 의미한다. ≪杜少陵詩集 卷11≫
340) 반석(磐石): 가로 세로 높이가 각각 40리 되는 너럭바위 돌을 말한다. 참고로 천인이 100년에 한 번씩 옷자락으로 스쳐서 다 닳아 없어지는 기간을 소겁(小劫)이라 하고, 80리 되는 반석이 닳는 기간을 중겁(中劫), 800리 되는 반석이 닳는 기간을 대아승지겁(大阿僧祇劫) 즉 무량겁(無量劫)이라고 한다는 이야기가 ≪보살영락본업경(菩薩瓔珞本業經)≫권하⟨불모품(佛母品)⟩에 나온다. 그 반석은 겁석(劫石)이라고 일컫는다.

3-31

此蒼老所由然也。苟無松柏之勁質，而百卉凡材，彼蒼老何所憑籍以見乎？必不然矣。

이것이 노련함이 연유하는 바이다. 진실로 소나무와 측백나무의 굳센 바탕341)이 없다면, 수많은 초목 중에서 평범한 재목에 지나지 않을 것이다. 저 노련함342)은 무엇에 의지해 드러난 것인가? 반드시 그렇지는 않을 것이다.

3-32

又如波瀾之義，風與水相遭成 文而見者也。大之則江湖，小之則池沼，微風鼓動而爲波爲瀾，此天地間自然之文也。然必水之質，空虛明淨，坎止流行，而後波瀾生焉，方美觀耳。

또 예를 들면 '파란(波瀾)'의 뜻은 바람과 물이 서로 만나, 무늬를 이루면서 드러나는 것이다. 크게는 강과 호수에서 작게는 연못과 늪에서 미풍이 불어 파란을 일으키는데, 이것이 천지 사이의 자연스러운 무늬를 말하는 것이다. 하지만 물의 본질은 반드시 비어서 맑고 깨끗하고343), 구덩이를 만나면 그치고 물은 흐르게 되면 흘러간344) 다음에야 파란이 생겨서 바야흐로 아름다운 경관을 볼 수

---

341) 경질(勁質): 건강하고 깨끗한 지조를 형용한 말이다
342) 창로(蒼老): 시문이나 회화 등의 노련한 품격을 말한다.
343) 명정(明淨): 물이 구름 한 점 없는 달처럼 밝고 깨끗하다는 말이다. 진(晉)나라 태부(太傅)인 사마도자(司馬道子)가 하늘에 밝고 고요한 달이 떠서 조금도 가리어진 것이 없는 것(天月明淨, 都無纖翳)을 보고는 기막히게 아름답다고 탄식을 하였는데, 사중(謝重)이 옆에 앉아 있다가 "가느다란 구름 조각이 엉겨 있는 것보다는 못할 듯하다.(不如微雲點綴)"라고 하자, "경의 마음가짐이 깨끗하지 못하기 때문에, 억지로 태청을 더럽게 오염시키려고 하는 것(强欲滓穢太淸)이 아니냐."라고 희롱을 했다는 고사가 있다. ≪世說新語 言語≫
344) 감지유행(坎止流行): 자신의 출처(出處)와 진퇴(進退)를 당시의 정황(情況)

있을 뿐이다.

▶ 3-33

若汙萊之瀦, 溷廁之溝瀆, 遇風而動, 其波瀾亦猶是也。但揚其穢, 曾是云美乎? 然則, 波瀾非能自爲美也。有江湖池沼之水以爲之地, 而後波瀾爲美也。

만약 버려지고 묵혀진 땅345)의 물웅덩이, 더러운 뒷간, 사람이 왕래하지 않는 도랑346)에서, 바람을 만나서 움직인다면 그 파란도 더러워질 것이다. 그 더러움이 날아오르면, 이것을 아름답다고 말할 수 있겠는가? 그러므로 파란은 저절로 아름다울 수 없다. 강호와 연못의 물이 바탕이 된 연후에야 파란이 아름다울 수 있다. 이것으로 미루어보면, 이 몇 가지는 본바탕이 꼭 우선되어야 한다.

▶ 3-34

由是言之, 之數者皆必有質焉以爲之先者也。彼詩家之體格、聲調、蒼者、波瀾, 爲規則、爲能事, 固然矣。然必其人具有詩之性情、詩之才調、詩之胸懷、詩之見解以爲其質。

시가의 이런 체격, 성조, 노련함, 파란이 규칙과 재능이 되는 것은 사실이다. 그러나 반드시 그 사람이 시의 성정, 제재, 마음속 생각 및 견해를 갖추어 그것을 바탕으로 삼아야 한다.

에 맞추어 한다는 뜻으로, "흐름을 타면 흘러가고 구덩이를 만나면 멈춘다.(乘流則逝得坎則止)"는 말에서 나온 것이다. ≪漢書 卷48 賈誼傳≫
345) 오래(汙萊): 거칠고 묵혀진 땅.
346) 구독(溝瀆): 사람이 내왕하지 않는 으슥진 언덕 밑이나 도랑을 이름. ≪논어(論語)≫ 헌문(憲問)의 "豈若匹夫匹婦之爲諒也 自經於溝瀆而莫之知也"에서 나온 것임.

▶ 3-35

如賦形之有骨焉, 而以諸法傅而出之。猶素之受繪, 有所受之地, 而後可一一增加焉。

이를테면 이것은 형체에 뼈를 주는 것과 같고, 여러 가지 기법을 발휘해 그려낼 때 채색을 받아들이는 흰 바탕이 있은 후에야 하나씩 더해가는 것과 같은 것이다.

▶ 3-36

故體格、聲調、蒼老、波瀾, 不可謂爲文也, 有待於質焉, 則不得不謂之文也。不可謂爲皮之相也, 有待於骨焉, 則不得不謂之皮相也。

때문에 체격, 성조, 노련함, 파란은 '文(내용)'이라 할 수 없으나, '質(형식)'에 의존하면 문이라 할 수 있다. 거죽이 형체를 이룬다고 할 수 없고, 뼈에 의존하는 바가 있으면 비로소 거죽이 형체를 이룬다고 할 수 있다.

▶ 3-37

吾故告善學詩者, 必先從事於格物, 而以識充其才, 則質具而骨立, 而以諸家之論優遊以文之, 則無不得, 而免於皮相之譏矣。

때문에 내가 시를 잘 배우는 방법을 알려주었다. 반드시 먼저 그 격물347)을 하고 난 뒤 식견으로 그 재능을 확충한다면 본바탕이 갖추어지고 뼈대가 서고, 여러 시인이 논평하여 풍부하게 되면 얻

---

347) 격물(格物): 유형(有形)한 사물의 이치를 궁구하여 무형(無形)한 지식을 완전하게 함이니, 곧 격물(格物)은 사물의 이치를 터득하는 것을 말함.

지 못할 것이 없고, 서로 겉으로만 보고 판단한다는 비난을 면할 수 있게 될 것이다.

▶ 3-38

≪虞書≫稱'詩言志.' 志也者, 訓詁爲'心之所之', 在釋氏, 所謂'種子'也. 志之發端, 雖有高卑、大小、遠近之不同, 然有是志, 而以我所云才、膽、識、力四語充之, 則其仰觀俯察、遇物觸景之會, 勃然而興, 旁見側出, 才氣心思, 溢於筆墨之外.

≪우서≫에 '시는 뜻을 표현하는 것이다'[348]라고 일컬었는데, '志'라는 글자를 훈고학적으로 해석해보면 '마음이 지향하는 바'이며, 불교에서는 '종자'에 해당하는 것이다. 지의 발단에는 비록 높고 낮음, 크고 작음, 멀고 가까움의 차이가 있지만 이러한 지를 가지고서 내가 말하였던 재능·담력·식견·힘 네 가지로 채우면, 천문과 지리를 두루 살피게 되고, 여러 사물과 상황에 처하고 접촉할 때의 감회가 갑자기 왕성해져서[349] 일어나고 겉으로 드러나게 되며, 재능있는 기질과 마음이 문장 바깥으로 흘러넘쳐 나온다.

▶ 3-39

志高則其言潔, 志大則其辭弘, 志遠則其旨永. 如是者, 其詩必傳, 正不必斤斤爭工拙於一字一句之間.

---

348) '시는 뜻을 표현하는 것이다(詩言志)': ≪서경≫〈순전(舜典)〉편에 나오는 말이다. 즉, 언지란 글은 이미 다하였어도 그 뜻은 남음이 있음을 말한다.
349) 발연(勃然): 갑자기 왕성하게 자란다는 뜻이다. ≪맹자(孟子)≫〈양혜왕상(梁惠王上)〉편에 "하늘이 구름을 창성하게 일으켜 갑자기 비가 내리면, 볏모가 갑자기 왕성히 자라게 된다.(天油然作雲, 沛然下雨, 則苗勃然興之矣)"라는 구절이 있다.

뜻이 높으면 그 언어가 고결하고, 뜻이 크면 그 문사가 넓고, 뜻이 원대하면 맛이 오래간다. 이와 같은 사람의 시는 반드시 전해지니, 반드시 한 글자 한 구절을 두고 그 뛰어남과 서투름을 하나하나 따지고 논쟁할 필요가 없다.

3-40

乃俗儒欲炫其長以鳴於世, 於片語隻字, 輒攻瑕索疵, 指爲何出。稍不勝, 則又援前人以證。

세상의 캐캐묵은 선비들은 그들의 잘난 점을 세상에 드러내고자, 매 글자마다 갑자기 남의 흠집350)을 찾아서 공격하고, 이 글자가 어디에서 나온 것이라 지적한다. 조금이라도 뛰어나지 못하면, 앞 시대 사람을 끌어와서 증명하려고 한다.

3-41

不知讀古人書, 欲著作以垂後世, 貴得古人大意。片語隻字, 稍不合, 無害也。必欲求其瑕疵, 則古今惟吾夫子可免。

그러나 이는 옛사람의 글을 읽어 자신의 작품을 후세에 드리우고자 하여 옛사람의 큰 뜻을 얻는 것을 귀중히 여기는 것만 못한 것으로, 한 글자가 조금 맞지 않더라도 해가 될 것이 없다. 반드시 그 하자를 찾고자 한다면, 고금을 모두 통해 공자만이 면할 수 있다.

3-42

≪孟子≫七篇, 欲加之辭, 豈無微有可議者！≪孟子≫引 ≪詩≫、

---

350) 색자(索疵): 취모 색자(吹毛索疵)의 준말. 곧 억지로 남의 흠을 찾아내려고 털을 헤쳐가며 그 속에 있는 흠집을 찾는 것을 말한다.

≪書≫, 字句恆有錯誤, 豈爲子輿氏病乎！詩聖推杜甫, 若索其瑕疵而文致之, 政自不少, 終何損乎杜詩！

만약 ≪맹자≫ 칠편을 가지고 논한다면, 조금도 비평할 것이 없겠는가? 맹자가 ≪시경≫과 ≪서경≫을 인용함에 있어서 글자에 항상 흠집이나 하자가 있었지만, 어찌 그것이 병폐가 되겠는가! 시성으로 두보를 추켜세우지만, 그의 시도 만약 흠을 찾아내어 논평한다면 적지는 않을 것이다. 결국 두보시의 가치가 어찌 감해지겠는가!

▶ 3-43

俗儒於杜, 則不敢難。若今人爲之, 則喧呶不休矣。今偶錄杜句, 請正之俗儒, 然乎？否乎？

세상의 캐캐묵은 선비는 두보를 감히 비난하지 못하지만, 만약 지금 사람들이 그렇게 하였다면 와자지껄하게 떠드는351) 말이 그치지 않을 것이다. 만약 지금 두보의 시구를 가져와 세상의 캐캐묵은 선비가 바로잡고자 한다면 되겠는가?

▶ 3-44

如"自是秦樓壓鄭谷。" 俗懦必曰：'秦樓'與'鄭谷'不相屬, '壓鄭谷' 何出？ "愚公谷口村。" 必曰：愚公谷也, 從無'村'字, 押韻杜撰。"參軍舊紫髥。" 必曰："止有髥參軍, 紫髥另是一人, 杜撰牽合。"

예컨대 "自是秦樓壓鄭谷"352)의 구에서는 세상의 변변치 않은 선

---

351) 훤노(喧呶): 아이들처럼 와자지껄하면서 시끄럽게 떠든다는 말이다.
352) "自是秦樓壓鄭谷": 두보의 〈鄭駙馬宅宴洞中〉시 "主家陰洞細烟霧, 留客夏簟淸琅玕。春酒杯濃琥珀薄, 冰漿碗碧瑪瑙寒。誤疑茅堂過江麓, 已入

비는 "분명히 '진루(秦樓)'353)와 '정곡(鄭谷)354)'은 서로 부합하지 않은 것인데 염정곡이라는 말은 도대체 어디서 나온 것인가?"라고 말할 것이다. "愚公谷口村"355)의 구에서는 세상의 변변치 않은 선비는 반드시 우공곡에는 원래 '村'자가 없었는데 근거없이 끌어 들여 압운한 것이라고 말할 것이다. "參軍舊紫髥"356)구에서는 세상의 변변치 않은 선비가 반드시 "염참군만 있지 자염은 별도의 사람이니 견강부회한 것이다."라고 말한 것이다.

▶ 3-45

"河隴降王款聖朝。"必曰：'降'則'款'矣，'款'則'降'矣，字眼重出，湊句。"王綱尙旎綴。"必曰：綴旎倒用，何出？

風磴霾云端。自是秦樓壓鄭谷，時聞雜佩聲珊珊。"중에 나오는 한 구절이다.
353) 秦樓: ≪列仙傳≫에 따르면 진나라 목공의 딸 농옥을 소사(簫史)에게 시집 보냈는데, 그들 부부는 매일 누대에 올라 통소를 불어 봉황 소리를 냈다. 그러던 어느날 집에 봉황이 내려와 부부를 태우고 어디론가 사라져 신선이 되었다고 한다.
354) 鄭谷: 당대 시인으로 자는 수우(守愚), 원주(袁州) 의춘(宜春) 사람이다. 희종 광계 3년(887)에 진사가 되었고 이후 京兆鄠縣尉를 제수받았으며 우습유(右拾遺)·우보궐(右補闕) 등을 지냈다. 소종 건녕 4년(897) 도관랑중(都官郞中)에 부임했는데 이로 인해 사람들은 그를 '정도관(鄭都官)'이라고 불렀다. ≪全唐詩≫에 그의 시 4권이 수록되어 있고, 당대 사공도는 그를 "한 시대 문학의 주인이다"라고 칭찬했다. 그의 시는 많은 문인들과 교류하며 주고받은 시, 경치와 영물을 묘사한 시가 많다.
355) "愚公谷口村": 두보 〈贈比部蕭郞中十兄〉시 "有美生人杰，由來積德門。漢朝丞相系，梁日帝王孫。蘊藉爲郞久，魁梧秉哲尊。詞華傾後輩，風雅靄孤鶱。宅相榮姻戚，兒童惠討論。見知眞自幼，謀拙丑諸昆。漂蕩雲天闊，沈埋日月奔。致君時已晩，怀古意空存。中散山陽鍛，愚公野谷村。寧紆長者轍，歸老任乾坤"중의 한 구절이다.
356) "參軍舊紫髥": 두보의 〈送張十二參軍赴蜀州，因呈楊五侍御〉시 "好去張公子，通家別恨添。兩行秦樹直，萬点蜀山尖。御史新驄馬，參軍舊紫髥。皇華吾善處，于汝定無嫌。"중에 나오는 한 구절이다.

"河隴降王款聖朝"357)의 구에서는 세상의 캐캐묵은 선비는 반드시 '강(降)'은 '의(款)'와 같은 것이고, 의는 강과 같은 것인데 글자가 중첩되어서 나온 것이니, 구를 단순히 모아놓은 것이고 말한 것이다. "王綱尙旒綴"358)의 구에서 세상의 변변찮은 유가의 선비는 '綴旒'359)라고 해야 하는 것이 맞는데, 뒤집어서 사용하는 것은 어디서 나온 것인가? 라고 말했다.

3-46

"不聞夏、殷衰, 中自誅褒、妲。" 必曰 : 褒妲是殷、周, 與夏無涉, 遺卻周, 錯誤甚。"前軍蘇武節, 左將呂虔刀。" 必曰 : 蘇武前軍乎？ 呂虔左將乎？

"不聞夏殷衰, 中自誅褒妲"360)의 구에서는 세상의 캐캐묵은 선

---

357) "河隴降王款聖朝": 두보의 〈贈田九判官梁丘〉시 "崆峒使節上青霄, 河隴降王款聖朝。宛馬總肥秦苜蓿, 將軍只數漢嫖姚。陳留阮瑀誰爭長？京兆田郎早見招。麾下賴君才併美, 獨能無意向漁樵？"중의 한 구절이다.

358) "王綱尙旒綴": 두보의 〈送樊二十三侍御, 赴漢中判官〉시 "威弧不能弦, 自爾無寧歲。川谷血橫流, 豺狼沸相噬。天子從北來, 長驅振凋敝。頓兵岐梁下, 却跨沙漠裔。二京陷未收, 四極我得制。蕭索漢水清, 緬通淮湖稅。使者紛星散, 王綱尙旒綴。南伯從事賢, 君行立談際。生知七曜歷, 手畫三軍勢。冰雪淨聰明, 雷霆走精銳。幕府輟諫官, 朝廷無此例。至尊方旰食, 仗爾布嘉惠。補闕暮征入, 柱史晨征憩。正當艱難時, 實藉長久計。回風吹獨樹, 白日照執袂。慟哭蒼烟根, 山門萬重閉。居人莽牢落, 游子方迢遞。裴回悲生离, 局促老一世。陶唐歌遺民, 後漢更列帝。恨無匡夏姿, 聊欲從此逝。"중의 한 구절이다.

359) 철류(綴旒): 장대 끝에 달아 바람에 나부끼는 깃발을 말한다.

360) "不聞夏殷衰, 中自誅褒妲": 두보의 〈北征〉시 "皇帝二載秋, 閏八月初吉。杜子將北征, 蒼茫問家室。維時遭艱虞, 朝野少暇日。顧慚恩私被, 詔許歸蓬蓽。拜辭詣闕下, 怵惕久未出。雖乏諫諍姿, 恐君有遺失。君誠中興主, 經緯固密勿。東胡反未已, 臣甫憤所切。揮涕戀行在, 道途猶恍惚。乾坤含瘡痍, 憂虞何時畢！靡靡踰阡陌, 人烟眇蕭瑟。所遇多被傷, 呻吟更流血。回首鳳翔縣, 旌旗晚明滅。前登寒山重, 屢得飲馬窟。邠郊入地

비는 '포사361)와 달기362)는 은나라와 주나라와 관련이 있고, 하나라와는 아무 관련이 없으니, 틀린 것이 매우 심하다."라고 말한 것이다. "前軍蘇武節, 左將呂虔刀"363)의 구에서 세상의 캐캐묵은

> 底, 涇水中蕩潏。猛虎立我前, 蒼崖吼時裂。菊垂今秋花, 石戴古車轍。青雲動高興, 幽事亦可悅。山果多瑣細, 羅生雜橡栗。或紅如丹砂, 或黑如点漆。雨露之所濡, 甘苦齊結實。緬思桃源內, 益嘆身世拙。坡陀望鄜時, 岩谷互出沒。我行已水濱, 我仆猶木末。鴟梟鳴黃桑, 野鼠拱亂穴。夜深經戰場, 寒月照白骨。潼關百萬師, 往者散何卒？遂令半秦民, 殘害爲異物。況我墮胡塵, 及歸盡華髮。經年至茅屋, 妻子衣百結。慟哭松聲回, 悲泉共幽咽。平生所嬌兒, 顔色白胜雪。見耶背面啼, 垢膩脚不袜。床前兩小女, 補綴才過膝。海圖拆波濤, 舊綉移曲折。天吳及紫鳳, 顚倒在短褐。老夫情懷惡, 數日臥嘔泄。那無囊中帛, 救汝寒凜栗？粉黛亦解苞, 衾裯稍羅列。瘦妻面復光, 痴女頭自櫛。學母無不爲, 曉妝隨手抹。移時施朱鉛, 狼籍畫眉闊。生還對童稚, 似欲忘饑渴。問事競挽須, 誰能卽嗔喝？翻思在賊愁, 甘受雜亂聒。新婦且慰意, 生理焉得說？至尊尙蒙塵, 幾日休練卒？仰觀天色改, 坐覺妖氛豁。陰風西北來, 慘澹隨回紇。其王愿助順, 其俗善馳突。送兵五千人, 驅馬一萬匹。此輩少爲貴, 四方服勇決。所用皆鷹騰, 破敵過箭疾。聖心頗虛佇, 時議氣欲奪。伊洛指掌收, 西京不足拔。官軍請深入, 蓄銳可俱發。此擧開靑徐, 旋瞻略恒碣。昊天積霜露, 正氣有肅殺。禍轉亡胡歲, 勢成擒胡月。胡命其能久？皇綱未宜絶。憶昨狼狽初, 事與古先別。奸臣竟菹醢, 同惡隨蕩析。<u>不聞夏殷衰, 中自誅褒妲</u>。周漢獲再興, 宣光果明哲。桓桓陳將軍, 仗鉞奮忠烈。微爾人盡非, 于今國猶活。凄涼大同殿, 寂寞白獸闥。都人望翠華, 佳氣向金闕。園陵固有神, 洒掃數不缺。煌煌太宗業, 樹立甚宏達！"중에 나오는 한 구절이다.

361) 포(褒): 주나라 유왕(周幽王)의 첩 포사(褒姒)를 말한다.
362) 달(妲): 은(殷)나라 끝 임금 주(紂)의 첩 달기(妲己)를 말한다. 그녀는 주를 도와 포학과 음란을 자행하다가 무왕(武王) 이 주를 정벌할 적에 참수(斬首)되었다.
363) "前軍蘇武節, 左將呂虔刀": 두보의 〈喜聞官軍已臨敵境二十韻〉시 "胡虜潛京縣, 官軍擁賊壕。鼎魚猶假息, 穴蟻欲何逃。帳殿羅玄冕, 轅門照白袍。秦山當警蹕, 漢苑入旌旄。路失羊腸險, 雲橫雉尾高。五原空壁壘, 八水散風濤。今日看天意, 游魂貸爾曹。乞降那更得, 尙詐莫徒勞。元帥歸龍种, 司空握豹韜。<u>前軍蘇武節, 左將呂虔刀</u>。兵氣回飛鳥, 威聲沒巨鰲。戈鋌開雪色, 弓矢向秋毫。天步艱方盡, 時和運更遭。誰云遺毒螫,

선비는 소무가 앞선 군대였는가? 여건364)이 왼쪽에 있던 장군이었는가? 라고 말했다.

▶ 3-47

"第五橋邊流恨水, 皇陂亭北結愁亭." 必曰 : '恨水'、'愁亭'何出? 牽'橋'·'陂', 尤杜撰.

"第五橋邊流恨水, 皇陂亭北結愁亭"365)의 구에서 세상의 캐캐묵은 선비는 '恨水'와 '愁亭'은 어디에서 나온 것인가? '橋'와 '陂'를 억지로 끌어 붙였으니, 더욱이 두보가 지은 것이라고 말했다.

▶ 3-48

"蘇武看羊陷賊庭." 必曰 : 改'牧'作'看', 又'賊庭'俱錯. "但訝鹿皮翁, 忘機對芳草." 必曰 : 鹿皮翁'對芳草'事, 何出?

"蘇武看羊陷賊庭"366)의 구에서 세상의 캐캐묵은 선비는 반드시

已是沃腥臊. 睿想丹墀近, 神行羽衛牢. 花門騰絶漠, 拓羯渡臨洮. 此輩感恩至, 嬴浮何足操. 鋒先衣染血, 騎突劍吹毛. 喜覺都城動, 悲連子女號. 家家賣釵釧, 只待獻春醪." 중의 한 구절이다.

364) 呂虔: 晉나라 사람이고 工人이 그가 차고 있는 칼의 모양을 보고는 이 칼은 반드시 三公이 찰 칼이라고 하므로 여건이 정승의 도량이 있어 보이는 왕상에게 칼을 주었더니 왕상이 죽을 때 그 칼을 아우 王覽에게 주었던 바, 뒤에 그 가문에서 대대로 삼공이 났다고 함.

365) "第五橋邊流恨水, 皇陂亭北結愁亭": 두보의 〈題鄭十八著作丈故居〉시 "台州地闊海冥冥, 雲水長和島嶼青. 亂後故人雙別淚, 春深逐客一浮萍. 酒酣懶舞誰相拽, 詩罷能吟不復聽. 第五橋東流恨水, 皇陂岸北結愁亭. 賈生對鵩傷王傅, 蘇武看羊陷賊庭. 可念此翁懷直道, 也沾新國用輕刑. 禰衡實恐遭江夏, 方朔虛傳是歲星. 窮巷悄然車馬絶, 案頭於死讀書螢." 중에 나오는 한 구절이다.

366) "蘇武看羊陷賊庭": 두보의 〈題鄭十八著作丈故居〉시 "台州地闊海冥冥, 雲水長和島嶼青. 亂後故人雙別淚, 春深逐客一浮萍. 酒酣懶舞誰相拽, 詩罷能吟不復聽. 第五橋東流恨水, 皇陂岸北結愁亭. 賈生對鵩傷王傅,

원래 '牧'이던 것을 '看'으로 바꾸어 놓았으며, 또한 적정이라고 표현한 것은 모두 틀린 것이다."라고 말할 것이다. "但訝鹿皮翁, 忘機對芳草"367)의 구에서 세상의 캐캐묵은 선비가 녹피옹(鹿皮翁)의 '대방초(對芳草)'에 관한 고사는 어디에서 나온 것인가? 라고 말했다.

▶ 3-49

"舊諳疏懶叔。" 必曰：懶是嵇康, 牽阮家不上。"囚梁亦固扃。" 必曰：'固扃'押韻, 何出？

"舊諳疏懶叔"의 구에서 세상의 캐캐묵은 선비는 반드시 뢰(懶)는 혜강이고, 완씨를 끌고온 것은 맞지 않은 것이라고 말했다. "囚梁亦固扃"368)의 구에서 세상의 캐캐묵은 선비는 반드시 '고편(固

蘇武看羊陷賊庭。可念此翁懷直道, 也沾新國用輕刑。祢衡實恐遭江夏, 方朔虛傳是歲星。窮巷悄然車馬絕, 案頭於死讀書螢。"중에 나오는 한 구절이다.

367) "但訝鹿皮翁, 忘機對芳草": 두보의 〈遣興三首〉시 "豐年孰雲遲, 甘澤不在早。耕田秋雨足, 禾黍已映道。春苗九月交, 顏色同日老。勸汝衡門士, 忽悲尙枯槁。時來展材力, 先後無丑好。但訝鹿皮翁, 忘機對芳草。"중 제2수에 나오는 한 구절이다.

368) "囚梁亦固扃": 두보의 〈秦州見勅目薛三據授司議郎, 畢四曜除監察, 與二子有故, 遠喜遷官。兼述索居, 凡三十韻〉시 "大雅何寥闊, 斯人尙典刑。交期余潦倒, 材力爾精靈。二子聲同日, 諸生因一經。文章開突奧, 遷擢潤朝廷。舊好何由展, 新詩更憶聽。別來頭幷白, 相見眼終靑。伊昔貧皆甚, 同憂心不寧。栖遑分半菽, 浩蕩逐流萍。俗態猶猜忌, 妖氛忽杳冥。獨慚投漢閣, 俱議哭秦庭。還蜀只無補, 囚梁亦固扃。華夷相混合, 宇宙一膻腥。帝力收三統, 天威總四溟。舊都俄望幸, 淸廟肅惟馨。雜種雖高壘, 長驅甚建瓴。焚香淑景殿, 漲水望雲亭。法駕初還日, 群公若會星。宮臣仍点染, 柱史正零丁。官柰趨栖鳳, 朝回嘆聚螢。喚人看腰裏, 不嫁惜娉婷。掘劍知埋獄, 提刀見發硎。侏儒應共飽, 漁父忌偏醒。旅泊窮淸渭, 長吟望濁涇。羽書還似急, 烽火未全停。師老資殘寇, 戎生及近坰。忠臣辭憤激, 烈士涕飄零。上將盈邊鄙, 元助溢鼎銘。仰思調玉燭, 誰定

局)'의 압운은 어디에서 나온 것인가? 라고 말했다.

▶ 3-50

"歷下辭姜被, 關西得孟鄰。"必曰：姜被、孟鄰, 豈歷下、關西事耶？"處士禰衡俊。"必曰：禰衡稱'俊', 何出？

"歷下辭姜被, 關西得孟鄰"369)의 구에서 세상의 캐캐묵은 선비는 반드시 강피370), 맹린이 어찌 歷下에서 나온 전고란 말인가?
"處士禰衡俊"371)의 구에서 세상의 캐캐묵은 선비가 '미형(禰衡)'

握青萍。隴俗輕鸚鵡, 原情類鶺鴒. 秋風動關塞, 高臥想儀形."중에 나오는 한 구절이다.

369) "歷下辭姜被, 關西得孟鄰": 두보의 〈寄張十二山人彪, 三十韻〉시 "獨臥嵩陽客, 三違潁水春。艱難隨老母, 慘澹向時人。謝氏尋山屐, 陶公漉酒巾。群凶弥宇宙, 此物在風塵。歷下辭姜被, 關西得孟鄰。早通交契密, 晚接道流新。靜者心多妙, 先生藝絶倫。草書何太苦, 詩興不無神。曹植休前輩, 張芝更後身。數篇吟可老, 一字買堪貧。將恐曾防寇, 深潛托所親。寧聞倚門夕, 盡力洁飧晨。疏懶爲名誤, 驅馳喪我眞。索居猶寂寞, 相遇益悲辛。流轉依邊徼, 逢迎念席珍。時來故舊少, 亂後別離頻。世祖修高廟, 文公賞從臣。商山猶入楚, 源水不離秦。存想青龍秘, 騎行白鹿馴。耕岩非谷口, 結草卽河濱。肘後符應驗, 囊中藥未陳。旅懷殊不愜, 良覿渺無因。自古皆悲恨, 浮生有屈伸。此邦今尙武, 何處且依仁。鼓角凌天籟, 關山信月輪。官場羅鎭磧, 賊火近洮岷。蕭索論兵地, 蒼茫斗將辰。大軍多處所, 餘孽尙紛綸。高興知籠鳥, 斯文起獲麟。窮秋正搖落, 回首望松筠."중에 나오는 한 구절이다.

370) 강피(姜被): 서늘한 밤에 형제간에 화목하게 지내는 꿈을 꿀 것이란 뜻이다. 강피는 강굉(姜肱)의 이불로, 형제간의 우애를 뜻한다. 강굉은 후한(後漢) 사람으로 자가 백회(伯淮)인데, 두 아우인 중해(仲海)·계강(季江)과 우애가 지극하여 항상 한 이불을 덮고 잤으므로 강굉공피(姜肱共被)라는 고사가 생기게 되었다. ≪後漢書 卷53 姜肱列傳≫

371) "處士禰衡俊": 두보의 〈寄李十二白二十韻〉 "昔年有狂客, 號爾謫仙人。筆落驚風雨, 詩成泣鬼神。聲名從此大, 汨沒一朝申。文彩承殊渥, 流傳必絶倫。龍舟移棹晚, 獸錦奪袍新。白日來深殿, 青雲滿后塵。乞歸优詔許, 遇我宿心親。未負幽栖志, 兼全寵辱身。劇談怜野逸, 嗜酒見天眞。醉舞梁園夜, 行歌泗水春。才高心不展, 道屈善無鄰。處士禰衡俊, 諸生

을 '俊'이라고 일컫는 것은 어디에서 나온 것인가? 라고 말했다.

3-51

"斬木火井窮猿呼." 必曰: '斬木'一事, '火井'一事, '窮猿呼'一事, 硬牽合.

"斬木火井窮猿呼"372)의 구에서 세상의 캐캐묵은 선비가 '斬木'은 하나의 전고이고, '火井'이 하나의 전고이고, '窮猿呼'가 하나의 전고이니 이는 억지로 끌어다 붙인 것이다."라고 말할 것이다.

3-52

"片雲天共遠, 永夜月同孤, 落日心猶壯, 秋風病欲蘇." 必曰: 言'片雲'、言天、言'永夜'、言'月'、言'落日'、言'秋風', 二十字中, 重見疊出, 無法之甚. "永負蒿里餞." 必曰: '蒿里餞'何出? "不見杏壇丈." 必曰: 函丈耶? 可單用丈字耶? 抑指稱孔子耶? "侍祠惡先露." 必曰: '惡先露'不成文, 費解.

"片雲天共遠, 永夜月同孤, 落日心猶壯, 秋風病欲蘇"373)의 구에서 세상의 캐캐묵은 선비는 반드시 '片雲'을 말하고, '言天'을 말하고, '永夜'를 말하고, '月'을 말하고, '落日'을 말하고, '秋風'을 말하여 스물자 가운데서 중첩하여 법이 없음이 심하다고 말할 것

原憲貧. 稻粱求未足, 薏苡謗何頻. 五岭炎蒸地, 三危放逐臣. 幾年遭鵩鳥, 獨泣向麒麟. 蘇武先還漢, 黃公豈事秦. 楚筵辭醴日, 梁獄上書辰. 已用当時法, 誰將此義陳. 老吟秋月下, 病起暮江濱. 莫怪恩波隔, 乘槎與問津."시중에 나오는 한 구절이다.

372) "斬木火井窮猿呼": 두보의 〈入奏行贈西山檢察使竇侍御〉시에 나오는 한 구절이다.

373) "片雲天共遠 …… 秋風病欲蘇": 두보의 〈江漢〉시 "江漢思歸客, 乾坤一腐儒. 片雲天共遠, 永夜月同孤. 落日心猶壯, 秋風病欲蘇. 古來存老馬, 不必取長途."중에 나오는 한 구절이다.

이다. "永負蒿里餞"374)의 구에서 세상의 캐캐묵은 선비는 '蒿里餞'은 어디서 나온 것인가? 라고 했다. "不見杏壇丈"375)의 구에서 세상의 캐캐묵은 선비는 '丈'은 '函丈'이 아닌가? 단순히 丈자를 쓴 인가 아니면 공자를 가리키는 것인가라고 말했다. "侍祠恧先露"376)의 구에서 세상의 캐캐묵은 선비는 반드시 '육선로(恧先

---

374) "永負蒿里餞": 두보의 〈八哀詩·故秘書少監武功蘇公源明〉시 "武功少也孤, 徒步客徐兖。讀書東岳中, 十載考墳典。時下萊芙郭, 忍飢浮雲糲。負米晚爲身, 每食臉必泫。夜字照燕薪, 垢衣生碧蘚。庶以勤苦志, 報茲劬勞顯。學蔚醇儒姿, 文包舊史善。洒落辭幽人, 歸來潛京輦。射君東堂策, 宗匠集精選。制可題未干, 乙科已大闡。文章日自負, 吏祿亦累踐。晨趨閶闔內, 足蹋宿昔趼。一麾出守還, 黃屋朔風卷。不暇陪八駿, 虜庭悲所遣。平生滿尊酒, 斷此朋知展。憂憤病二秋, 有恨石可轉。肅宗夏社稷, 得無逆順辨。范曄顧其兒, 李斯憶黃犬。秘書茂松意, 溟漲本末淺。靑熒芙蓉劍, 犀兕豈獨剸。反爲后輩褻, 予實苦懷緬。煌煌齋房芝, 事絶萬手搴。垂之俟來者, 正始征勸勉。不要懸黃金, 胡爲投乳甌。結交三十載, 吾與誰游衍。滎陽復冥莫, 罪罟已橫罥。嗚呼子逝日, 始泰則終蹇。長安米萬錢, 凋喪盡餘喘。戰伐何當解, 歸帆阻淸沔。尙纏漳水疾, 永負蒿里餞。"중에 나오는 한 구절이다.

375) "不見杏壇丈": 두보의 〈八哀詩·故著作郞貶台州司戶滎陽鄭公虔〉시 "鷄鶋至魯門, 不識鐘鼓饗。孔翠望赤霄, 愁思雕籠養。滎陽冠衆儒, 早聞名公賞。地崇士大夫, 況乃氣精爽。天然生知姿, 學立游夏上。神農極闕漏, 黃石愧師長。藥纂西极名, 兵流指諸掌。貫穿無遺恨, 薈蕞何技癢。圭臬星經奧, 虫篆丹靑廣。子云窺未遍, 方朔諧太枉。神翰顧不一, 体變鐘兼兩。文傳天下口, 大字猶在榜。昔獻書畫圖, 新詩亦俱往。滄洲動玉陛, 宣鶴誤一響。三絶自御題, 四方尤所仰。嗜酒益疏放, 彈琴視天壤。形骸實土木, 親近唯幾杖。未曾寄官曹, 突兀倚書幌。晚就芸香閣, 胡塵昏坱莽。反覆歸聖朝, 點染無涤蕩。老蒙台州掾, 泛泛浙江槳。覆穿四明雪, 饑拾橡溪橡。空聞紫芝歌, 不見杏壇丈。天長眺東南, 秋色餘魍魎。別离慘至今, 斑白徒怀曩。春深秦山秀, 葉隧淸渭朗。劇談王侯門, 野稅林下鞅。操紙終夕酣, 時物集遐想。詞場竟疏闊, 平昔濫吹獎。百年見存歿, 牢落吾安放。蕭條阮咸在, 出處同世網。他日訪江樓, 含凄述飄蕩。"중에 나오는 한 구절이다.

376) "侍祠恧先露": 두보의 〈往在〉시 "往在西京日, 胡來滿彤宮。中宵焚九廟, 雲漢爲之紅。解瓦飛十里, 繐帷紛曾空。疚心惜木主, 一一灰悲風。合昏排鐵騎, 淸旭散錦幪。賊臣表逆節, 相賀以成功。是時妃嬪戮, 連爲糞

露)'는 문장을 이룰 수가 없으니 해석할 수 없다고 말할 것이다.

▶ 3-53

"涇、渭開愁容。" 必曰：涇、渭亦有"愁容"耶？ "氣劌屈、賈壘, 日短曹、劉牆。" 必曰：'屈、賈壘'、'曹、劉牆'何出？

"涇渭開愁容"377)의 구에서 세상의 캐캐묵은 선비는 반드시 경위378)에 또한 수용이 있을 수 있는가? 라고 말할 것이다. "氣劌屈

土叢。當寧陷玉座, 白間剝畫虫。不知二聖處, 私泣百歲翁。車駕旣雲還, 楹桷欻穹崇。故老復涕泗, 祠官樹椅桐。宏壯不如初, 已見帝力雄。前春礼郊廟, 祀事親聖躬。微驅忝近臣, 景從陪群公。登階捧玉冊, 峨冕耿金鐘。侍祠恧先露, 披垣邇濯龍。天子惟孝孫, 五雲起九重。鏡奩換粉黛, 翠羽猶葱朧。前者厭羯胡, 後來遭犬戎。俎豆腐膻肉, 𮪍弢行角弓。安得自西極, 申命空山東。盡驅詣闕下, 士庶塞關中。主將曉逆順, 元元歸始終。一朝自罪己, 萬里車書通。鋒鏑供鋤犁, 征戍聽所從。冗官各復業, 土著還力農。君臣節儉足, 朝野歡呼同。中興似國初, 継体如太宗。端拱納諫諍, 和風日冲融。赤墀櫻桃枝, 隱映銀絲籠。千春荐陵寢, 永永垂無窮。京都不再火, 涇渭開愁容。歸號故松柏, 老去苦飄蓬。"중에 나오는 한 구절이다.

377) "涇渭開愁容": 두보의 〈往在〉시 "往在西京日, 胡來滿彤宮。中宵焚九廟, 雲漢爲之紅。解瓦飛十里, 繐帷紛曾空。疚心惜木主, 一一灰悲風。合昏排鐵騎, 清旭散錦馬蒙。賊臣表逆節, 相賀以成功。是時妃嬪戮, 連爲糞土叢。當寧陷玉座, 白間剝畫虫。不知二聖處, 私泣百歲翁。車駕旣雲還, 楹桷欻穹崇。故老復涕泗, 祠官樹椅桐。宏壯不如初, 已見帝力雄。前春礼郊廟, 祀事親聖躬。微驅忝近臣, 景從陪群公。登階捧玉冊, 峨冕耿金鐘。侍祠恧先露, 披垣邇濯龍。天子惟孝孫, 五雲起九重。鏡奩換粉黛, 翠羽猶葱朧。前者厭羯胡, 後來遭犬戎。俎豆腐膻肉, 𮪍弢行角弓。安得自西極, 申命空山東。盡驅詣闕下, 士庶塞關中。主將曉逆順, 元元歸始終。一朝自罪己, 萬里車書通。鋒鏑供鋤犁, 征戍聽所從。冗官各夏業, 土著還力農。君臣節儉足, 朝野歡呼同。中興似國初, 継体如太宗。端拱納諫諍, 和風日冲融。赤墀櫻桃枝, 隱映銀絲籠。千春荐陵寢, 永永垂無窮。京都不再火, 涇渭開愁容。歸號故松柏, 老去苦飄蓬。" 중의 한 구절이다.

378) 경위(涇渭): 중국의 경수(涇水)와 위수(渭水)를 말함. 흐림과 맑음. 사리의

賈壘, 日短曹劉牆"379)의 구에서 세상의 캐캐묵은 선비는 "굴가첩(屈賈壘)와 조류장(曹劉牆)은 어디에서 나온 것인가?"라고 말할 것이다.

▶ 3-54

"管寧紗帽淨." 必曰: 改'皁'爲'紗', 取協平仄, 杜撰. "潘生驂閣遠." 必曰: 散騎省曰'驂閣', 有出否?

"管寧紗帽淨"380)의 구에서 세상의 캐캐묵은 선비는 반드시 '皁'를

옳고 그름과 시비의 분간. 일이 되어 온 내력. 경위.

379) "氣劘屈賈壘, 日短曹劉牆": 두보의 〈壯遊〉시 "往昔十四五, 出游翰墨場. 斯文崔魏徒, 以我似班揚. 七齡思卽壯, 開口咏鳳凰. 九齡書大字, 有作成一囊. 性豪業嗜酒, 嫉惡懷剛腸. 脫略小時輩, 結交皆老蒼. 飲酣視八極, 俗物都茫茫. 東下姑蘇台, 已具浮海航. 到今有遺恨, 不得窮扶桑. 王謝風流遠, 闔廬丘墓荒. 劍池石壁仄, 長洲荷芰香. 嵯峨閶門北, 清廟映回塘. 每趨吳太伯, 撫事泪浪浪. 枕戈憶勾踐, 渡浙想秦皇. 蒸魚聞匕首, 除道哂要章. 越女天下白, 鏡湖五月凉. 剡溪蘊秀異, 欲罷不能忘. 歸帆拂天姥, 中歲貢舊鄕. 氣劘屈賈壘, 目短曹劉墻. 忤下考功第, 獨辭京尹堂. 放蕩齊趙間, 裘馬頗淸狂. 春歌叢台上, 冬獵靑丘旁. 呼鷹皁櫪林, 逐獸雲雪岡. 射飛曾縱鞚, 引臂落鶖鶬. 蘇侯据鞍喜, 忽如携鳥强. 快意八九年, 西歸到咸陽. 許與必詞伯, 賞游實賢王. 曳裾置醴地, 奏賦入明光. 天子廢食召, 群公會軒裳. 脫身無所愛, 痛飲信行藏. 黑貂不免敝, 斑鬢兀稱觴. 杜曲晚耆舊, 四郊多白楊. 坐深鄕党敬, 日覺死生忙. 朱門任傾奪, 赤族迭罹殃. 國馬竭粟豆, 官鷄輸稻粱. 擧隅見煩費, 引古惜興亡. 河朔風塵起, 岷山行幸長. 兩宮各警蹕, 萬里遙相望. 崆峒殺氣黑, 少海旌旗黃. 禹功亦命子, 涿鹿親戎行. 翠華擁英岳, 螭虎啖豺狼. 爪牙一不中, 胡兵更陸梁. 大軍載草草, 凋瘵滿膏肓. 備員竊補袞, 憂憤心飛揚. 上感九廟焚, 下憫萬民瘡. 斯時伏靑蒲, 廷爭守御床. 君辱敢愛死, 赫怒幸無傷. 聖哲体仁恕, 寧縣復小康. 哭廟灰燼中, 鼻酸朝未央. 小臣議論絶, 老病客殊方. 郁郁苦不展, 羽翩困低昂. 秋風動哀壑, 碧蕙捐微芳. 之推避賞從, 漁父濯滄浪. 榮華敵勳業, 歲暮有嚴霜. 吾觀鴟夷子, 才格出尋常. 群凶逆未定, 側竚英俊翔."중의 한 구절이다.

380) "管寧紗帽淨": 두보의 〈秋日夔府詠懷, 奉寄鄭監, 李賓客一百韻〉시 "絶塞烏蠻北, 孤城白帝邊. 飄零仍百里, 消渴已三年. 雄劍鳴開匣, 群書滿系

'紗'로 바꾸어서 평측을 맞추었으니 억지로 끌어와 붙인 것이다고

船。亂離心不展，衰謝日蕭然。筋力妻孥問，菁華歲月遷。登臨多物色，陶冶賴詩篇。峽束滄江起，岩排石樹圓。拂雲霾楚氣，朝海蹴吳天。煮井爲鹽速，燒畬度地偏。有時驚疊嶂，何處覓平川。灩鷛雙雙舞，獮猿壘壘懸。碧蘿長似帶，錦石小如錢。春草何曾歇，寒花亦可怜。獵人吹戍火，野店引山泉。喚起搔頭急，扶行幾展穿。兩京猶薄産，四海絶隨肩。幕府初交辟，郞官幸備員。瓜時猶旅寓，萍泛苦贅緣。藥餌虛狼藉，秋風洒靜便。開襟驅瘴癘，明目掃雲烟。高宴諸侯禮，佳人上客前。哀箏傷老大，華屋艷神仙。南內開元曲，常時弟子傳。法歌聲變轉，滿座涕潺湲。吊影夔州僻，回腸杜曲煎。卽今龍廐水，莫帶犬戎膻。耿賈扶王室，蕭曹拱御筵。乘威滅蜂蠆，戮力效鷹鸇。舊物森猶在，凶徒惡未悛。國須行戰伐，人憶止戈鋋。奴僕何知禮，恩榮錯與權。胡星一彗孛，黔首遂拘攣。哀痛絲綸切，煩苛法令蠲。業成陳始王，兆喜出於畋。宮禁經綸密，臺階翊戴全。熊羆載呂望，鴻雁美周宣。側聽中興主，長吟不世賢。音徽一柱數，道里下牢千。鄭李光時論，文章并我先。陰何尙淸省，沈宋欻聯翩。律比昆侖竹，音知燥濕弦。風流俱善价，愜當久忘筌。置驛常如此，登龍盖有焉。雖雲隔礼數，不敢墜周旋。高視收人表，虛心味道玄。馬來皆汗血，鶴唳必靑田。羽翼商山起，蓬萊漢閣連。管寧紗帽淨，江令錦袍鮮。東郡時題壁，南湖日扣舷。遠游凌絶境，佳句染華箋。每欲孤飛去，徒爲百慮牽。生涯已寥落，國步乃迍邅。衾枕成芙沒，池塘作棄捐。別離憂怛怛，伏臘涕漣漣。露菊班豊鎬，秋疏影潤瀍。共誰論昔事，幾處有新阡。富貴空回首，喧爭懶著鞭。兵戈塵漠漠，江漢月娟娟。局促看秋燕，蕭疏聽晚蟬。雕蟲蒙記憶，烹鯉問沈綿。卜羡君平杖，偸存子敬氈。囊虛把釵釧，米盡坼花鈿。甘子陰凉葉，茅齋八九椽。陣圖沙北岸，市暨漢西巓。羇絆心常折，栖遲病卽痊。紫收岷嶺芋，白种陸池蓮。色好梨胜頰，穰多栗過拳。敕廚唯一味，求飽或三鱣。兒去看魚笱，人來坐馬鞍。縛柴門窄窄，通竹溜涓涓。堅抵公畦稜，村依野廟壖。缺籬將棘拒，倒石賴藤纏。借問頻朝謁，何如穩醉眠。誰雲行不逮，自覺坐能堅。霧雨銀章澁，馨香粉署妍。紫鸞無近遠，黃雀任翩翾。困學違從衆，明公各勉旃。聲華夾宸極，早晩到星躔。懇諫留匡鼎，諸儒引服虔。不逢輸鯁直，會是正陶甄。宵旰憂虞軫，黎元疾苦騈。雲台終日畫，靑簡爲誰編。行路難何有，招尋興已專。由來具飛楫，暫擬控鳴弦。身許雙峰寺，門求七祖禪。落帆追宿昔，衣褐向眞詮。安石名高晋，昭王客赴燕。途中非阮籍，查上似張騫。披拂雲寧在，淹留景不延。風期終破浪，水怪莫飛涎。他日辭神女，傷春怯杜鵑。淡交隨聚散，澤國繞回旋。本自依迦葉，何曾藉偓佺。爐峰生轉盻，橘井尙高褰。東走窮歸鶴，南征盡跕鳶。晩聞多妙敎，卒踐塞前愆。顧愷丹靑列，頭陀琬琰鐫。衆香深黯黯，幾地肅芊芊。勇猛爲心极，淸羸

말할 것이다. "潘生驂閤遠"381)구에서 세상의 캐캐묵은 선비는 반드시 산기성(散騎省)을 '참각(驂閤)'이라 말한 적이 있는가? 라고 말할 것이다.

▶ 3-55

"豺遘哀登楚." 必曰：王粲七哀詩：'豺虎方遘患.' 登<u>荊州樓</u>五字何異'蛙翻白出闊'耶？ "<u>楚星</u>南天黑, <u>蜀月</u>西霧重." 必曰：'<u>楚星</u>'、'<u>蜀月</u>'、'<u>西霧何出</u>？

"豺遘哀登楚"382)구에서 세상의 캐캐묵은 선비는 반드시 왕찬383)

任体屛。金箆空刮眼, 鏡象未離銓."중에 나오는 한 구절이다.
381) "潘生驂閤遠": 두보의 〈奇劉峽州伯華使君四十韻〉시 "峽內多雲雨, 秋來尙郁蒸。遠山朝白帝, 深水謁彝陵。遲暮嗟爲客, 西南喜得朋。哀猿更起坐, 落雁失飛騰。伏枕思琼樹, 臨軒對玉繩。青松寒不落, 碧海闊逾澄。昔歲文爲理, 群公价盡增。家聲同令聞, 時論以儒称。太後當朝肅, 多才接迹升。翠虛捎魍魎, 丹極上鵾鵬。宴引春壺滿, 恩分夏簟冰。雕章五色筆, 紫殿九華灯。學幷盧王敏, 書偕褚薛能。老兄眞不墜, 小子獨無承。近有風流作, 聊從月繼征。放蹄知赤驥, 捩翅服蒼鷹。卷軸來何晚, 襟懷庶可凭。會期吟諷數, 益破旅愁凝。雕刻初誰料, 織毫欲自矜。神融躡飛動, 戰胜洗侵凌。妙取筌蹄弃, 高宜百萬層。白頭遺恨在, 青竹幾人登。回首追談笑, 勞歌跼寢興。年華紛已矣, 世故莽相仍。刺史諸侯貴, 郎官列宿應。潘生驂閤遠, 黃霸璽書增。乳贙號攀石, 饑鼯訴落藤。藥囊親道士, 灰劫問胡僧。凭久烏皮折, 簪稀白帽棱。林居看蟻穴, 野食行魚罾。筋力交凋喪, 飄零免戰兢。皆爲百里宰, 正似六安丞。姹女縈新裹, 丹砂冷舊秤。但求椿壽永, 莫慮杞天崩。煉骨調情性, 張兵繞棘矜。養生終自惜, 伐數必全惩。政術甘疏誕, 詞場愧服膺。展懷詩誦魯, 割愛酒如澠。咄咄寧書字, 冥冥欲避矰。江湖多白鳥, 天地有靑蠅。"중에 나오는 한 구절이다.
382) "豺遘哀登楚": 두보의 〈夔府書懷四十韻〉시 "昔罷河西尉, 初興薊北師。不才名位晚, 敢恨省郎遲。扈聖崆峒日, 端居灩澦時。萍流仍汲引, 樗散尙恩慈。遂阻雲臺宿, 常懷湛露詩。翠華森遠矣, 白首颯淒其。拙被林泉滯, 生逢酒賦欺。文園終寂寞, 漢閣自磷緇。病隔君臣議, 慚紆德澤私。揚鑣驚主辱, 拔劍撥年衰。社稷經綸地, 風雲際會期。血流紛在眼, 涕灑亂交頤。四瀆樓船泛, 中原鼓角悲。賊壕連白翟, 戰瓦落丹墀。先帝嚴靈

의 칠애시 '豺虎方遘患'나 '蛙翻白出闊'와 무엇이 다르단 말인가? 라고 말할 것이다. "楚星南天黑, 蜀月西霧重"384)의 구에서 세상의 캐캐묵은 선비는 반드시 '楚星', '蜀月', '西霧'는 어디에서 나온 것인가?"

▶ 3-56

"孔子釋氏親抱送." 必曰：杜撰, 俗極. "傾銀注玉驚人眼." 必曰：銀瓶邪？玉碗耶？ 杜撰, 不成文, 且俗.

"孔子釋氏親抱送"385)에서 세상의 캐캐묵은 선비는 억지로 근거

寢, 宗臣切受遺. 恒山猶突騎, 遼海競張旗. 田父嗟膠漆, 行人避蒺藜. 總戎存大体, 降將飾卑詞. 楚貢何年絶, 堯封舊俗疑. 長吁翻北寇, 一望卷西夷. 不必陪玄圃, 超然待具茨. 凶兵鑄農器, 講殿辟書帷. 廟算高難測, 天憂實在玆. 形容眞潦倒, 答效莫支持. 使者分王命, 群公各典司. 恐乖均賦斂, 不似問瘡痍. 萬里煩供給, 孤城最怨思. 綠林寧小患, 雲夢欲難追. 卽事須嘗胆, 蒼生可察眉. 議堂猶集鳳, 正觀是元龜. 處處喧飛檄, 家家急競錐. 蕭車安不定, 蜀使下何之. 釣瀨疏墳籍, 耕岩進弈棋. 地蒸餘破扇, 冬暖更纖絺. 豺遘哀登楚, 麟傷泣象尼. 衣冠迷适越, 藻繪憶游雎. 賞月延秋桂, 傾陽逐露葵. 大庭終反朴, 京觀且僵尸. 高枕虛眠畫, 哀歌欲和誰. 南宮載勛業, 凡百愼交綏."중에 나오는 한 구절이다.
383) 왕찬(王粲): 중국 삼국시대 시인으로 자는 仲宣이다. 건안칠자의 한 사람으로 조조를 섬겼다. 작품에는 〈七哀詩〉, 〈從軍詩〉등이 있다.
384) "楚星南天黑, 蜀月西霧重": 두보의 〈望登瀼上堂〉시 "故躋瀼岸高, 頗免崖石擁. 開襟野堂豁, 系馬林花動. 雉堞粉如雲, 山田麥無壠. 春氣晩更生, 江流靜猶涌. 四序嬰我懷, 群盜久相踵. 黎民困逆節, 天子渴垂拱. 所思注東北, 深峽轉修聳. 衰老自成病, 郞官未爲冗. 凄其望呂葛, 不復夢周孔. 濟世數問時, 斯人各枯冢. 楚星南天黑, 蜀月西霧重. 安得隨鳥翎, 迫此懼將恐."중의 한 구절이다.
385) "孔子釋氏親抱送": 두보의 〈徐卿二子歌〉시 "君不見徐卿二子生絶奇, 感應吉夢相追隨. 孔子釋氏親抱送, 幷是天上麒麟兒. 大兒九齡色淸澈, 秋水爲神玉爲骨. 小兒五歲氣食牛, 滿堂賓客皆回頭. 吾知徐公百不憂, 積善袞袞生公侯. 丈夫生兒有如此二雛者, 名位豈肯卑微休."중에 나오는 한 구절이다.

없이 끌어 붙였으며 속됨이 지극하다고 말할 것이다. "傾銀注玉驚人眼"386)의 구에서는 세상의 속된 선비는 반드시 '銀甁'인가 아니면 '玉碗'인가? 두보가 지은 것은 억지로 끌어 붙여서 문장을 이루지 못하니, 또한 속되다고 말할 것이다.

▶ 3-57

"郭振起通泉." 必曰：郭元振去'元'字, 何據? "嚴家聚德星."
必曰：簡嚴遂州以'聚德星'屬嚴家, 則一部千家姓, 家家可聚德星矣! "把文驚小陸." 必曰：小陸何人耶?

"郭振起通泉"387)의 구에서 세상의 캐캐묵은 선비는 반드시 곽원진388)에서 '元'자를 뺀 것은 어떤 근거에서인가? 라고 말할 것이다. "嚴家聚德星"389)에서 세상의 캐캐묵은 선비는 반드시 대강 엄수주(嚴遂州)를 '취덕성(聚德星)'이라면 온 천하 사람이 모두 취덕성이라 할 수 있다고 말할 것이다. "把文驚小陸"390)의 구에

---

386) "傾銀注玉驚人眼": 두보의 〈少年行二首〉시 "莫笑田家老瓦盆, 自從盛酒長兒孫. 傾銀注瓦驚人眼, 共醉終同臥竹根. 巢燕養雛渾去盡, 江花結子已無多. 黃衫年少來宜數, 不見堂前東逝波."중에 나오는 한 구절이다.
387) "郭振起通泉": 두보의 〈陳拾遺故宅〉시 "拾遺平昔居, 大屋尙修椽. 悠揚荒山日, 慘澹故園烟. 位下曷足傷, 所貴者聖賢. 有才継騷雅, 哲匠不比肩. 公生揚馬后, 名與日月懸. 同游英俊人, 多秉輔佐權. 彦昭超玉价, 郭振起通泉. 到今素壁滑, 洒翰銀鉤連. 盛事會一時, 此堂豈千年. 終古立忠義, 感遇有遺編."중의 한 구절이다.
388) 곽원진(郭元振): 생졸년은: 656~713, 이름은 진(震)이고 자는 원진(元振) 이다. 18세에 진사로 급제하였으나 武后에게 〈寶劍篇〉을 지어 바치고 여러 무관직을 역임하였다. 玄宗 2년(713) 병부상서로서 太平公主의 모반을 진압한 공로로 代國公에 봉해졌다.
389) "嚴家聚德星": 두보의 〈行次鹽亭縣四韻, 奉簡嚴遂州, 逢州, 兩使君, 咨議昆季〉시 "馬首見鹽亭, 高山擁縣青. 雲溪花淡淡, 春郭水泠泠. 全蜀多名士, 嚴家聚德星. 長歌意無極, 好爲老夫聽."중에 나오는 한 구절이다.
390) "把文驚小陸": 두보의 〈答鄭十七郎一絶〉시 "雨後過畦潤, 花殘步屐遲.

서는 세상의 캐캐묵은 선비는 반드시 "소륙(小陸)은 누구인가? 라고 말할 것이다.

▶ 3-58

若指陸雲, 何出?"師伯集所使." 必曰：據注, 雨師、風伯也, 杜撰極. "先儒曾抱麟." 必曰：卽'泣麟'耶? 抱字何出?

만약 육운(陸雲)391)을 가리킨다면, 이는 어디에서 나온 것인가? 라고 말할 것이다. "師伯集所使"392)의 구에서 세상의 캐캐묵은 선비는 반드시 주에 따르면 우사, 풍백이니 근거없이 끌어댐이 심하다고 말할 것이다. "先儒曾抱麟"393)의 구에서 세상의 캐캐묵은

把文驚小陸, 好客見當時."중에 나오는 한 구절이다.
391) 육운(陸雲): 생졸년은 262~303, 西晉의 시인으로 자는 士龍, 吳郡 吳縣 華亭 사람이다. 조부 陸遜은 삼국 오나라의 승상이었으며 아버지 陸抗은 오나라의 대사마였다. 오나라가 망하자 형 陸機와 함께 낙양으로 들어가 이름을 떨쳤다. 육기와 함께 '二陸'으로 불린다.
392) "師伯集所使": 두보의 〈種萵苣〉시 "陰陽一錯亂, 驕蹇不復理. 枯旱於其中, 炎方慘如毁. 植物半蹉跎, 嘉生將已矣. 雲雷欻奔命, 師伯集所使. 指麾赤白日, 潢洞靑光起. 雨聲先已風, 散足盡西靡. 山泉落滄江, 霹靂猶在耳. 終朝紆颭沓, 信宿罷瀟洒. 堂下可以畦, 呼童對經始. 苣兮蔬之常, 隨事藝其子. 破塊數席間, 荷鋤功易止. 兩旬不甲坼, 空惜埋泥滓. 野莧迷汝來, 宗生實於此. 此輩豈無秋, 亦蒙寒露委. 翻然出地速, 滋蔓戶庭毁. 因知邪於正, 掩抑至沒齒. 賢良雖得祿, 守道不封己. 擁塞敗芝蘭, 衆多盛荊杞. 中園陷蕭艾, 老圃永爲恥. 登於白玉盤, 藉以如霞綺. 莧也無所施, 胡顔入筐篚."중에 나타난 한 구절이다.
393) "先儒曾抱麟": 두보의 〈敬寄族弟唐十八使君〉시 "與君陶唐後, 盛族多其人. 聖賢冠史籍, 枝派羅源津. 在今氣磊落, 巧僞莫敢親. 介立實吾弟, 濟時肯殺身. 物白諱受玷, 行高無汚眞. 得罪永泰末, 放之五溪濱. 鷥鳳有鎖翮, 先儒曾抱麟. 雷霆霹長松, 骨大却生筋. 一失不足傷, 念子孰自珍. 泊舟楚宮岸, 戀闕浩酸辛. 除名配淸江, 厥土巫峽鄰. 登陸將首途, 筆札枉所申. 歸朝踢病肺, 叙舊思重陳. 春風洪濤壯, 谷轉頗弥旬. 我能泛中流, 搪突鼉獺瞋. 長年已省柁, 慰此貞良臣."중에 나오는 한 구절이다.

선비는 반드시 린(麟)은 '읍린(泣麟)'을 말하는 것인가? 그렇다면 '抱'자는 어디에서 나온 것인가? 라고 말할 것이다.

▶ 3-59

"修文將管輅." 必曰: '修文'非管輅事. "莫徭射雁鳴桑弓." 必曰: '桑弧'曰'桑弓', 有出否？ "悠悠伏枕左書空." 必曰: '左'字何解？

"修文將管輅"394)의 구에서는 세상의 캐캐묵은 선비는 반드시 '수문(修文)'은 관각(管輅)의 전고랑 관련이 없다고 말할 것이다. "莫徭射雁鳴桑弓"395)의 구에서 세상의 캐캐묵은 선비는 반드시 '상고(桑弧)'를 '상궁(桑弓)'이라고 하는 것이 어디에서 나온 것인가? 라고 말할 것이다. "悠悠伏枕左書空"396)의 구에서 세상의 캐캐묵은 선비는 반드시 '左'자는 어떻게 해석하는 것인가? 라고 말

---

394) "修文將管輅": 두보의 〈哭李尙書〉시 "漳濱與蒿裏, 逝水竟同年. 欲掛留徐劍, 猶回憶戴船. 相知成白首, 此別間黃泉. 風雨嗟何及, 江湖涕泫然. 修文將管輅, 奉使失張騫. 史閣行人在, 詩家秀句傳. 客亭鞍馬絶, 旅櫬網蟲懸. 複魄昭丘遠, 歸魂素滻偏. 樵蘇封葬地, 喉舌罷朝天. 秋色凋春草, 王孫若個邊."중에 나오는 한 구절이다.

395) "莫徭射雁鳴桑弓": 두보의 〈歲晏行〉시 "歲云暮矣多北風, 瀟湘洞庭白雪中. 漁父天寒网罟凍, 莫徭射雁鳴桑弓. 去年米貴闕軍食, 今年米賤大傷農. 高馬達官厭酒肉, 此輩杼軸茅茨空. 楚人重魚不重鳥, 汝休枉殺南飛鴻. 況聞處處鬻男女, 割慈忍愛還租庸. 往日用錢捉私鑄, 今許鉛錫和靑銅. 刻泥爲之最易得, 好惡不合長相蒙. 萬國城頭吹畫角, 此曲哀怨何時終."에 나오는 한 구절이다.

396) "悠悠伏枕左書空": 두보의 〈淸明二首〉시 "朝來新火起新烟, 湖色春光淨客船. 綉羽銜花他自得, 紅顔騎竹我無緣. 胡童結束還難有, 楚女腰肢亦可憐. 不見定王城舊處, 長懷賈傅井依然. 虛沾焦擧爲寒食, 實藉嚴君賣卜錢. 鐘鼎山林各天性, 濁醪粗飯任吾年. 此身飄泊苦西東, 右臂偏枯半耳聾. 寂寂系舟雙下泪, 悠悠伏枕左書空. 十年蹴踘將雛遠, 萬里秋千習俗同. 旅雁上雲歸紫塞, 家人鉆火用靑楓. 秦城樓閣烟花里, 漢主山河錦綉中. 風水春來洞庭闊, 白苹愁殺白頭翁."에 나오는 한 구절이다.

할 것이다.

3-60

"只同燕石能星隕." 必曰:"隕石也, 稱'燕石'何出?" "涼憶峴山巔." 必曰:"峴山之'涼'有出乎?"

"只同燕石能星隕"397)의 구에서 세상의 캐캐묵은 선비는 반드시 "'燕石'은 어디에서 나온 것인가?"라고 말할 것이다. "涼憶峴山巔"398)의 구에서 세상의 캐캐묵은 선비는 반드시 "거산의 '涼'에 대해 나온 적이 있었던가?"라고 말할 것이다.

3-61

"名參漢望苑." 必曰:博望苑去'博'字, 何出? "馮招疾病纏." 必曰:左思詩"馮公豈不偉, 白首不見招." 曰'馮招'可乎? 以疾病屬馮, 尤無謂. "韋經亞相傳." 必曰:韋玄成稱'亞相', 有出否?

"名參漢望苑"399)의 구에서 세상의 캐캐묵은 선비는 " '박망원(博

---

397) "只同燕石能星隕": 두보의 〈酬郭十五判官〉시 "才微歲老尙虛名, 臥病江湖春復生. 藥裹關心詩總廢, 花枝照眼句還成. 只同燕石能星隕, 自得隋珠覺夜明. 喬口橘洲風浪促, 系帆何惜片時程."에 나오는 한 구절이다.

398) "涼憶峴山巔": 두보의 〈迴棹〉시 "宿昔試安命, 自私猶畏天. 勞生系一物, 爲客費多年. 衡岳江湖大, 蒸池疫癘偏. 散才嬰薄俗, 有迹負前賢. 巾拂那關眼, 瓶罍易滿船. 火雲滋垢膩, 凍雨裹沉綿. 強飯蓴添滑, 端居茗續煎. 淸思漢水上, 涼憶峴山巔. 順浪翻堪倚, 回帆又省牽. 吾家碑不昧, 王氏井依然. 幾杖將衰齒, 茅茨寄短椽. 灌園曾取适, 游寺可終焉. 遂性同漁父, 成名異魯連. 篙師煩爾送, 朱夏及寒泉."에 나오는 한 구절이다.

399) "名參漢望苑":두보의 〈寄李十四員外布, 十二韻〉시 "名參漢望苑, 職述景題興. 巫峽將之郡, 荊門好附書. 遠行無自苦, 內熱比何如. 正是炎天闊, 那堪野館疏. 黃牛平駕浪, 畫鷁上凌虛. 試待盤渦歇, 方期解纜初. 悶能過小徑, 自爲摘嘉蔬. 渚柳元幽僻, 村花不掃除. 宿陰繁素柰, 過雨

望苑)'에서 '박(博)'자를 제거하였는데 이는 어디에서 나온 것인가?"라고 말할 것이다. "馮招疾病纏"400)의 구에서 세상의 캐캐묵은 선비가 "좌사의 시에 "馮公豈不偉, 白首不見招"구가 있는데, '빙조(馮招)'라고 표현하여도 괜찮은 것인가? 질병을 빙(馮)에 속하게 하였으니 더욱더 할 말이 없다."라고 말할 것이다. "韋經亞相傳"401)에서 세상의 캐캐묵은 선비는 위경성(韋經成)이 '아상(亞相)'이라 일컬었던 적이 있었는가?

▶ 3-62

"舌存恥作窮途哭。" 必曰：不是一事，牽合. "投閣爲劉歆。" 必曰：劉歆子棻事，借協韻可乎？ "嫌疑陸賈裝。" 必曰：馬援嫌疑，陸賈裝有何嫌疑乎？ "穀貴沒潛夫。" 必曰：王符以穀貴沒乎？

"舌存恥作窮途哭"402)에서 세상의 캐캐묵은 선비는 "한 가지 전

亂紅葉。寂寂夏先晚，泠泠風有餘。江淸心可瑩，竹冷發堪梳。"에 나오는 한 구절이다.

400) "馮招疾病纏": 두보의 〈哭韋大夫之晉〉시 "凄愴郇瑕色，差池弱冠年。丈人叨禮數，文律早周旋。臺閣黃圖裏，簪裾紫蓋邊。尊榮眞不忝，端雅獨翛然。貢喜音容間，馮招病疾纏。南過駭倉卒，北思悄聯綿。鵩鳥長沙諱，犀牛蜀郡憐。素車猶慟哭，寶劍谷高懸。漢道中興盛，韋經亞相傳。沖融標世業，磊落映時賢。城府深朱夏，江湖眇霽天。綺樓關樹頂，飛旐泛堂前。欹幕疑風燕，筇簫急暮蟬。興殘虛白室，迹斷孝廉船。童孺交游盡，喧卑俗事牽。老來多涕泪，情在強詩篇。誰寄方隅理，朝難將帥權。春秋褒貶例，名器重雙全。"의 한 구절이다.

401) "韋經亞相傳": 앞의주 두보 〈哭韋大夫之晉〉시에 나오는 한 구절이다.

402) "舌存恥作窮途哭": 두보의 〈暮秋枉道州手札率爾遣興寄遞呈蘇渙侍御〉시 "久客多枉友朋書，素書一月凡一束。虛名但蒙寒溫問，泛愛不救溝壑辱。齒落未是無心人，舌存恥作窮途哭。道州手札适復至，紙長要自三過讀。盈把那須滄海珠，入懷本倚崑山玉。撥弃潭州百斛酒，芙沒瀟岸千株菊。使我晝立煩兒孫，令我夜坐費燈燭。憶子初尉永嘉去，紅顔白面花映

고가 아닌데 억지로 끌어 붙인 것이다."라고 말할 것이다. "投閣爲劉歆"403)에서 세상의 캐캐묵은 선비는 반드시 "유흠404)의 아들 분(棻)의 전고를 빌려서 섭운해도 괜찮은 것인가?"라고 말할 것이다. "嫌疑陸賈裝"405)에서 세상의 캐캐묵은 선비는 "마원(馬援)은 의사(薏苡)의 혐의가 있다하지만, 육가장(陸賈裝)은 어떤 혐의가

肉。軍符侯印取豈遲, 紫燕駃耳行甚速。 聖朝尙飛戰斗塵, 濟世宜引英俊
人。黎元愁痛會蘇息, 夷狄跋扈徒逡巡。 授鉞筑壇聞意旨, 頹綱漏网期弥
綸。郭欽上書見大計, 劉毅答詔驚群臣。 他日更仆語不淺, 明公論兵氣益
振。傾壺簫管黑白發, 舞劍霜雪吹靑春。 宴筵曾語蘇季子, 後來杰出雲孫
比。茅齋定王城郭門, 藥物楚老漁商市。 市北鬥興每聯袂, 郭南抱瓮亦隱
幾。無數將軍西第成, 早作丞相東山起。 鳥雀苦肥秋粟菽, 蛟龍欲蟄寒沙
水。天下鼓角何時休, 陣前部曲終日死。 附書與裴因示蘇, 此生已愧須人
扶。致君堯舜付公等, 早据要路思捐軀。"에 나오는 한 구절이다.

403) "投閣爲劉歆": 두보의 〈風疾舟中伏枕書懷, 三十六韻, 奉呈湖南親友〉시 "軒轅休制律, 虞舜罷彈琴。尙錯雄鳴管, 猶傷半死心。聖賢名古邈, 羈旅病年侵。舟泊常依震, 湖平早見參。如聞馬融笛, 若倚仲宣襟。故國悲寒望, 群雲慘歲陰。水鄕霾白屋, 楓岸疊靑岑。郁郁冬炎瘴, 濛濛雨滯淫。鼓迎非祭鬼, 彈落似鴞禽。興盡才無悶, 愁來遽不禁。生涯相汩沒, 時物自蕭森。疑惑尊中弩, 淹留冠上簪。牽裾惊魏帝, 投閣爲劉歆。狂走終奚适, 微才謝所欽。吾安藜不糝, 汝貴玉爲琛。烏幾重重縛, 鶉衣寸寸針。哀傷同庾信, 迸作異陳琳。十暑岷山葛, 三霜楚戶砧。叨陪錦帳座, 久放白頭吟。反朴時難遇, 忘機陸易沈。應過數粒食, 得近四知金。春草封歸恨, 源花費獨尋。轉蓬憂悄悄, 行藥病涔涔。瘞夭追潘岳, 持危覓鄧林。蹉跎翻學步, 感激在知音。却假蘇張舌, 高夸周宋鐔。納流迷浩汗, 峻址得歁崟。城府開淸旭, 松筠起碧潯。披顔爭倩倩, 逸足競駸駸。朗鑒存愚直, 皇天實照臨。公孫仍恃險, 侯景未生擒。書信中原闊, 干戈北斗深。畏人千里井, 問俗九州箴。戰血流依舊, 軍聲動至今。葛洪尸定解, 許靖力還任。家事丹砂訣, 無成涕作霖。"에 나오는 한 구절이다.

404) 유흠(劉歆): ?~23, 유향의 아들로 자는 子駿이고 경학에 뛰어났으며 經籍目錄學의 시조로 일컬어진다.

405) "嫌疑陸賈裝": 두보의 〈送魏二十四司直充嶺南掌選崔郎中判官兼寄韋〉시 "選曹分五岭, 使者歷三湘。才美膺推荐, 君行佐紀綱。佳聲斯共遠, 雅節在周防。明白山濤鑒, 嫌疑陸賈裝。故人湖外少, 春日岭南長。憑報韶州牧, 新詩昨寄將。"에 나오는 한 구절이다.

있는 것인가?"라고 말할 것이다. "穀貴沒潛夫"406)에서 세상의 캐캐묵은 선비 "왕부(王符)407)가 곡귀(穀貴)로써 죽은 것인가?"라고 말할 것이다.

3-63

以上偶錄杜句, 余代俗儒一一爲之評駁。 其他若此者甚多, 亦何累乎杜哉！ 今有人, 其詩能一一無是累, 而通體庸俗淺薄, 無一善, 亦安用有此詩哉！

이상 두보의 구절을 실어 세상의 캐캐묵은 선비를 대신하여 일일이 비평하고 반박하였다. 기타 이와 같은 것은 매우 많으나 이 또한 두보의 구절과 무엇이 다르겠는가? 지금 어떤 사람의 시가 모두 이러한 잘못은 없으나 전체적으로 저속하고 천박하여 하나도 잘된 것이 없으면, 또한 무슨 소용이 있겠는가?

3-64

故不觀其高者、大者、遠者, 動摘字句, 刻畫評駁, 將使從事風雅者, 惟謹守老生常談, 爲不刊之律, 但求免於過, 斯

---

406) "穀貴沒潛夫": 두보의 〈哭台州鄭司戶蘇少監〉시 "故舊誰憐我, 平生鄭與蘇。 存亡不重見, 喪亂獨前途。 豪俊何人在, 文章掃地無。 羈游萬里闊, 凶問一年俱。 白日中原上, 淸秋大海隅。 夜臺當北斗, 泉路寶東吳。 得罪台州去, 時危棄碩儒。 移官蓬閣後, 穀貴沒潛夫。 流慟嗟何及, 銜冤有是夫。 道消詩發興, 心息酒爲徒。 許與才雖薄, 追隨迹未拘。 班揚名甚盛, 嵇阮逸相須。 會取君臣合, 寧銓品命殊。 賢良不必展, 廊廟偶然趨。 胜決風塵際, 功安造化爐。 從容詢舊學, 慘澹閟陰符。 擺落嫌疑久, 哀傷志力輸。 俗依綿谷異, 客對雪山孤。 童稚思諸子, 交朋列友于。 情乖淸酒送, 望絶撫墳呼。 瘠病飡巴水, 瘡痍老蜀都。 飄零迷哭處, 天地日榛芙。"에 나오는 한 구절이다.

407) 왕부(王符): 동한 사람으로 재능이 세상에 용납되지 않는 데에 발분하여 당시의 잘못된 정치를 통렬하게 논한 ≪潛夫論≫10권을 지었다.

足矣。

때문에 그 높고 크고 먼 것을 보지 못하고, 걸핏하면 자구를 끄집어내어 세밀히 비평하고 반박하여, 풍아에 종사하는 사람으로 하여금 상투적인 말만 지키고 잘못을 면하기만 하면 충분할 따름이다.

▶ 3-65

使人展卷, 有何意味乎? 而俗儒又恐其說之不足以勝也, 於是遁於考訂證據之學, 驕人以所不知, 而矜其博。此乃學究所爲耳。千古作者心胸, 豈容有此等銖兩瑣屑哉!

다른 사람으로 하여금 책을 펼치게 한다는 것은 어떤 의미가 있는가? 그러나 세상의 캐캐묵은 선비들이 또 그 학설을 이기기에는 부족해서 두려워했다. 고증에 근거하여 탐구하는 학문을 하면서 숨고, 남이 모르는 것에 우쭐해하며, 자신의 아는 것 지식이 넓고 큰 것을 뽐낸다. 이것은 시골서당의 훈장이나 하는 짓일 따름이다. 천고의 시인이라고 일컬어지는 자가 어찌 이다지도 마음이 작고 보잘것 없을까?

▶ 3-66

司馬遷作≪史記≫, 往往改竄≪六經≫文句, 後世無有非之者, 以其所就者大也。然余爲此言, 非敎人杜撰也。

사마천이 ≪사기≫를 지음에 있어 자주 ≪육경≫408) 문장의 자구를 고쳐409) 편찬했으나 후세 그를 비난하는 사람이 없는 것은 그

---

408) ≪육경(六經)≫: ≪詩≫, ≪書≫, ≪易≫, ≪春秋≫, ≪禮≫, ≪樂≫ 등 유가의 여섯 경전을 말함. 금문가들은 이 중 ≪악경≫의 존재를 인정하지 않지만 고문가들은 인정하고 있다.
409) 개찬(改竄): 문장의 자구(字句)를 고치다는 뜻이다.

이룩한 것이 크기 때문이다. 내가 이 말을 하는 것은 남들에게 억지로 끌어다 붙여 편찬하는 것에 대해 가르쳐주려 하는 것이 아니다.

3-67

如杜此等句, 本無可疵。今人急於盲瞽之說, 而以杜之所爲無害者, 反嚴以繩人, 於是詩亡, 而詩才亦且亡矣。余故論而明之。詩之工拙, 必不在是, 可無惑也。

두보의 이러한 구는 본래 하자가 있는 것이 아닌데, 지금 사람들이 어둡고 어리석은 학설에 미혹하여 두보의 시구로 오히려 사람들을 엄격히 구속하여, 시가 망했고 재능 있는 시인도 망하게 되었다. 때문에 내가 그것을 논평하여 밝힌 것이다. 시가 뛰어나고 서툰 것은 반드시 여기에 있지 않다. 이것은 의심할 여지가 없다.

3-68

杜句之無害者, 俗儒反嚴以繩人, 必且曰:"在杜則可, 在他人則不可。" 斯言也, 固大戾乎詩人之旨者也。夫立德與立言, 事異而理同。立德者曰:"舜何人也, 予何人也, 有爲者亦若是。"

두보의 시구는 해로움이 없는 것을 가지고서 세상의 캐캐묵은 선비는 오히려 다른 사람을 엄격히 구속하여 반드시 "두보는 괜찮지만, 다른 사람은 안 된다."라고 말했다. 이 말은 시인의 뜻에 크게 어긋나는 것이다. 저 입덕과 입언410)도 사는 다르지만 리는 같다.

---

410) 입덕과 입언(立德與立言): 후세에 남을 만한 공적과 가르침이 될 만한 말을 남기는 것이다. ≪춘추좌전(春秋左傳)≫ 양공(襄公) 24년에 "첫째는 입덕(立德)이요 다음은 입공(立功)이요 다음은 입언(立言)이니, 이것은 세월이 아무리 흘러도 없어지지 않기 때문에 불후(不朽)라고 하는 것이다."라고 하였다. 또한 썩지 않고 영원히 전해진다는 뜻으로, 입덕(立德)·입공(立功)·입언(立言)을 말한다. 춘추 시대 노(魯)나라 대부 숙손표(叔孫豹)가 진(晉)나라에 갔

덕을 세우는 사람은 "순임금은 어떤 사람이며 나는 어떤 사람인가?" 행하기만 하면 또한 이와 같은 것이다."라고 말했다.

▶ 3-69

乃以詩立言者, 則自視與杜截然爲二, 何爲者哉! 將以杜爲不可學邪? 置其嫩之可而不能學, 因置其瑕之不可而不敢學, 僅自居於調停之中道, 其志已陋, 其才已卑, 爲風雅中無是無非之鄕願, 可哀也!

그런데 시로 말을 세우는 사람은 스스로 두보와 확연히 다르다고 보는데 도대체 무엇 때문인가? 두보를 배워서는 안 된다는 것인가? 좋은 것에 대해서는 "이것은 배워도 되는 것이지만 감히 배울 수 없다."라고 하면서 스스로 중도411)적 입장을 취하니, 그의 뜻은 천하고 재능도 비루한 것이며 풍아에서 옳고 그름을 가릴 줄 모르는 향원412)에 해당한다고 할 수 있으니, 이 얼마나 슬픈 일인가!

을 때에 범선자(范宣子)가 죽어도 썩지 않는 것을 묻자, 그가 대답하기를, "가장 좋은 것으로는 입덕이 있고, 그다음으로는 입공이 있고, 그다음으로는 입언이 있다. 비록 오래되어도 없어지지 않으니, 이를 불후라고 하는 것이다.[大(有立德 其次有立功 其次有立言 雖久不廢 此之謂不朽)]" 하였다. ≪春秋左氏傳 襄公24年≫

411) 중도(中道): 본래는 黃道를 말하는데 여기서는 중정의 도를 말한다. ≪논어(論語)≫〈자로(子路)〉편에 "중도를 행하는 사람을 얻어 함께하지 못할진댄 반드시 광자(狂者)나 견자(狷者)와 함께할 것이다. 광자는 진취적이고 견자는 절조를 지켜 하지 않는 바가 있다."라는 공자의 말이 있다.

412) 향원(鄕愿): 주관 없이 시속에 아부하는 것을 말한다. 한 고을 사람이 모두 그를 점잖대(愿) 칭하는 것인데, 이것은 지적할 허물도 없고 겉으로 점잖은 것 같으나 실상은 어름어름하게 처세하는 사람으로, 공자와 맹자가 모두 이런 종류의 사람을 덕(德)의 적(賊)이라 하였다. ≪논어≫〈양화(陽貨)〉편에서 공자는 "향원(鄕愿)은 덕을 어지럽히는 도적이다.(鄕愿, 德之賊也)"라고 했으며, 또한 "자줏빛이 붉은빛을 어지럽히는 것을 미워한다.(惡紫之奪朱也)"라고 했다.

> 3-70

將以杜爲不足學邪? 則以可者僅許杜而不願學, 而以不可者聽之於杜而如不屑學。爲風雅中無易無識之冥頑, 益可哀已!

두보를 배울 만한 가치가 있는가? 가치가 있다고 생각하는 사람은 겨우 두보를 인정하나 두보를 배우려고 하지 않는다. 가치가 없다고 생각하는 사람들은 두보에게 들으려고 하지 않고 기꺼이 배우려도 하지 않는다. 풍아의 가운데에서 바꿀 것이 없고 무식하여 사리에 어둡고 완고하니, 더욱더 안타깝도다!

> 3-71

然則, "在杜則可, 在他人則不可"之言, 捨此兩端, 無有是處。是其人旣不能反而得之於心, 而妄以古人爲可不可之論, 不亦大過乎!

그런즉, "두보는 괜찮고 다른 사람은 안 된다"는 말은, 이 양단을 버리면 옳은 것이 없다. 그 사람이 이미 마음에서 돌이켜 그것을 얻을 수 없으면서, 망령되이 옛사람을 괜찮음과 불가함으로 논평하니, 어찌 큰 잘못이 아니겠는가!

> 3-72

"作詩者在抒寫性情。" 此語夫人能知之, 夫人能言之。而未盡夫人能然之者矣。"作詩有性情必有面目。" 此不但未盡夫人能然之, 並未盡夫人能知之而言之者也。

"시를 짓는 목적은 성정을 표현하는 것이다". 이 말은 누구나 알 수 있고 말할 수 있으나 누구나 그렇게 할 수 있는 것은 아니라는 뜻이다. "시구를 지을 때 성정이 있으면, 반드시 작가 자신이 남을 대하는 도리를 갖추게 된다". 이것은 누구나 그렇게 할 수 있는 것이 아닐 뿐만 아니라, 누구나 알도 말할 수 있는 것이 아니다.

▶ 3-73

如杜甫之詩, 隨擧其一篇, 篇擧其一句, 無處不可見其憂國愛君, 憫時傷亂, 遭顚沛而不苟, 處窮約而不濫, 崎嶇兵戈盜賊之地, 而以山川景物友朋盃酒抒憤陶情, 此杜甫之面目也。

두보의 시는 한 편이든지 한 구이든지 어디에나 그의 나라를 걱정하고 임금을 아끼는 마음과 시대를 고민하고 혼란을 걱정하지 않은 것이 없다. 낭패를 당하고도 구차하지 않고 가난해도 넘치지 않고, 무기로 싸우고 도둑질하는 험한 땅에서도 산천의 경물, 친구 그리고 술로 가슴속 괴로움을 풀었다. 이것이 바로 두보시의 진면목이다.

▶ 3-74

我一讀之, 甫之面目躍然於前。讀其詩一日, 一日與之對。讀其詩終身, 日日與之對也。故可慕可樂而可敬也。

내가 시를 한번 읽으면 두보의 진면목을 눈앞에서 보는 듯하여 가슴이 뛴다. 그의 시를 하루 동안 읽으면 종일 함께 할 수 있고, 죽을 때까지 읽으면 날마다 그것과 대할 수 있다. 그러므로 사랑하고 즐기며 공경할 수 있는 것이다.

▶ 3-75

擧韓愈之一篇一句, 無處不可見其骨相稜嶒, 俯視一切。進則不能容於朝, 退又不肯獨善於野, 疾惡甚嚴, 愛才若渴。此韓愈之面目也。

한유의 시 한 편과 한 구를 예를 들면, 어느 곳도 그의 체격과 용모의 높고 험함이 드러나지 않는 곳이 없다. 일체를 구부려서 보면, 나아가면 조정에서 수용될 수 없고, 물러나서도 재야에서 혼자만 선을 지키는 것이 아니라, 악에 대해 매우 엄격하고 인재를 목마르듯이 사랑하는 것이 한유의 면목이다.

3-76

擧蘇軾之一篇一句, 無處不可見其凌空如天馬, 遊戲如飛仙, 風流儒雅, 無入不得, 好善而樂與, 嬉笑怒罵, 四時之氣皆備。此蘇軾之面目也。

소식의 한 편 한 구를 들어보면, 어느 곳도 그의 천마처럼 허공을 넘고 날아다니며 신선처럼 노니는 모습이 드러나지 않는 곳이 없다. 풍류와 우아함을 모두 갖추었으며, 선한 일을 좋아하여 함께 즐기고 기뻐하고 웃고 노여워하고 꾸짖으며 사계절의 기가 모두 구비되었다. 이것이 소식의 면목이다.

3-77

此外諸大家, 雖所就各有差別, 而面目無不於詩見之。其中有全見者, 有半見者。

이밖에 여러 대가들은 비록 이룩한 바는 각각 다르지만, 그들의 진면목은 시에서 모두 드러난다. 그 중에는 전부 드러나는 것도 있고 절반만 드러나는 것도 있다

3-78

如<u>陶潛</u>、<u>李白</u>之詩, 皆全見面目。<u>王維</u>五言, 則面目見, 七言, 則面目不見。此外面可見不可見, 分數多寡, 各各不同。然未有全不可見者。

도연명과 이백의 시는 모두 진면목이 보인다. 왕유의 오언시는 면목이 보이지만, 칠언시는 면목이 보이지 않는다. 이밖에 면목은 보이기도 하고 보이지 않기도 하는 등 많고 적음이 각각 다르다. 하지만 전부 볼 수 없는 것은 여태껏 없었다.

3-79

讀古人詩, 以此推之, 無不得也。余嘗於近代一二聞人, 展其詩卷, 自始至終, 亦未嘗不工。乃讀之數過, 卒未能睹其面目何若, 竊不敢謂作者如是也。

옛사람의 시를 읽을 때 이것으로 미루어 알 수 없는 것이 없다. 내가 일찍이 근대의 한 두 명의 이름난 사람의 책을 읽어 보았는데, 처음부터 끝까지 훌륭하지 않은 것이 없었다. 여러번 반복해서 읽어도 끝내 그의 진면목이 무엇인지 알 수가 없었다. 섣불리 작가가 이와 같다고 말할 수는 없었다.

3-80

<u>杜甫</u>之詩, 獨冠今古。此外上下千餘年, 作者代有, 惟<u>韓愈</u>、<u>蘇軾</u>, 其才力能與<u>甫</u>抗衡, 鼎立爲三。<u>韓</u>詩無一字猶人, 如<u>太華</u>削成, 不可攀躋。

두보의 시는 금고이래로 천하에서 제일이다. 그밖에 위아래 천년 동안 작자가 많이 있었지만, 오직 한유와 소식 두 사람만이 재능과 능력이 두보와 함께 어깨를 겨누어서, 세발솥과 같이 셋이 나

누어 서서 세력이 맞섰다. 한유의 시는 한 글자도 다른 사람과 달라서 마치 태산을 깎아 놓은 듯 오를 수가 없을 것 같다.

▶ 3-81

若俗儒論之, 摘其<u>杜</u>撰, 十且五六, 輒搖脣鼓舌矣。<u>蘇</u>詩包羅萬象, 鄙諺小說, 無不可用。譬之銅鐵鉛錫, 一經其陶鑄, 皆成精金。

만약 세상의 캐캐묵은 선비가 그것을 논한다면 근거없는 부정확한 말로 열중 대여섯 사람은 걸핏하면 옳고 그름을 따진다. 소식의 시는 삼라만상을 포괄하여 비루하고 속된 이야기일지라도 쓰지 않을 것이 없다. 이를 구리, 철, 납 그리고 주석에 비유한다면, 한 번 제련을 거치면 모두 정밀한 금이 만들어지는 것과 같다.

▶ 3-82

庸夫俗子, 安能窺其涯涘！ 並有未見<u>蘇</u>詩一斑, 公然肆其譏彈, 亦可衰也！

저 아둔한 세속의 사람들이 어찌 그 한계를 엿볼 수 있겠는가! 아울러 여태껏 소식시의 한 점 얼룩도 보지 못하고, 공공연히 그를 멋대로 비난하니, 이 역시 애석할 뿐이도다!

▶ 3-83

<u>韓</u>詩用舊事而間以己意易以新字者, <u>蘇</u>詩常一句中用兩事三事者, 非騁博也, 力大故無所不擧。然此皆本於杜。

한유의 시는 오래된 전고를 사용하면서도 이따금 새로운 글자로 자신의 의견을 말했다. 소식의 시는 언제나 한 구절 안에 두 세 가지 전고를 사용하였으니, 이는 박식함을 보여주려 하는 것이 아

니고 힘이 세서 들 수 없는 것이 없었기 때문이다. 그러나 이것은 모두 두보에게서 근원을 둔 것이다.

▶ 3-84

細覽杜詩, 知非韓、蘇創爲之也。必謂一句止許用一事者, 此井底之蛙, 未見韓、蘇, 並未見杜者也。

두보의 시를 자세히 살펴보면 한유와 소식이 지은 것이 아니라는 것을 알 수 있다. 반드시 한 구에 단지 하나의 전고를 사용해야만 된다고 말하는 사람은 우물안의 개구리처럼, 한유와 소식을 보지 못했을 뿐만 아니라 두보 또한 보지 못한 사람이다.

▶ 3-85

且一句止用一事——如七律一句, 上四字與下三字, 總現成寫此一事, 亦謂不可。若定律如此, 是記事冊, 非自我作詩也。

아울러 한 구에 하나의 전고를 사용하는 칠언율시 같은 것은 위의 네 글자와 아래 세 글자가 모두 한 가지 전고를 썼는데 이것이 불가능하다고 일컫는 것은 아니다. 만약 이와 같이 규율을 정했다면, 이것은 사실을 기록한 책이지 내가 스스로 지은 시는 아닌 것이다.

▶ 3-86

詩而曰'作', 須有我之神明在內。如用兵然。孫、吳成法, 懦夫守之不變, 其能長勝者寡矣。驅市人而戰, 出奇制勝, 未嘗不愈於敎習之師。

시를 '짓는다'라고 한다면 나의 신명이 반드시 내재해 있어서 마치 용병을 쓰는 것과 같다. 손자[413]나 오기[414]의 병법을 그대로 변화시키지 않고 고수한다면, 길게 승리하는 경우는 적을 것이다. 시장에 있는 사람들을 몰아서 전쟁을 해도 상대방이 전혀 예상하지 못한 방법으로 기이하게 이기는 경우가, 병법을 전수한 스승보다 앞서지 않은 적은 여태까지 없었다.

▶ 3-87

故以我之神明役字句, 以我所役之字句使事, 知此, 方許讀韓、蘇之詩。不然, 直使古人之事, 雖形體眉目悉具, 直如芻狗, 略無生氣, 何足取也!

때문에 나의 신명[415]으로써 자구를 부리고, 내가 부린 자구로 전고를 사용하는 것이다. 이것을 알면 비로소 한유와 소식의 시를 읽는 것을 허락할 수 있다. 그렇지 않으면, 바로 옛사람의 전고를

---

413) 손자(孫子): 전국 시대 제나라 병략가인 손빈(孫臏)으로, 빈은 그의 이름이 아니고 발을 잘리는 빈형(臏刑)을 당했으므로 그렇게 이른 것이다. 손빈은 동문수학했던 위나라의 장수 방연(龐涓)에게 발을 잘리는 혹형을 당한 뒤 제나라의 군사(軍師)가 되어 수레 안에서 군대를 지휘하며 방연의 군사를 크게 격파하였다. 《史記 卷65 孫子吳起列傳》

414) 오기(吳起): 전국시대 위(衛)나라 사람으로, 제나라가 노나라를 침공하였을 때 노나라에서 그를 장군으로 삼으려 하다가 그의 아내가 제나라 사람이었으므로 미심쩍어하였다. 그는 결국 아내를 죽이고 장군이 되었다. 《史記·吳起列傳》

415) 신명(神明): 자신을 닦아 성인처럼 되는 것과 남을 다스리며 왕도(王道)를 펴는 것으로, 즉 내성외왕(內聖外王)의 도를 말한다. 《장자》〈천하(天下)〉편에 "신은 어디서 내려오며, 명은 어디서 나오는가. 성인이 내는 바가 있고, 제왕이 이루는 바가 있다.(神何由降 明何由出 聖有所生 王有所成)"라는 말이 나오고, 또 지금 천하의 사람들을 보면 완전했던 옛사람들에 비해서 "천지의 아름다움을 구비하고 신명의 경지에 걸맞은 인물을 거의 찾을 수 없기 때문에, 내성외왕의 도가 어두워져서 밝아지지 않고 답답하게 막혀 나오지 않는 것이다.(寡能備於天地之美, 稱神明之容, 是故內聖外王之道, 闇而不明 鬱而不發)"라는 말이 나온다

사용하여 형식은 모두 구비했지만, 짚으로 만든 개416)와 같아 조금도 생기가 없을 것이니 어찌 그것을 취하겠는가!

> 3-88

詩是心聲, 不可違心而出, 亦不能違心而出。功名之士, 決不能爲泉石淡泊之音。輕浮之子, 必不能爲敦厖大雅之響。
시는 마음의 소리이니 마음을 거스르고 나와서는 안 되며 또한 마음을 거슬러 나올 수도 없다. 공명을 추구하는 선비는 결코 자연의 담백한 소리를 할 수가 없고, 가볍고 경거망동한 사람은 반드시 온유돈후하고 큰 〈대아〉의 울림417)을 낼 수가 없다.

> 3-89

故陶潛多素心之語, 李白有遺世之句, 杜甫興 '廣廈萬間'之類, 蘇軾師'四海弟昆'之言。
그러므로 도연명은 깨끗하고 순수한 마음418)을 담은 말이 많았고, 이백은 세상에 이름난 구절이 많이 남겼다. 두보는 '廣廈萬間'419)와 같은 부류의 말로 흥기했고, 소식은 '四海弟昆'420)과 같은 말

---

416) 추구(芻狗): 아주 하찮고 쓸모없는 물건을 가리킨다. ≪노자(老子)≫에 "천지는 어질지 않아 만물을 추구(芻狗)로 여긴다." 하였는데, 추구란 짚을 가지고 만든 개로, 제사 때 쓰다가 끝나면 내버리는 것이다. 그리고 ≪장자(莊子)≫ 달생(達生)에 "아무리 사나운 자라도 지붕에서 저절로 떨어져 몸에 맞는 기왓장을 원망하지 않는다." 하였는데, 이것도 하찮은 기왓조각을 가리킨다.
417) 대아(大雅): 시가의 正聲을 말함.
418) 소심(素心): 순수하고 깨끗한 마음, 평소의 마음을 가리킨다.
419) '광하만간(廣廈萬間)': 어떻게 넓은 집 천 만 칸을 얻어 천하의 추운 사람들을 크게 감싸주어 모두 기쁜 얼굴을 하겠는가라는 뜻이다. 출전은 두보의 〈茅屋爲秋風所破詩〉시에 나오는 한 구절이다.
420) '사해제곤(四海弟昆)': 천지의 많은 사람들이란 뜻이다.

을 스승으로 삼았다.

3-90

凡如此類，皆應聲而出。其心如日月，其詩如日月之光。隨其光之所至，卽日月見焉。故每詩以人見，人又以詩見。

무릇 이와 같은 부류는 모두 마음의 소리에 응하여 나온 것이다. 그 마음은 해와 달과 같고, 그 시는 해와 달의 빛과 같다. 그 빛이 이르는 바를 따르면 해와 달이 드러난다. 그러므로 각각의 시를 보면 그 사람이 드러나고, 사람도 그 시를 보면 드러나게 되는 법이다.

3-91

使其人其心不然，勉强造作，而爲欺人欺世之語，能欺一人一時，決不能欺天下後世。究之閱其全帙，其陋必呈。其人旣陋，其氣必茶，安能振其辭乎！ 故不取諸中心而浮慕著作，必無是理也。

사람과 마음이 그러하지 않은데 억지로 시를 지으면 사람과 세상을 기만하는 말일뿐이니, 한 사람과 한 시대를 속일 수가 있으나 결코 천하와 후세를 속일 수는 없다. 결국 그 책 전편을 보면 누추함은 반드시 드러나기 마련이다. 그 사람이 비루하면 기도 반드시 시들어지는데, 어찌 그 말을 펼 수 있겠는가! 이 때문에 마음에서 취하지 않고 부질없이 저작을 흠모하고 동경하는[421] 이건 확실히 일리가 없는 것이다.

---

421) 부모(浮慕): 부질없이 사모하다. 쓸데없이 떠받들다.

3-92

古人之詩, 必有古人之品量。其詩百代者, 品量亦百代。古人之品量, 見之古人之居心。其所居之心, 卽古盛世賢宰相之心也。

옛사람들의 시에는 반드시 옛사람의 인품이 들어가 있다. 그들의 시가 백대를 가면 인품도 백대를 간다. 옛사람의 품격과 도량을 통해 옛사람의 마음을 볼 수 있다. 옛사람의 마음가짐은 곧 옛날 성세의 현명한 재상의 마음이다.

3-93

宰相所有事, 經綸宰制, 無所不急, 而必以樂善、愛才爲首務, 無毫髮娟嫉忌忮之心, 方爲眞宰相。百代之詩人亦然。

현명한 재상은 천하를 다스림에422) 급하게 하지 않으며, 반드시 선을 즐기고 인재를 사랑함을 급선무로 하고 조금이라도 시기와 질투심423)이 없어야 비로소 진정한 재상인 것이다. 백대의 시인도 역시 그러하였다.

3-94

如高適、岑參之才, 遠遜於杜。觀甫贈寄高、岑諸作, 極其推崇贊嘆。孟郊之才, 不及韓愈遠甚。而愈推高郊, 至"低頭拜東野", 願郊爲龍身爲雲, "四方上下逐東野。"

고적과 장삼과 같은 시인의 재능은 두보보다는 못 미친다. 하지만 두보가 고적과 장삼에게 보낸 여러 시를 보면, 두보가 그들을 매

---

422) 경륜재제(經綸宰制): 국가를 운영하는데 필요한 재능과 포부를 지니고 잘 기획하고 운영한다는 뜻이다. 천하를 다스리다.
423) 모질(娟嫉): 시기하여 미워하다는 뜻이다.

우 높이 찬탄하고 있다. 맹교424)의 재능은 한유에 비해 많이 모자랐지만 한유가 맹교를 높여서 '그에게 머리를 숙이면서' 맹교가 구름 같은 명성을 얻기를 원했으니, '사방의 많은 사람들이 맹교를 따랐다.'라고 했다.

3-95

盧仝、賈島、張籍等諸人, 其人地與才, 愈俱十百之。而愈一一爲之歎賞推美。史稱其獎借後輩, 稱薦公卿間, 寒署不避。

노동425)과 가도426)와 장적427) 등과 같은 사람의 인물됨과 재능을

---

424) 맹교(孟郊): 당나라 때의 시인으로 자는 동야(東野)이고 무강(武康) 사람이다. 시작에 몰두하여 각고(刻苦)의 노력을 기울여 시를 짓는 것으로 유명하다. 가도도 당나라 때의 시인으로 자는 낭선(浪仙)이고 범양(范陽) 사람이다. 그 역시 시어의 조탁에 심혈을 기울였고, 맹교와 마찬가지로 한유(韓愈)에게 인정을 받았던 당대 최고의 시인이다. ≪新唐書 卷176 韓愈列傳 孟郊·賈島≫

425) 노동(盧仝): 생졸년은 795?~835, 당대 시인으로 자호는 玉天子이고 范陽(현 하북성) 사람이다. 처음에는 소실산(少室山)에 은거하다가 낙양에 살았으나 벼슬에는 뜻이 없었다. 원화 년간에 월식이 있자 〈月蝕詩〉를 지어 당시의 정치를 풍자한 것으로 말미암아 죄를 져서 죽임을 당했다. 저서로는 ≪玉天子詩集≫이 있다.

426) 가도(賈島): 생졸년은 779~843, 당대의 시인으로 범양(范陽) 사람으로, 자는 낭선(浪仙)이다. 일찍이 중이 되어 무본(無本)이라 했으나, 한유(韓愈)에게 그의 시재(詩才)가 알려져 마침내 환속하여 장강(長江)의 주부(主簿)가 되었으며, 이로 인해 가장강(賈長江)이라고 불림. 시집으로 ≪장강집(長江集)≫이 있음. 위응물은 당 나라 시인. 소주 자사(蘇州刺使)를 지냈으므로 위소주라고도 한다. 성품이 고결하고 시(詩) 또한 담박함. 왕유(王維)·맹호연(孟浩然)·유종원(柳宗元)과 함께 '왕맹위류(王孟韋柳)'라 일컬어짐. 시집 ≪위소주집(韋蘇州集)≫10권이 있다.

427) 장적(張籍): 생졸년은 766~830, 당대 오강(烏江) 사람으로 자는 문창(文昌)이다. 그는 고체시(古體詩)를 좋아하였으며 더욱 악부(樂府)에 능하였다. 백거이(白居易)·원진(元稹)과 교유하였고, 한유(韓愈)가 더욱 그를 중히 여겼다.

비교해보면, 한유가 그들보다 백배는 나았으나 한유는 하나 하나 그들을 위하여 높이 평가했다. 역사에서 그들은 후배를 격려하고 칭찬했다고 일컬었다. 공경대부로 천거할 때 매서운 추위와 무더운 더위를 피하지 않았다.

▶ 3-96

歐陽修於詩, 極推重梅堯臣、蘇舜欽。蘇軾於黃庭堅、秦觀、張耒等諸人, 皆愛之如己, 所以好之者無不至。

구양수는 시에서 매요신과 소순흠을 높이 떠받들었다. 소식은 황정견, 진관428) 그리고 장뢰429)와 같은 사람들을 모두 자신만큼이나 아꼈다. 그래서 좋아하는 자가 이르지 않은 적이 없었다.

허언주는 그의 ≪詩話≫에서 "이백과 두보의 시에 미치지 못하고 기상의 부족함이 있다"고 평했다.
428) 진관(秦觀): 생졸년은 1049~1100, 자는 소유(少游)·태허(太虛), 호는 회해거사(淮海居士). 고우(高郵) 출신이다. 황정견(黃庭堅)·장뢰(張耒)·조보지(晁補之)와 더불어 소문4학사(蘇門四學士)라고 불렸다. 소동파(蘇東坡)에 의해 천거되어 비서성정자(秘書省正字) 겸 국사원편수(國史院編修)로 일했다. 후에 신법당(新法黨)에 의해 배척당하여 말년을 어렵게 보냈다. 그의 사 작품은 애정묘사와 신세에 대한 감회를 많이 담고 있다. 감정표현은 진지하고, 정서는 우아하고 아름다우며, 어휘는 전아하고, 필법은 세밀하다. 그는 특히 북송 사 완약파(婉約派)의 대표적 작가이다. 저서로는 ≪회해집(淮海集)≫이 있다.
429) 장뢰(張耒): 생졸년은 1054~1114, 자는 문잠(文潛), 완구(宛丘)선생으로 불리었다. 祖籍은 亳州 譙縣(현 안휘성 소재)이나 초주 淮陰(현 강소성 소재)에서 성장했다. 소식의 시문을 추숭하여 황정견·조보지·진관과 함께 '소문사학사(蘇文四學士)'로 불리운다. 신종 희영 6년(1073) 진사에 급제하여, 臨淮主簿가 되었다. 이후 秘書丞, 著作郎, 史館檢討 등을 거치고 소성 4년(1073) 당적에 연좌되어 이후 계속 몰락의 길을 걸었다. ≪柯山集≫50권, ≪張右史文集≫60권, ≪宛丘先生文集≫70권이 있다.

▶ 3-97

蓋自有天地以來, 文章之能事, 萃於此數人, 決無更有勝之
而出其上者。及觀其樂善愛才之心, 竟若欿然不自足。此其
中懷闊大, 天下之才皆其才, 而何娼嫉忌忮之有!

대개 천지가 있은 이래로 문장의 재능은 이 몇 명에게 모였으니, 결코 그들을 넘어서 그 위에 올라간 자가 없었다. 그들의 착한 것을 즐기며 재능을 아끼는 마음을 보면, 마치 아쉬워하며430) 스스로 만족해하지 않는 듯 했다. 이렇듯 마음이 크고 넓으며, 천하의 재능이 모두 그러한 재능이라면 어찌 질투하고 시기하겠는가!

▶ 3-98

不然者, 自炫一長, 自矜一得, 而惟恐有一人之出其上, 又
惟恐人之譏己, 日以攻擊詆毀其類爲事。此其中懷狹隘, 卽
有著作, 如其心術, 尙堪垂後乎!

그렇지 않은 사람은 스스로 장점을 드러내고 스스로 한 가지를 얻은 것을 자랑하여 한 사람이라도 자기보다 뛰어날까 두려워한다. 다른 사람이 자기를 비난할까봐 두려워하며 날마다 그 무리를 공격하고 헐뜯는 것을 일삼는다. 이것은 그의 마음이 좁은431) 것이며 비록 시를 짓는다 하더라도 그와 같은 마음을 후세에까지 전할

---

430) 감연(欿然): 불만스러운 모양을 뜻한다. ≪맹자≫〈진심하(盡心下)〉편에 "지위가 높은 사람을 만나서 이야기할 때에는 그 지위를 하찮게 여기면서 그 부귀와 권세는 거들떠보지도 말아야 한다.(說大人則藐之 勿視其巍巍然)"라는 말이 나오고, 〈진심상(盡心上)〉편에 "진(晉)나라의 경(卿)인 한씨와 위씨처럼 부유한 집을 그에게 더해 주더라도 스스로 하찮게 여길 수 있는 인물이라면, 그런 사람은 범인의 수준을 훨씬 뛰어넘었다고 할 것이다.(附之以韓魏之家 如其自視欿然 則過人遠矣)"라는 말이 나온다.
431) 협익(狹隘): 본의는 지세(地勢)가 매우 좁다는 말로, 여기서는 마음이 매우 협소하고 좁으며 옹졸하다는 뜻이다.

수 있겠는가?

> 3-99

昔人惟沈約聞人一善, 如萬箭攢心。而約之所就, 亦何足雲!
是猶以李林甫、盧杞之居心, 而欲博賢宰相之名, 使天下後
世稱之, 亦事理所必無者爾!

옛사람 중에 오직 심약432)만이 다른 사람의 선을 들으면 그것을 만 가지의 화살을 심장에 모아놓은 듯 여겼다. 간략하게 심약이 성취한 바가 어찌 높다고 할 수 있겠는가! 이는 마치 이림보433)와 노기434)의 마음을 가지고서도, 현명한 재상의 이름을 널리 알려 천하의 후세 사람들로 하여금 일컫게 하는 것과 같으니, 또한 사리적으로도 반드시 없어져야 할 뿐임을!

> 3-100

詩之亡也, 亡於好名。沒世無稱, 君子羞之, 好名宜亟亟矣。
竊怪夫好名者, 非好垂後之名, 而好目前之名。目前之名,

---

432) 심약(沈約): 남북조시대 양나라의 문학가로 자는 休文이고 벼슬은 左光祿大夫를 지냈다. 시부에 능하여 당시에 많은 영향을 끼쳤다. 주요 저서로는 ≪沈隱侯集≫이 있다.
433) 이림보(李林甫): 당나라 현종(玄宗) 때에 19년간 정승을 한 사람이고, 양국충은 양귀비(楊貴妃)의 사촌 오빠이다. 당(唐)나라 종실(宗室)로 성질이 아첨하고 간사하였으며, 현종(玄宗) 후기에 재상(宰相)이 되어서는 환관(宦官)・비빈(妃嬪)들과 결탁하여 임금의 동정(動靜)을 살펴 영합(迎合)하고 정사(政事)를 마음대로 하였다.
434) 노기(盧杞): 당 덕종(唐德宗) 때 재상이 되어 횡포를 부려 많은 충량(忠良)한 인사들을 해쳤다. ≪舊唐書 卷135 盧杞列傳≫ 이임보는 당 현종(唐玄宗) 때 사람으로 교활하고 권모술수에 능했다. 벼슬이 병부 상서에 이르러 19년 동안 전정(專政)하면서 많은 사람을 해치고 안녹산(安祿山)의 난 때 죽었다. ≪舊唐書 卷106 李林甫列≫

必先工邀譽之學, 得居高而呼者倡譽之, 而後從風者群和之, 以爲得風氣。

시가 망한 것은 명성을 좋아하는 것에서 비롯되었다. 군자는 한평생 마칠 때까지 이름이 나지 않는 것을 부끄러워하므로 명성을 얻는 것에 당연히 급급해한다. 내가 명성을 좋아하는 것에 대하여 괴이하게 여기는 것은, 후대에 명성을 드리우는 것을 좋아하는 것이 아니라 눈앞의 명성을 좋아한다는 것이다. 눈앞의 명성이란, 반드시 먼저 칭찬을 얻는 학문에 힘써서 높은 자리에 있는 자가 그를 칭찬하고 난 후에야 기풍을 쫒는 자들이 무리지어 화답하는 풍기435)를 얻었다고 여기는 것이다.

▶ 3-101

於是風雅筆墨, 不求之古人, 專求之今人, 以爲迎合。其爲詩也, 連捲累帙, 不過等之揖讓周旋、羔雁筐篚之具而已矣!

이에 풍아의 문장을 옛날 사람에게 구하지 않고, 오직 지금 사람에게 구하는 것을 '영합(迎合)'이라고 한다. 그러한 시는 제 아무리 많더라도 대광주리에 새끼양과 기러기436)를 담아 서로 인사치레로 주고 받는 도구에 불과할 따름이다.

---

435) 풍기(風氣): 작가가 생존했던 당대의 조류와 역사적 조건, 즉 그 시대의 정치 현실과 역사적 상황이라고 말할 수 있다. 무릇 문학창작에 있어서 아무리 탁월한 작가라도 자신의 시대적 여건인 풍기를 완전히 벗어난 공간에서 창작 활동을 할 수 없다. 오히려 이들은 당대의 현실에 다가가 자기 시대의 모순과 갈등을 절실하게 형상화하는 데 성공하였기에 시문의 전범으로 존중되는 경향이 많다.

436) 고안(羔雁): 경대부(卿大夫)들이 상견(相見)할 때 쓰는 예물(禮物)이다. ≪儀禮·士相見禮≫에 "하대부(下大夫)는 기러기로 상견하고, 상대부(上大夫)는 새끼양으로 상견한다."라고 하였다.

3-102

及聞其論, 別亦盛言 ≪三百篇≫、言漢、言唐、言宋, 而進退是非之, 居然當代之詩人。而詩亡矣。

그의 시론을 들어봄에 이르러, 별도로 ≪시경≫·한 대·당대·송대가 융성했다고 말하고, 나아감과 물러남과 옳고 그름을 가리고 있으니, 뜻밖에도437) 당대의 시인에 의해 시는 망했다고 할 수 있다.

3-103

詩之亡也, 又亡於好利。夫詩之盛也, 敦實學以崇虛名。其衰也, 媒虛名以網厚實。

시가 망한 것도 이익을 좋아하는 것에서 비롯되었다. 저 시의 성대함은 두텁고 충실한 학문으로써 헛된 이름을 높이는 것이다. 그 시의 쇠약함이란 헛된 이름을 매개로 하여 두텁고 충실하게 그물로 엮는 것이다.

3-104

於是以風雅壇坫爲居奇, 以交遊朋盍爲牙市, 是非淆而品格濫, 詩道雜而多端, 而友朋切劘之義, 因之而衰矣。

이에 시단438)은 기이함을 쫓았고 친구와 교유하는 것을 거래로 삼았으니, 옳고 그름이 어지러워지고 품격은 내용이 없어져 부실해졌다. 시의 도는 잡되고 복잡다단해졌으며, 친구간에 절차탁마하는 의리는 이로 인하여 쇠퇴하게 되었다.

---

437) 거연(居然): 뜻밖에도, 의외라는 뜻이다.
438) 단점(壇坫): 맹회(盟會)의 장소를 말하는데, 여기서는 시단을 말한다.

3-105

昔人言"詩窮而後工", 然則, 詩豈救窮者乎! 斯二者, 好名實兼乎利。好利, 遂至不惜其名。

옛날 사람 구양수가 "시는 시인이 궁핍하고 가난한 연후에 훌륭해진다."439)라고 말하였는데, 즉 시가 어찌 궁핍한 것을 구제할 수 있다는 것인가! 이 두 가지, 좋은 이름은 실제로 이익을 겸하는 것이며, 이익을 좋아한다는 것은 결국 이름을 아끼지 않는 것에 이르게 된다.

3-106

夫'三不朽', 詩亦'立言'之一, 奈何以之爲壟斷名利之區! 不但有愧古人, 其亦反而問之自有之性情可矣!

저 '삼불후'440)에 있어 시도 '입언'의 하나인데, 어찌 시를 가지고서 명성과 이익을 독점하는441) 수단으로 삼는 것인가! 옛사람에게 부끄러울 뿐만 아니라 또한 스스로의 성정에 돌이켜 묻는 것이 옳다.

---

439) "시궁이후공(詩窮而後工)": "곤궁함을 겪은 뒤에야 좋은 시를 쓸 수 있다"이라는 말이다. 출전은 구양수의 ≪梅聖兪詩集序≫이다. 이 말 속에는 '안락한 일상에 파묻혀 아무런 문제의식 없이 지내는 사람은 사물의 참된 모습을 깊이 살필 수 없고, 이에 따라 좋은 시를 쓰지 못한다'라는 의미가 담겨 있다. 그런 뜻에서 '곤궁함'이란 경제적 궁핍이라기보다는, 좀더 깊은 의미의 진지한 고통, 고뇌 및 시련의 체험을 가리키는 것으로 이해된다. 달리 말해 한 작가가 고통과 불우를 경험하고, 마음속에 강렬한 고뇌의 정감을 축적함으로써 탁월한 문학 창작 재능을 획득하고 뛰어난 작품을 창출해 낼 수 있음을 의미한다.

440) 삼불후(三不朽): 유가에서 영원히 썩지않은 것으로 입덕, 입공, 입언 이 세 가지를 일컫는다. ≪左傳·襄公二十四年≫: "大上有立德, 其次有立功, 其次有立言, 雖久不廢, 此之謂不朽."라는 구절에서 나온다.

441) 농단(壟斷): 이익을 독점함을 뜻하는 말이다. 옛날에 어떤 사내가 시장 근처의 높은 언덕에 올라가서 사방을 바라보고 싼 물건을 사서 비싸게 팔아 그 시장의 이익을 독점하자 사람들이 천하게 여겼다는 고사에서 나온 말이다. ≪孟子·公孫丑下≫

▶ 3-107

詩道之不能長振也, 由於古今人之詩評雜而無章, 紛而不一。六朝之詩, 大約沿襲字句, 無特立大家之才。其時評詩而著爲文者, 如鍾嶸, 如劉勰, 其言不過呑吐抑揚, 不能持論。

시의 도가 오랫동안 진작되지 못한 것은 옛날과 지금의 시인들의 시에 대한 평이 잡스러워 분명한 문장이 없었고, 분분하여 한 가지가 아니었다. 육조의 시는 대개 자구를 답하여 특별한 대가의 인물이 없었다. 그 시기에 시를 평하여 문장으로 유명했던 자는 종영442)과 유협443)과 같은 사람이 있었는데, 그 말은 높고 낮음을

---

442) 종영(鍾嶸): 생졸년은 480?~552, 남북조 시대 양(梁)나라의 문사이다. 그는 한대(漢代)로부터 남조 시대 제(齊)나라에 이르기까지 122인의 시인이 지은 오언시를 대상으로 상·중·하 3품으로 분류하여 논평을 한 ≪시품(詩品)≫을 저술했다. 양대(梁代)의 문학비평서로 종영(鍾嶸: 이 서술하였으며 3권이다. 오언시(五言詩)를 대상으로, 한대(漢代)부터 양대까지의 시인 122명을 품평(品評)한 것인데, 상품에서 조식(曹植)·완적(阮籍)·육기(陸機)·사령운(謝靈運) 등 11명을 다루고, 중품에서 혜강(嵇康)·곽박(郭璞)·사조(謝朓) 등 39명, 하품에서 반고(班固)·서간(徐幹)·왕융(王融) 등 72명을 다루었으며, 각 품마다 서(序)의 형식으로 총평을 가하였다. 또한 각 시인마다 그 원류를 분류하고, 간결 예리한 비평을 가하였다. 총평에서 종영은 시의 리듬에 자연적인 해화(諧和)가 필요하다는 것을 인정하면서도, 성률(聲律)의 정밀화에 구애되어 기교주의에 빠지는 것은 시의 진미(眞美)를 손상하는 것이라고 말하였다. 이는 당시에 유행하던 화사한 형식주의 시체(詩體)를 비판한 것이다.

443) 유협(劉勰): 생졸년은 495~552, 중국 남북조시대 양나라 학자로 자는 언화(彦和)이고 강소성 京口에서 태어났다. 저서로는 ≪文心雕龍≫이 있는데 이 책은 중국 육조시대의 문학평론서로 10권 50편으로 되어있다. 중국에서 가장 오래 된 시문(詩文) 비평서로서, 양(梁)나라의 유협(劉勰)이 제대(齊代) 말인 499~501년에 저작한 것으로 추정된다. 전반(前半) 25편에서는 문학의 근본 원리를 논술하고, 각 문체(文體)에 관한 문체론을 폈다. 후반(後半) 25편에서는 문장 작법과 창작론에 관하여 논술하였다. 전체가 사륙변려체(四六騈儷體)의 미문(美文)으로 씌었으며, 문학이란 내용이 충실해야 하고 그로부터 자연히 꽃피어야 하는 것이라고 하며, 당시 기교에만 치우친, 내용 없는 미문 위

내뱉는 것에 불과하여 논의를 가졌다고 할 수 없다.

▶ **3-108**

然嶸之言曰:"邇來作者, 競須新事, 牽攣補納, 蠹文已甚."
斯言爲能中當時、後世好新之弊.

그러나 종영은 "근래의 작가는 앞 다투어 기이한 것만 좇아서 견강부회하였으니 시를 심하게 망쳐버렸다."444)라고 했다. 이 말은 당시와 후세에 새로운 것을 좋아하는 폐단에 대해 잘 들어맞을 수 있는 것이라 할 수 있다.

▶ **3-109**

勰之言曰:"沈吟鋪辭, 莫先於骨. 故辭之待骨, 如體之樹骸."
斯言爲能探得本原.

유협이 그것에 대해 말하길 "사람의 마음을 깊이 움직이려면 '의기(뼈대)'를 가장 우선시해야 할 것이다. 문사가 의기를 필요로 하는 것은 마치 사람의 신체가 뼈대를 근간으로 하는 것과 마찬가지이다."445)라고 했는데, 이 말은 본원을 깊이 탐구하였다고 할 수 있다.

▶ **3-110**

此二語外, 兩人亦無所能爲論也. 他如湯惠休"初日芙蓉"、沈約"彈丸脫手"之言, 差可引伸. 然俱屬一斑之見, 終非大家

주의 경향을 비판하였다.
444) "근래의 작가는 …… 시를 심하게 망쳐 놓았다": 종영의 ≪詩品序≫에 나오는 구절이다.
445) "사람의 마음을 …… 근간으로 하는 것과 마찬가지이다": 유협의 ≪文心雕龍·風骨篇≫에 나오는 구절이다.

體段。其餘皆影響附和, 沉淪習氣, 不足道也。

이 두 가지의 말 이외에는 종영과 유협은 또한 논이라 할 만한 바가 없다. 탕혜휴446)의 "해가 막 뜰 때의 연꽃", 심약의 "탄환이 손에서 떠나다."447) 라는 말은 조금은 끌어당겨 펴낼 수 있을 것이다. 그러나 모두 작은 견해에 불과하니, 결국 대가의 풍모라고 볼 수는 없다. 그밖에 나머지 사람들은 모두 부화뇌동하여 나쁜 병폐에 깊이 빠져들었으니 더 이상 말할 수도 없다.

▶ 3-111

<u>唐</u>、宋以來, 諸評詩者, 或概論風氣, 或指論一人, 一篇一語, 單辭複句, 不可殫數。其間有合有離, 有得有失。

당송 이래로 시를 평하는 자는 혹은 풍기를 논하고 혹은 사람을 논하였으니, 그러한 글들이 셀 수 없을 만큼 많았다. 그 가운데에는 들어맞는 것도 있고 틀린 것도 있으며, 득도 있고 실도 있다.

▶ 3-112

如<u>皎然</u>曰:"作者須知復變, 若惟復不變, 則陷於相似, 置古集中, 視之眩目, 何異宋人以燕石爲璞。"

예를 들면 교연448)이 말하길 "작자는 반드시 다시 변하는 것을 알

---

446) 탕혜휴(湯惠休): 자는 茂遠이고 揚州刺史를 지냈다.
447) "탄환이 손에서 떠나다(彈丸脫手)": 섭몽득의 ≪石林詩話≫에 나오는 구절이다. 섭몽득(1077~1148)은 송대 사인으로 자는 少蘊이고 호는 石林居士이다. 저서에 ≪石林總集≫, ≪建康集≫, ≪審是集≫등이 있다.
448) 교연(皎然): 생졸년은 720~779?, 중국 당(唐)나라 중기의 선승(禪僧) 시인으로 이름은 주(晝) 또는 청주(淸晝), 절강(浙江)의 오흥(吳興) 출생이다. 현종(玄宗) 때에 태어난 것으로 추정되는데, 출가 후에도 시를 좋아하고 고전에 관한 조예가 깊어 당시의 명사들과도 교제하면서, 이름을 떨쳤다. 그의 시는 근체시보다 고체시나 악부에 뛰어났으며, 중후(重厚)한 형식 속에 솔직한 감

아야 한다. 만약 다시 변한다는 것을 알지 못하면 서로 비슷한 데 함몰되어 옛날 책 가운데 두었을 때 눈을 현혹시키게 되니, 이는 우매한 송대 사람이 연석(燕石)449)을 옥돌이라고 여기는 것과 무엇이 다르겠는가?"라고 하였다.

▶ 3-113

劉禹錫曰 : "工生於才, 達生於識, 二者相爲用而詩道備。"
李德裕曰 : "譬如日月, 終古常見, 而光景常新。"

유우석450)은 "기교는 재능에서 생겨나고, 통달함은 식견에서 나온다. 이 두가지가 함께 사용되어야 시의 도가 갖추어진다."451)라고 하였다. 이덕유452)는 "해와 달을 예로 들면, 긴긴 세월 동안 항상 봤던 것인데 광경이 항상 새롭다."453)라고 말하였다.

회가 흐르고 있다. 제기(齊己)·관휴(貫休)와 함께 당의 3시승(詩僧)으로 꼽힌다. 저서에는 시문집 10권과 시론에 ≪詩式≫, ≪詩評≫이 있고, 그 밖에 ≪儒釋交遊傳≫, ≪內典類聚≫, ≪號呶子≫ 등이 있다. 특히 ≪詩式≫의 미학사상은 자연·천진·성정을 추구하였음.
449) 연석(燕石): 중국(中國) 북경 근처(近處)에 있는 연산에서 나는 돌. 모양이 옥과 비슷하나 별 가치(價値)는 없음.
450) 유우석(劉禹錫): 생졸년은 772~842, 당나라 낙양 사람으로 자는 夢得이며 德宗 貞元에 감찰어사, 태자빈객, 검교예부상서 등을 역임했다. 유종원과 함께 '劉柳'라고 병칭되었으며 또한 백거이와 함께 '劉白'이라고도 불렀다.
451) "기교는 재능에서 …… 시의 도는 구비된다": 유우석의 ≪劉賓客文集·董氏武陵集紀≫에 나오는 구절이다.
452) 이덕유(李德裕): 당나라 무종(武宗) 때의 재상이다. 당나라의 몰락을 재촉한 우이당쟁(牛李黨爭)의 당사자로 이종민(李宗閔), 우승유(牛僧孺) 등과 대립하였다. 840년 무종이 즉위하자 재상이 되어 번진(藩鎭)을 억누르고 위구르를 물리치는 등 치적을 남겼으나, 이종민을 축출하는 등 우승유 일파를 지나치게 탄압하여 당쟁을 격화시켰다. 결국 무종이 죽고 선종(宣宗)이 즉위하여 우승유 일파가 집권하자 애주(崖州)에 좌천되었다가 그곳에서 죽었다. ≪舊唐書 卷174 李德裕列傳≫. 저서로는 ≪회창일품집(會昌一品集)≫이 있다.
453) "해와 달을 …… 광경이 항상 새롭다": 이덕유(李德裕)의 ≪이문효집(李文饒集)

3-114

皮日休曰:"才猶天地之氣, 分爲四時, 景色各異。人之才變, 豈異於是?"

피일휴454)는 "재능은 천지의 기와 같고, 사계절로 나누면 경치의 색이 각각 다르다. 사람의 재능이 변화는 것이 어찌 이와 다르겠는가?"455)라고 하였다.

3-115

以上數則語, 足以啓蒙砭俗, 異於諸家悠悠之論, 而合於詩人之旨爲得之。其餘非戾則腐, 如聾如瞶不少。

이상의 여러 말은 충분히 계몽하고 경계로 삼을 만하고 여러 사람들의 유유자적한 의론과는 달랐으니, 시인의 뜻에 부합하여 얻은 것이다. 그 외 나머지는 어긋나지 않으면 부패했으니, 귀머거리나 눈먼 사람과 같다고 할 수 있는 것이 많았다.

≫에 나오는 구절이다.
454) 피일휴(皮日休): 생졸년은 834?~883?, 당나라 말기 호북성(湖北省) 양양(襄陽) 사람. 자는 일소(逸少) 또는 습미(襲美)이고, 호는 취음선생(醉吟先生) 또는 간기포의(間氣布衣)다. 일찍이 고향 근처의 녹문산(鹿門山)에 은거하여 시와 술을 벗 삼았다. 이 시기의 작품은 〈피자문수(皮子文藪)〉에 실려 있다. 의종(懿宗) 함통(咸通) 8년(867) 진사시험에 합격하고, 2년 뒤 소주자사(蘇州刺使)의 막료가 되었는데, 육구몽(陸龜蒙)과 창화(唱和)한 시를 남겼다. 뒤에 입경하여 저작랑과 태상박사(太常博士) 등을 지냈다. 희종(僖宗) 건부(乾符) 5년(878) 황소(黃巢)의 군대가 강절(江浙)을 넘어오자 황소에게 잡혀 한림학사 직을 받았다. 황소한 패한 뒤 이후의 행적은 알 수 없다. 당 조정에 의해 살해되었다고도 하고, 황소에게 피살되었다고도 한다. 또는 오월(吳越)로 가 전류(錢鏐)에 의탁했다고도 하고, 숙주(宿州) 일대를 떠돌았다고도 한다. 시에서는 신악부운동을 계승했고, 산문에서는 고문운동을 이어받았다. 저서로 ≪송릉집(松陵集)≫이 있다.
455) "재는 천지의 …… 어찌 이와 다르겠는가?": 피일휴(皮日休)의 ≪송릉집서(松陵集序)≫에 나오는 구절이다.

▶ 3-116

而最厭於聽聞、錮蔽學者耳目心思者，則嚴羽、高柄、劉辰翁及李攀龍諸人是也。

그 중에서 가장 듣기 싫은 것은 학자의 눈과 귀 그리고 생각을 막아버리는 것으로 즉 엄우456), 고병, 유진옹과 이반룡과 같은 사람의 의론이다.

▶ 3-117

羽之言曰：＂學詩者以識爲主，入門須正，立意須高，以漢、魏、晉、盛唐爲師，不作開元、天寶以下人物。若自退屈，卽有下劣詩魔，入其肺腑。＂夫羽言學詩須識，是矣。

엄우는 "시를 배우는 사람은 식견을 위주로 하며, 입문함에 있어서는 반드시 바름을 갖추어야 하고, 세우는 뜻이 반드시 높아야 한다. 한·위·성당을 스승으로 삼아야 하며, 개원·천보457) 이하의 사람을 스승으로 삼지 않는다. 만약 스스로 물러나서 굽히면 아주 열등한 시마(詩魔)458)가 오장육부459) 속으로 진심으로 스며든다."460)

---

456) 엄우(嚴羽): 생졸년은 1192?~1245?, 자는 의경(儀卿) 혹은 단구(丹邱), 자호는 창랑포객(滄浪逋客), 邵武(현 복건성 내) 출신이다. 평생 은거하였다. 시는 대부분 없어졌으나 李南紋가 그 시와 시화를 거두어 ≪滄浪吟≫을 만들었다. 그가 평점한 ≪이태백시집(李太白詩集)≫20권도 세상에 유행했다.

457) 개원천보(開元天寶): 개원(開元)과 천보(天寶)는 742~756년간으로 모두 당(唐)나라 현종(玄宗)의 연호(年號)로, 현종은 재위(在位) 44년간이었는데, 초기에 정사를 바로잡아 성당 시대(盛唐時代)를 이룬 때가 개원 연간(開元年間: 713~741)이었고, 후기에 양귀비(楊貴妃)에게 빠져 정사를 돌보지 않다가 안녹산(安祿山)의 난(亂)을 만나 나라가 어지럽게 된 시대였다.

458) 시마(詩魔): 시의 작법이나 기풍이 좋지 않은 방향으로 흘러 시상(詩想)이 괴벽한 것을 말한다. 송(宋)나라 엄우(嚴羽)의 ≪창랑시화(滄浪詩話)≫의 〈시변(詩辨)〉에 "시를 배우는 사람은 식견을 위주로 하여 입문(入門)을 바르게 하고 뜻을 높이 세워야 하니, 한(漢), 위(魏), 진(晉), 성당(盛唐)의 시인을 스

라고 말했다. 저 엄우가 시를 배움에 있어서 식견을 중시한 것은 맞다.

3-118

旣有識, 則當以漢、魏、六朝、全唐及宋之詩, 悉陳於前, 彼必自能知所抉擇, 知所依歸, 所謂信手拈來, 無不是道.
이미 식견이 있다면 마땅히 한, 위, 육조, 당과 송대의 시를 모두 앞에 나열한 뒤, 스스로 선택할 바와 의거하여야 할 바를 알아서 마음껏 자유롭게 읊는다면 도가 아닌 것이 없다.

3-119

若云漢、魏、盛唐, 則五尺童子, 三家村塾師之學詩者, 亦熟於聽聞、得於授受久矣. 此如康莊之路, 衆所群趨, 卽瞽者亦能相隨而行, 何待有識而方知乎?
이를테면 한·위·성당을 말하자면, 어린아이461)나 시골462)서당에

승으로 삼아야지 개원(開元), 천보(天寶) 연간 이후의 인물이 되어서는 안 된다. 스스로 위축되고 물러나면 저열한 시마가 폐부에 갈 것이니, 이는 뜻을 높이 세우지 않기 때문이다." 하였다.
459) 폐부(肺腑): 허파와 오장육부. 진심을 뜻한다.
460) 엄우의 ≪滄浪詩話·詩辨≫제1장에 나오는 구절이다. 아울러 이 책은 〈시변(詩辯)〉·〈시체(詩體)〉·〈시법(詩法)〉·〈시평(詩評)〉·〈시증(詩證)〉의 5장으로 되었으며, 시를 선(禪)에 비유하여 논평하였다. 시도(詩道)는 선도(禪道)의 묘오(妙悟)에 있다고 하고, 이백(李白)·두보(杜甫) 등의 성당(盛唐)의 시를 한(漢)·위(魏)·진(晉)의 시와 함께 제1의(第一義)로 치고, 중당(中唐)의 시를 제2의, 만당(晩唐)의 시를 성문벽지과(聲聞辟支果)에 들어가는 것이라 하여 비난하였다. 전체적으로 송나라 시풍을 비판하고, 마땅히 성당을 법(法)으로 삼아야 한다고 주장하였다. 명말(明末) 공안파(公安派)의 성령설(性靈說), 청(淸)나라 왕사정(王士禎)의 신운설(神韻說)은 모두 이 시론서의 설(說)을 바탕으로 한 것이다.

서 시를 배우는 자라면 또한 귀에 익숙하고 오랫동안 주거니 받거니 한 것이다. 이것은 모든 사람이 공통적으로 걷는 사통팔달의 큰 길463)이며 소경이라도 따라서 걸어갈 수 있거늘, 어찌 식견이 있어야만 비로소 알 수 있다고 하겠는가?

▶ 3-120

吾以爲若無識, 則一一步趨漢、魏、盛唐, 而無處不是詩魔。苟有識, 卽不步趨漢、魏、盛唐, 而詩魔悉是智慧, 仍不害於漢、魏、盛唐也。

내가 생각하기에 식견이 없어 일일이 한·위·성당만을 좇아간다면 시마(詩魔)만 있을 뿐이다. 만약 식견이 있다면 한·위·성당을 좇아가지 않을 것이며, 시마는 모두 지혜가 될 것이고, 한·위·성당에도 해가 되지 않을 것이다.

▶ 3-121

羽之言, 何其謬戾而意義矛盾也? 彼棅與辰翁之言, 大率類是。而辰翁益覺惝恍無切實處。詩道之不振, 此三人與有過焉。

엄우의 이 말은 어찌 그리 어긋나고 잘못되며 뜻도 모순되는 것이 아닌가? 저 고병464)과 유진옹465)의 말도 대체로 이와 같다. 유진

---

461) 오척동자(五尺童子): 어린아이를 말한다. ≪맹자≫ 양혜왕 상(梁惠王上)에 "중니의 무리 가운데에는 제 환공(齊桓公)이나 진 문공(晉文公)과 같은 패도(霸道)를 말하는 사람이 없다."라는 말이 나오고, ≪순자≫ 〈중니편(仲尼篇)〉에 "중니의 문인은 비록 오척동자라도 다섯 명의 패자(霸者)를 일컫는 것을 부끄러워한다.[仲尼之門人, 五尺之竪子, 言羞稱乎五伯]"라는 말이 나온다.
462) 삼가촌(三家村): 인구가 적고 궁벽한 마을. 한촌(寒村). 시골을 뜻한다.
463) 강장(康莊): 번화한 거리. 사통 팔달의 큰길. ≪이아(爾雅)≫ 석궁(釋宮)에, "다섯 가닥으로 통한 길은 강(康)이라 하고, 여섯가닥으로 통한 길은 장(莊)이라 한다." 하였다.

옹은 황당하여 실제에 부합되지 않는 면이 있음을 더욱 느낄 수 있다. 시의 도[466]가 펼쳐지지 않음은 바로 이 세 사람의 잘못과 관련 있는 것이다.

▶ 3-122

至於明之論詩者, 無慮百十家。而李夢陽、何景明之徒, 自以爲得其正而實偏, 得其中而實不及, 大約不能遠出於前三人之窠臼。

명대에 오면 시를 논한 사람이 무려 백여 명이 넘는다. 이몽양, 하경명의 무리는 스스로 올바름을 얻었다고 생각하였으나 실제로는 치우친 것이었으며, 그 중을 얻었다고 생각하였으나 실제로는 미치지 못했으니, 대개 앞 세 사람의 굴레[467]를 벗어날 수 없었다.

---

464) 고병(高棅): 생졸년은 1350~1423, 명초 시인이고 廷禮라고 이름을 고쳤다. 자는 언회(彦恢)이고 호는 만사(漫士)이며 장락(長樂) 사람이다. 시를 잘하여 '민중십재자(閩中十才子)'에 한 명이 되었다. 저서로는 ≪嘯臺集≫20권, ≪木天淸氣集≫14권이 있다. 선집인 ≪唐詩品彙≫는 자못 자세하고 폭이 넓어 명대의 시가 성당시를 배우는 전범이 되었다. 5언시에 특히 뛰어났다. 그러나 시의 소재는 제한되었으며 개인의 일상생활을 주로 쓰고 술자리에서 주고받은 작품이 대부분이다.

465) 유진옹(劉辰翁): 생졸년은 1232~1297, 송말의 문학가이다. 자는 회맹(會孟)이고, 호는 수계(須溪)이며 길주 (吉州) 여릉(廬陵) 사람이다. 어려서 태학생에 보해겼고 理宗 景定 3년(1262)에 殿試에서의 對策에서 권세가였던 가사도를 거슬러 병등에 열입되었다. 송이 망하자 벼슬살이 하였고 은거하다 일생을 마쳤다. ≪須溪集≫10권과 ≪須溪四景詩≫4권이 있다. 그는 사(詞)를 잘지어 초기에 지은 것들은 재주가 특출나고, 중년 이후에는 세상사에서 느끼는 감회나 고국에 대한 그리움 등이 많이 그려져 있어 격조가 슬프고도 처량하다. 그의 문학비평은 평점파(評點派) 가운데에서는 비교적 우수하지만 잡다함으로 흘러버린 단점도 있다.

466) 시도(詩道): 당 현종(唐玄宗) 개원(開元) 연간으로부터 대종의 대력 연간까지의 시기를 흔히 성당(盛唐) 시대라 칭하는데, 이 시기에 특히 이백(李白), 두보(杜甫) 등의 시인을 배출하여 시풍(詩風)이 가장 성행했다.

▶ 3-123

而李攀龍益又甚焉。王世貞詩評甚多, 雖祖述前人之口吻, 而掇拾其皮毛, 然間有大合處。

더구나 이반룡은 더욱 심하였다. 왕세정은 시를 평한 것이 매우 많았는데 비록 전 사람의 말을 모방하여 기술하였고 그 겉모양을 주워 모은468) 것에 불과하지만, 간간이 크게 부합하는 부분은 있다고 할 수 있다.

▶ 3-124

如云:"剽竊摹擬, 詩之大病, 割綴古語, 痕跡宛然, 斯醜已極。" 是病也, 莫甚於李攀龍。世貞生平推重服膺攀龍, 可謂極至。而此語切中攀龍之隱, 昌言不諱。

예를 들어 "표절하고 모의하는 것은 시의 큰 병폐이다. 옛말을 부분적으로 잘라 모아서 그 흔적이 분명하여 이것은 추악함이 매우 심하다. 이 병폐는 이반룡보다 심한 이가 없다"라고 하였다. 왕세정은 평생토록 이반룡을 존중하고 복종하여 극진하다고 할 만 하지만, 이 말은 이반룡의 가려지고 은폐된 것을 위배되지 않고 이치에 맞게469) 정통으로 말한 것이다.

▶ 3-125

乃知當日之互爲推重者, 徒以虛聲倡和, 藉相倚以壓倒衆

---

467) 과구(窠臼): 일정한 형식. 틀, 굴레를 말한다.
468) 철습(掇拾): 주워 모으다는 뜻이다.
469) 창언(昌言): 도움이 되는 훌륭한 말. 경계가 되는 말, 또는 이치에 잘 맞는 말. ≪서경(書經)≫ 대우모(大禹謨) 의 "우(禹)가 창언(昌言) 에 절하였다." 는 대목의 전(傳)에 '익(益)의 말이 마땅하기 때문에 절하고 받은 것이다.' 하였다.

人。而此心之明, 自不可掩耳。

이 당시에 서로를 높이는 자들이 헛된 명성만으로 서로 화답하고 의지하여 무리를 압도470)하였음을 알 수 있다. 하지만 이 마음의 밝음까지는 스스로도 가릴 수가 없었을 뿐이다.

▶ 3-126

夫自湯惠休以"初日芙蓉"擬謝詩, 後世評詩者, 祖其語意, 動以某人之詩如某某。或人, 或神仙, 或事, 或動植物, 造爲工麗之辭, 而以某某人之詩一一分而如之。

저 탕혜휴가 '해가 막 떠오를 때의 연꽃'과 같은 구로써 사령운의 시를 따라함으로부터 후세 평론가들이 그 말뜻을 원조로 삼아, 걸핏하면 어떤 사람의 시는 모모와 같다느니, 화려하고 수식적인 말을 만들어 어떤 사람의 시를 일일이 하나씩 나누어서 그런식으로 평가하였다.

▶ 3-127

泛而不附, 縟而不切, 未嘗會於心、格於物, 徒取以爲談資, 與某某之詩何與?

들떠 있기만 하고 부합하지 않으며 번거롭기만 하고 절실하지 못하여, 마음속에서 이해되는 바와 물리가 도달하는 바가 없이 되는 대로 선택하고 한낱 담론거리로만 삼아, 어떤 사람의 시는 어떠한가?

---

470) 압도(壓倒): 압도하다는 뜻이다. 당 나라 초기에 심전기(沈佺期)·송지문(宋之問) 이 이름 있는 시인이었는데, 어느 시인이 그들과 함께 시를 지어 1등을 하고 돌아와서는 "내가 오늘 심·송(沈宋)을 눌러 넘어뜨렸다." 하였다.

3-128

明人遞習成風, 其流愈盛。自以爲兼總諸家, 而以要言評次之, 不亦可哂乎！我故曰：歷來之評詩者, 雜而無章, 紛而不一, 詩道之不能常振於古今者, 其以是故歟。

명대 사람들이 번갈아 풍조를 이루어 그 흐름이 더욱 성대하였다. 스스로 제가를 모두 겸비하였다고 하면서, 간단한 말로 논평하고 순서를 매겼으니 또한 가소롭지 않은가? 그러므로 나는 말한다. 역대의 시 평가들이 잡다하게 문채를 이루지 못하면서 어지럽게 일관되지 않았으니, 시의 도가 언제나 고금에 계속 펼칠 수가 없었던 것은 이러한 까닭이 아니겠는가!

4 외편(하)

▶ 4-01

≪三百篇≫如三皇五帝, 雖法制多有未備, 然所以爲君而治天下之道, 無能外此者矣。漢、魏詩如三王, 已有質文治具, 煥然耳目, 然猶未能窮盡事物之變。

≪시경≫은 삼황오제471)에 비유할 수 있으며, 비록 법제는 많이 미비하지만 군주가 천하를 다스리는 도는 여기서 벗어날 수 없다. 한·위의 시는 삼왕에 비유할 수 있으며, 그것은 이미 내용과 형식을472) 갖추어 눈과 귀를 빛나게 할 수는 있었지만 사물의 변화를

---

471) 삼황오제(三皇五帝): 중국 고대의 전설적 제왕으로 3황은 일반적으로 천황(天皇)·지황(地皇)·인황(人皇 또는 泰皇)을 가리키지만, 문헌에 따라서는 복희(伏羲)·신농(神農)·황제(黃帝)를 들기도 한다. 또는 수인(燧人)·축융(祝融)·여와(女媧) 등을 꼽는 경우도 있다. 사마천(司馬遷)은 3황의 전설을 믿을 수 없는 것으로 생각했는지, ≪사기(史記)≫의 기술을 오제본기(五帝本紀)에서부터 시작한다. 사마천이 5제로 든 것은 황제헌원(黃帝軒轅)·전욱고양(顓頊高陽)·제곡고신(帝嚳高辛)·제요방훈(帝堯放勳:陶唐氏)·제순중화(帝舜重華:有虞氏) 등이며, 별도로 복희·신농 또는 소호(少昊) 등을 드는 경우도 있어 일정하지 않다. 원래 이 전설은 다양한 신화·전설이 혼입된 것이며, 도덕적·정치적으로 억지로 끌어들인 것이어서 그 기원은 애매하다. 오행설이 일반화된 전국시대 말 이후 이야기 경향을 띠게 되었다.
472) 질문(質文): 문(文)은 외형적인 아름다움을, 질(質)은 본바탕을 가리키는 말로, 문질을 겸비하였다는 것은 군자(君子)로서의 자질을 갖추었다는 뜻이다. ≪논어≫〈옹야(雍也)〉편에 "본바탕이 외형적인 아름다움을 이기면 촌스럽고, 외형적인 아름다움이 본바탕을 이기면 번지르르하니, 외형적인 아름다움과 본바탕이 적절히 배합된 뒤에야 군자라고 할 수 있다."라고 하였다. 즉 뒤를 이을 아들이 이미 군자로서의 자질을 갖추었으니 아버지의 사업을 잘 계승할 것이라는 말이다.

모두 설명할 수는 없다.

▶ 4-02

自此以後, 作者代興, 極其所至, 如漢祖、唐宗, 功業炳耀, 其名王, 其實則霸。雖後人之才, 或遜於前人。然漢、唐之天下, 使以三王之治治之, 不但不得王, 並且失霸。

이 이후로는 작가들이 계속 번갈아 출현하여 저마다의 뛰어남을 드러냈는데, 이는 마치 한고조와 당태종의 시기가 빛나는 업적으로 '왕'이라 이름 불리지만, 실제로는 '패'473)였던 상황과 같다. 비록 후세 사람의 재능이 전시대의 사람에 비해 손색이 있을 수 있지만, 한·당의 천하를 만약 삼왕474)의 다스림으로만 했다면, 왕은 고사하고 패라는 이름도 얻지 못하였을 것이다.

▶ 4-03

故後代之詩, 爲王則不傳, 爲霸則傳。漢祖、唐宗之規模, 而以齊桓、晉文之才與術用之, 業成而儼然王矣。

그러므로 후대의 시 역시 왕도로는 전하지 않았지만 패도로는 전할 수 있었다. 한고조475)와 당태종의 규모를 갖추면서 제환공과 진문공476)의 재능과 학술을 보탠다면, 공업이 이루어진 엄연한 왕

---

473) 패(霸): 춘추시대의 종주국인 주(周)나라가 제후들을 통솔할 역량이 없어져서, 온 중국 천지가 여러 제후들의 침략과 쟁탈로 혼란한 것을, 제환공이 먼저 나서서 그 제후들을 억압하고 주 나라의 왕을 높게 모시어 한때 천하의 양정(良政)을 보게 되었다. 그가 죽은 후에는 진문공(晉文公) 이 그와 같은 사업을 하였으므로, 그들을 패(霸)라 하여 왕(王)과 구별하였다.
474) 삼왕(三王): 삼대(三代)의 성왕(聖王)이란 뜻으로, 하(夏)의 우왕(禹王), 상(商)의 탕왕(湯王), 주(周)의 문왕과 무왕을 가리킨다.
475) 한조(漢朝): 한 고조(漢高祖)를 가리킨다.
476) 제환(齊桓)、진문(晉文): 춘추시대 오패의 두사람이다. 제환공·진문공은 모

4-04

知此, 方可登作者之壇, 紹前哲, 垂後世。若徒竊漢、唐之規模, 而無桓、文之才術, 欲自雄於世, 此宋襄之一戰而敗, 身死名滅, 爲天下笑也。

이것을 안다면 바야흐로 작자는 무대에 등단할 수 있으며, 앞시대의 현명하고 어진 사람을 후세에까지 이어받아 그것을 전해줄 수 있다. 만일 단지 한과 당의 틀만을 표절하고 환공과 제공의 재능과 학술은 없이 스스로 영웅이 되려고 한다면, 이것은 바로 송양이 한 번 싸우고 패하여 몸은 죽고 이름은 없어져 천하의 웃음거리가 되는477) 격이라 할 수 있다.

4-05

漢、魏之詩, 如畫家之落墨於太虛中, 初見形象。一幅絹素, 度其長短、闊狹, 先定規模. 而遠近濃淡, 層次脫卸, 俱未分明。

한·위의 시는 마치 화가가 텅빈 공간에 붓을 대어 처음으로 형상을 드러내는 것과 같다. 한 폭의 명주 천을 그 길이와 폭을 재어

두 패도(霸道)의 군후(君侯)였으므로, 왕도를 주장하는 공자가 그들을 들어 말하지 않았다. ≪맹자≫
477) 송양(宋襄): 송 양공(宋襄公)이 제후(諸侯) 중에 패자(霸子)가 되고자 하여 초(楚) 나라와 싸울 때 공자(公子)인 목이(目夷)가 적이 포진하기 전에 공격하자고 청하였으나, 양공은 군자는 남이 곤궁에 빠져 있을 때 괴롭혀서는 안 된다고 하여 치지 않다가 마침내 초에게 패망을 당하였다. 세인이 이를 비웃어 '송양지인(宋襄之仁)'이라고 하였다. 쓸데없이 너무 착하기만 하고 권도가 없음을 비유하는 데 쓰인다. ≪十八史略·春秋戰國≫

먼저 그 틀을 정해 놓았다. 그러나 원근과 농담이 층의 구분없이 모두 분명하지 않았다.

▶ 4-06

六朝之詩, 始知烘染設色, 微分濃淡。而遠近層次, 尙在形似意想間, 猶未顯然分明也。盛唐之詩, 濃淡遠近層次, 方一一分明, 能事大備。

육조의 시는 비로소 주변에 색을 둘러주는 것을 알아서 조금이나마 농담을 나누었다. 그러나 원근에는 층이 지긴 했지만, 형사와 의상 사이에는 아직 분명하게 나타나지 않았다. 성당의 시는 짙고 엷음, 멀고 가까움의 층 구분이 하나 하나 분명해져 시의 전체가 크게 갖추어졌다.

▶ 4-07

宋詩則能事益精, 諸法變化, 非濃淡、遠近、層次所得而該, 刻畫掉換, 無所不極。

송시는 시의 본질이 더욱 정교해지고 여러 법칙이 변화하여 농담과 원근의 층차가 마땅히 얻은 바가 아니면 새기고 그리는 것을 널리 바꾸었으니, 지극하지 않은 바가 없었다.

▶ 4-08

又嘗謂漢、魏詩不可論工拙。其工處乃在拙, 其拙處乃見工, 當以觀商、周尊彝之法觀之。六朝之詩, 工居十六七, 拙居十三四。工處見長, 拙處見短。

또한 일찍이 한·위의 시는 뛰어남과 서투름을 논해서는 안 된다. 그 뛰어난 것에도 여전히 서투름이 있고, 서투른 것에서도 여전히 훌륭한 점이 보인다. 마땅히 상나라와 주나라에서 높이고 우러러 보는 관점에서 그것을 보았기 때문이다. 육조의 시는 훌륭한 것이 열이면 예닐곱이 그러하였고, 서투른 것은 열이면 서넛이 그러하였다. 훌륭한 것에서는 장점이 보이고, 서투른 것에서는 단점이 보인다.

▶ 4-09

<u>唐</u>詩諸大家、名家, 始可言工。若拙者則竟全拙, 不堪寓目。
당시의 여러 대가들, 이름난 작가에 와서야 비로소 뛰어남을 말할 수 있었다. 서툰 것은 또한 완전히 서툴러서 차마 눈으로 볼 수 없었다.

▶ 4-10

<u>宋</u>詩在工拙之外。 其工處固有意求工, 拙處亦有意爲拙。 若以工拙上下之, <u>宋</u>人不受也。此古今詩工拙之分劑也。
송시는 뛰어남과 서투름의 밖에 있다. 그 뛰어난 것에는 뛰어남을 구한 뜻이 있고, 서투른 곳에는 또한 그 서투름을 구한 뜻이 있었다. 만약 뛰어남과 서투름으로 우열을 나누고자 한다면, 송대 사람들은 그것을 받아들이지 않을 것이다. 이것이 옛날과 지금의 시에 있어서 뛰어남과 서투름의 구분이다.

▶ 4-11

又<u>漢</u>、<u>魏</u>詩, 如初架屋, 棟樑柱礎, 門戶已具。而窗櫺楹檻等項, 猶未能一一全備, 但樹棟宇之形製而已。
또한 한·위의 시는 마치 처음으로 집을 짓는 것과 같아서, 대들보와 주춧돌과 문지방은 이미 구비되어 있었지만 격자창이나 기둥과 같은 것은 또한 일일이 모두 구비될 수 없었으니, 단지 집의 형태만을 세웠을 뿐이다.

> 4-12

六朝詩始有窓檻檻、屛蔽開闔。唐詩則於屋中設帳幃床榻器用諸物, 而加丹堊雕刻之工。

육조의 시에 와서야 비로소 격자창이나 기둥과 같은 것들이 구비될 수 있었고, 열고 닫을 수 있는 것도 생겨났다. 당시는 집에 휘장, 탁상, 그릇 등의 여러 물건을 설치하여 사용하여, 붉은 색으로 조각하여 장식하는 공을 곁들인 것에 비할 수 있었다.

> 4-13

宋詩則製度益精, 室中陳設, 種種玩好, 無所不蓄。大抵屋宇初建, 雖未備物, 而規模弘敞, 大則宮殿, 小亦廳堂也。

송시는 제도가 더욱 정밀하여 방에 여러 진귀한 감상품들이 진열되어 있지는 않았지만 규모가 넓고 컸는데, 큰 것은 궁전(宮殿)이고 작은 것은 청당(廳堂)이었다. 시대가 변천하여 내려가게 되면, 비록 온전하지 않은 제도가 없고 갖춰지지 않은 사물이 없다.

> 4-14

遞次而降, 雖無製不全, 無物不具, 然規模或如曲房奧室, 極足賞心。而冠冕闊大, 遜於廣廈矣。夫豈前後人之必相遠哉! 運會世變使然, 非人力之所能爲也, 天也。

이보다 더 나빠져 불완전하고 비록 사물이 구비되어 있지 않고 규모가 밀실처럼 작다 하더라도 마음을 즐겁게 할 수 있다.478) 관면(冠冕)479)이 넓고 큰 것에 있어서는 오히려 고대의 광하(廣

廈)480)에 비해 손색이 없다. 그러하니, 어찌 전시대 사람과 후대 사람이 반드시 서로 멀다 할 수 있겠는가! 세운이 모이고 변하여 그렇게 만든 것이다. 이것은 사람의 힘이 능히 할 수 있는 것이 아니라 하늘이 그렇게 만든 것이다.

▶ 4-15

六朝詩家, 惟陶潛、謝靈運、謝朓三人最傑出, 可以鼎立. 三家之詩不相謀. 陶潛澹遠, 靈運警秀, 朓高華. 各闢境界、開生面, 其名句無人能道. 左思、鮑照次之.

육조의 시가는 오직 도연명·사령운·사조481) 이 세 명이 가장 걸출하여 정립할 수 있었다. 세 사람의 시는 서로를 도모하지 않았으니, 도연명은 담박하고 아득했고482), 사령운은 매우 빼어났으

---

478) "마음을 즐겁게 할 수 있다.(極足賞心)": 남조(南朝) 사영운(謝靈運)의 〈의위태자업중시집서(擬魏太子鄴中詩集序)〉에 "좋은 날[良辰], 아름다운 경치[美景], 기쁜 마음[賞心], 즐거운 일[樂事] 네 가지가 다 갖춰지기는 천하에 어렵다." 하였다. 왕발(王勃)의 〈등왕각서(滕王閣序)〉에 "네 가지 아름다움[四美]이 갖춰졌다."는 것도 이를 뜻한다.
479) 관면(冠冕): 본래 제왕이나 관리의 모자인데, 여기서는 벼슬아치라는 뜻이다.
480) 광하(廣廈): 천만 칸이나 되는 너른 집을 말한다. 두보(杜甫)의 시 〈모옥위추풍소파가(茅屋爲秋風所破歌)〉에 "어이하면 너른 집 천만 칸을 얻어 천하에 가난한 선비들 크게 비호하여 모두 즐거운 얼굴로 풍우에도 움직이지 않고 산처럼 편안히 있게 할런가.(安得廣廈千萬間 大庇天下寒士俱歡顔 風雨不動安如山)"라고 되어있다.
481) "육조의 시가는 …… 사조": 일반적으로 사령운, 사조, 사혜련을 삼사라고 일컫는다. 이들은 모두 산수시로 이름이 났던 시인이다. 송대 호자의 ≪苕溪漁隱叢話≫에 "今取靈運·惠連·玄暉詩合六十四篇爲三謝詩"라는 구절이 있다.
482) ≪창랑시화(滄浪詩話)≫: "도연명의 시는 질박하지만 자연스럽다"/ ≪後山詩話≫: "도연명의 시는 정황에 딱 들어맞지만 수식이 많지 않을 뿐이다."/ ≪朱子語類≫: "도연명의 시의 평담함은 자연스러움에서 나온다"/ ≪詩藪≫: "도연명의 시는 맑고 심원하다" 등의 평론이 있다.

며483), 사조는 고화하였다. 각자가 경계를 열고 새로운 면을 개척하였으니, 그 이름난 구절은 다른 사람이 쉽게 말할 수 없었다. 좌사와 포조가 그 다음이다.

▶ 4-16

思與照亦各自開生面, 餘子不能望其肩項。最下者潘安、沈約, 幾無一首一語可取, 詩如其人之品也。

좌사와 포조도 각자 새로운 방면을 열었으니, 다른 사람은 어깨와 목조차도 바라 볼 수 없었다. 가장 수준이 낮은 사람이 반악과 심약이다. 그들 시의 한 수, 한 구는 취할 바가 거의 없었으니, 시는 그 사람의 인품과 같기 때문이다.

▶ 4-17

齊、梁駢麗之習、人人自矜其長。然以數人之作, 相混一處, 不復辨其爲誰, 千首一律, 不知長在何處!

제·량의 변려문을 익혀 사람들은 저마다 스스로 그것을 자랑하였으나, 여러 명의 작품이 한 곳에 서로 섞여있었기 때문에 그것이 누구의 작품인지 분별할 수 없고, 천편일률적이라 어느 곳이 잘된 곳인지를 알 수 없었다.

---

483) ≪시품(詩品)≫: "사령운과 같은 시인은 詩興이 풍부하고 재능이 뛰어나 눈에 보이는 것을 곧장 시로 써냈는데, 안으로는 詩想이 부족하지 않고 밖으로는 묘사하지 않는 경물이 없었으니 그 시의 표현이 풍부한 것은 당연하다. 그리하여 명편과 아름다운 구절이 곳곳에 보이고, 아름다우면서도 전아한 참신한 시구가 끊임없이 솟아난다.(興多才高, 寓目輒書, 內無乏思, 外無遺物, 其繁富宜哉! 然名章逈句, 處處間起, 麗典新聲, 絡驛奔會)"

4-18

其時膾炙之句, 如"芙蓉露下落, 楊柳月中疏", "亭皐木葉下, 隴首秋雲飛等語", 本色無奇, 亦何足豔稱也!

그 당시에 사람들의 입에 회자되는 구는 "연꽃에 이슬이 떨어지고, 버드나무는 달 가운데 성기네."484), "주막 집 늪에서는 나뭇잎이 떨어지고, 언덕 머리에는 가을 구름은 날아간다."485) 등의 시어가 있었지만, 이 시구들은 본래 특별함이 없으니 또한 아름답다고 칭찬할 만한 것이 어디 있겠는가!

4-19

謝靈運高自位置, 而推曹植之才獨得八斗, 殊不可解。植詩獨〈美女篇〉, 可爲漢、魏壓卷。〈箜篌引〉次之, 餘者語意俱平, 無警絶處。

사령운은 자신을 높이면서도 조식486)이 홀로 매우 뛰어난 시문의 재능을 얻었다487)고 그를 추켜세웠는데, 전혀 이해할 수가 없다. 조식의 시는 오직 〈미녀편〉만이 한·위대의 압권이라 할 만하고,

---

484) "연꽃의 …… 달아래 성기다": 蕭慤의 〈秋思〉시의 한 구절이다.
485) "주막집 …… 가을 구름은 날아간다": 王僧孺의 〈擣衣〉시중의 한 구절이다.
486) 조식(曹植): 삼국시대 위나라의 조식이다. 무제 조조의 셋째 아들이며 조비의 동생으로 陳思王에 봉해졌다. 태자 계승 문제로 인한 암투로 평생 불우한 처지에 놓여 있었다. 육친의 불화를 노래한 〈七步詩〉가 유명하다. 저서로는 ≪曹子建集≫이 있다.
487) 팔두(八斗): 매우 뛰어난 시문(詩文)의 재능을 뜻한다. 남조(南朝) 송(宋)나라 사영운(謝靈運)이 "천하의 재주는 모두 한 섬인데, 조자건(曹子建)이 혼자서 여덟 말을 가지고, 내가 한 말을 가지고, 천하 모든 사람들이 한 말을 나누어 가졌다.(천하의 재능있는 사람을 모두 한 석으로 치면, 조식은 홀로 팔두를 얻었고, 내가 일두를 얻었으며, 예로부터 지금까지 나머지 사람들이 모두 합쳐야 일두를 얻었다.(天下才共一石, 曹子建獨得八斗, 我得一斗, 自古及今, 共用一斗)"에서 나온 구절이다. ≪釋常談 八斗之才≫ ≪南史·謝靈運傳≫

〈공후인〉488)이 그 다음이다. 나머지는 말뜻이 모두 평범하고 절묘한 곳이 없다.

4-20

〈美女篇〉意致幽眇, 含蓄雋永, 音節韻度, 皆有天然姿態, 層層搖曳而出, 使人不可髣髴端倪, 固是空千古絶作.

〈미녀편〉489)은 뜻이 오묘하고 함축이 뛰어나다.490) 음운은 리듬감이 있어 모두 천연적인 자태를 뽐내고 있으며 층층이 꼬리를 물고 나온다. 그래서 다른 사람들로 하여금 그 실마리조차 조금도 할 수 없게 하니, 확실히 이는 천고에 없는 뛰어난 걸작이다.

---

488) 〈공후인(箜篌引)〉: ≪古今注≫에 의하면, 어느 날 곽리자고가 강가에서 백수광부(白首狂夫)의 뒤를 따라 물에 빠져 죽은 어느 여인(곧 백수광부의 아내)의 애처로운 광경을 보고 돌아와 여옥에게 이야기하였더니, 여옥이 그 여인의 슬픔을 표현한 노래를 지어 공후(箜篌)에 맞추어 부른 것이라 한다. 연대적으로 보아 한국 문학사상(文學史上) 가장 오래된 작품으로 널리 알려져 왔으나 확실한 제작 연대와 원가(原歌)는 알 수 없고, 이 노래의 한역가(漢譯歌)인 듯한 4구(句)로 된 한문 표기의 짧은 노래가 전한다. 그 한역가는 다음과 같다. '公無渡河, 公竟渡河, 墮河而死, 公將奈何(임은 건너지 말 것이지, 임은 물을 건너다가, 물에 빠져 죽으시니, 임은 마침내 어이 하리요)'

489) 〈미녀편(美女篇)〉: 조식의 〈美人篇〉시 원문은 다음과 같다. "美女妖且閑, 採桑岐路間. 柔條紛冉冉, 落葉何翩翩. 攘袖見素手, 皓腕約金環. 頭上金爵釵, 腰佩翠琅玕. 明珠交玉體, 珊瑚間木難. 羅衣何飄飄, 輕裾隨風還. 顧盼遺光彩, 長嘯氣若蘭. 行徒用息駕, 休者以忘餐. 借問女何居, 乃在城南端. 青樓臨大路, 高門結重關. 容華耀朝日, 誰不希令顔. 媒氏何所營, 玉帛不時安. 佳人慕高義, 求賢良獨難. 衆人徒嗷嗷, 安知彼所觀. 盛年處房室, 中夜起長歎."

490) 전영(雋永): 살져 맛이 좋은 고기를 말하는데, 전하여 살져 맛좋은 고기처럼 문장의 의미가 심장함을 뜻한다.

▶ 4-21

後人惟杜甫〈新婚別〉可以伯仲, 此外誰能學步！靈運以八斗歸之, 或在是歟！若靈運名篇, 較植他作, 固已優矣。而自遜處一鬥, 何也？

후대 사람들이 오직 두보의 〈신혼별〉491)만이 백중492)이라 할 만하니, 이 밖에 누가 따를 수 있겠는가！ 만약 사령운의 명편과 조식의 다른 시작품을 비교해본다면 확실히 우수하다. 그러나 한번 싸우면 스스로 물러나서 모자란다고 하니, 도대체 무슨 까닭인가?

▶ 4-22

陶潛胸次浩然, 吐棄人間一切, 故其詩俱不從人間得。詩家之方外, 別有三昧也。遊方以內者, 不可學。學之猶章甫而適越也。

도연명은 넓은 마음을 지녀 속세의 모든 일을 버렸기에, 그의 시는 모두 속세로부터 얻은 것이 아니며 시가의 방외로부터 별도로

---

491) 〈신혼별(新婚別)〉: "兔絲附蓬麻, 引蔓故不長。嫁女與征夫, 不如棄路旁。結髮爲妻子, 席不暖君床。暮婚晨告別, 無乃太匆忙。君行雖不遠, 守邊赴河陽。妾身未分明, 何以拜姑嫜, 父母養我時, 日夜令我藏。生女有所歸, 雞狗亦得將。君今往死地, 沈痛迫中腸。誓欲隨君去, 形勢反蒼黃。勿爲新婚念, 努力事戎行。婦人在軍中, 兵氣恐不揚。自嗟貧家女, 久致羅襦裳。羅襦不複施, 對君洗紅妝。仰視百鳥飛, 大小必雙翔。人事多錯迕, 與君永相望"

492) 백중(伯仲): 서로 우열을 가리기 어려울 정도로 똑같이 재질이 뛰어난 형제들이라는 말이다. ≪삼국지(三國志)≫ 제갈량전(諸葛亮傳)에 "스스로 관중(管仲)과 악의(樂毅)에 비기는 제갈량을 알아주는 사람이 없었는데, 오직 박릉(博陵)의 최주평(崔州平)과 영천(穎川)의 서원직(徐元直)만이 그를 알아보고 친하게 지냈다."라는 말이 나오는데, 이백(李白)이 바로 이 최주평에 빗대어 최숙봉(崔叔封) 형제를 칭찬한 시가 전한다. ≪李太白詩集 卷8 讀諸葛武侯傳 書懷贈長安崔少府叔封昆季≫ 백중은 형제를 가리킨다.

순수한 집중을 통하여 마음이 고요해지는 삼매493)의 경지가 있다. 바야흐로 노니는 사람은 배울 수가 없으니, 그것을 배우는 것은 마치 송나라 사람이 장보를 쓰고 월나라에 간 고사에 비유할 수 있다.494)

▶ 4-23

唐人學之者, 如儲光羲, 如韋應物。韋旣不如陶, 儲雖在韋前, 又不如韋。總之, 俱不能有陶之胸次故也。

당나라 사람 중에 도연명을 배우는 사람으로는 저광희495), 위응물496)과 같은 사람을 들 수 있다. 위응물은 도연명만 못하고, 저

---

493) 삼매(三昧): 불교 수행의 한 방법으로 심일경성(心一境性)이라 하여, 마음을 하나의 대상에 집중하는 정신력을 말함.
494) "마치 송나라 사람이 …… 비유할 수 있다": 전혀 격에 안 어울리는 일을 하는 것을 말한다. ≪莊子·逍遙遊≫편에 "송(宋) 나라에 어떤 사람이 장보를 쓰고 월(越) 나라에 갔으나 월 나라 풍속은 머리를 깎고 갓을 쓰지 않아서 아무 소용도 없었다.(宋人資章甫而適諸越, 越人斷髮文身, 無所用之)"라는 구절에서 나왔다.
495) 저광희(儲光羲): 생졸년은 707~약760, 당대 시인으로 윤주(潤州) 연릉(延陵) 사람이다. 개원 14년(726)에 진사가 되었고 중서시문장(中書試文章)과 사수위(汜水尉)를 지냈으며 벼슬은 관찰어사에 이르렀다. 안록산이 장안에 침공했을 때 관직을 받았기 때문에 난이 평정되고 나서 귀양가서 영남(嶺南)에서 죽었다. ≪全唐詩≫에 그의 시 4권이 수록되어있다. 주로 산수와 전원을 주제로 한 5언시가 많아 왕유와 맹호연으로 대표되는 전원시파에 속한다.
496) 위응물(韋應物): 생졸년은 737~804, 경조(京兆) 장안(長安) 사람으로, 개원 말 삼위랑(三衛郎)이 되어 현종을 보필하였다. 그러나 방종스러운 그의 행위로 말미암아 안사의 난이 일어나자 파면당했다. 나중에 진사에 급제하여 저주(滁州), 강주(江州), 소주(蘇州)의 자사(刺史)를 지냈다. 그가 소주에서 죽었기 때문에 '위소주(韋蘇州)'라고 하기도 한다. ≪전당시(全唐詩)≫에 그의 시 536수가 남아 있다. 그는 특히 5언 고시를 잘 지었는데, 도연명의 영향을 받아 '도(陶)·위(韋)'라고 불렸다. 백거이가 그의 5언시에 대해 고결, 아담하여 "스스로 일가의 체를 이루었다.(自成一家之體.)"고 평가하고 있는 바와 같이, 그의 시가는 맑고 순박한 자연의 정서가 넘쳐흐른다.

광희는 비록 위응물보다 앞시대 사람이지만 위응물보다는 못하다. 종합하면 두 사람 모두 도연명과 같은 마음을 가질 수 없었기 때문이다.

▶ 4-24

六朝諸名家, 各有一長, 俱非全壁。鮑照、庾信之詩, 杜甫以 '淸新'、'俊逸'歸之。

육조의 여러 이름난 작가는 저마다 자신만의 장기가 있었으나 모두 완벽한 것은 아니었다. 포조와 유신497)의 시를, 두보는 '청신'498)과 '준일'의 풍격용어로 귀결하였다.

▶ 4-25

似能出乎類者。究之拘方以內, 畫於習氣, 而不能變通。然漸闢唐人之戶牖, 而啓其手眼, 不可謂庾不爲之先也。

그 두 사람은 비슷한 부류보다는 나을 수는 있다. 궁구하려면 바야흐로 안으로 그것이 구속되고, 그리려면 번뇌로 인한 습관에 얽매어 변통할 수 없었다. 하지만 점차 당나라 사람들은 창문을 열

---

497) 유신(庾信): 생졸년은 513~581. 북조의 문학가로 자는 子山이다. 南洋 新野(현 하남성 일대) 사람이다. 庾肩吾의 아들이고 '徐庾體'의 대표작가이다. 북조 건국 후에 開府儀同三司를 지냈기에 흔히 '庾開府'라고 일컬어진다. 특히 그의 〈哀江南賦〉가 유명하다.
498) 청신(淸新): '淸'의 사전적 의미를 보면 '고결하다', '맑다', '첨렴하다', '공정하다', '태평하다', '분명하다', '또렷하다', '차갑다', '서늘하다' 등의 의미를 내포하고 있다. 또 ≪説文解字≫에서는 "청은 밝은 것이다. 맑은 물의 모습이다"라고 淸의 本義를 설명하였다. 이 본의에서 출발하여 '깨끗하다', '조용하게 있다', '한가하다', '공정하다', '분명하고 명백하다', '빼어나게 아름답다', '한랭하다' 등의 의미로 확대 발전하게 된다. '淸'은 시상이 맑고 깨끗하며 맑은 표현이라고 할 수 있다. '新'은 새롭다, 신선하다는 뜻이다. 종합하면 '淸新'은 시상이 맑고 깨끗하며 깔끔하게 새로운 문사를 표현하는 미감이라 할 수 있다.

4-26

沈約云:"好詩圓轉如彈丸." 斯言雖未盡然, 然亦有所得處. 約能言之, 及觀其詩, 竟無一首能踐斯言者, 何也?

심약은 "좋은 시는 탄환과 같이 둥글게 구른다."⁴⁹⁹⁾라고 말했다. 이 말은 비록 모두 맞다고 할 수는 없지만, 또한 취할만한 바가 있다. 심약은 이와 같은 말을 할 수는 있었지만 그의 시를 보면 결국 어느 한 수도 이 말을 실천한 것이 없으니, 이는 무엇인가?

4-27

約詩惟"勿言一樽酒, 明日難重持." 二話稍佳, 餘俱無可取.

심약의 시는 오직 "술이 한 단지나 된다는 말은 하지 말고, 내일 다시 들기 어렵다."⁵⁰⁰⁾라는 두 마디 말이 조금 좋은 구절이고, 나머지는 모두 볼 만한 것이 없다.

4-28

又約〈郊居賦〉初無長處, 而自矜其"雌霓連蜷"數語, 謂王筠曰:"知音者稀, 眞賞殆絶, 僕所相邀, 在此數語."

또 심약의 〈교거부(郊居賦)〉는 시작부터 잘된 곳을 찾아볼 수 없는데도 불구하고, 스스로가 "무지개가 잇닿아 구부러져 있다."와

---

499) "좋은 시는 탄환과 같이 둥글게 구른다(好詩圓轉如彈丸)": 심약은 평측 사성의 영명체 성률을 운용하여 시를 지을 것을 주장하였다. 때문에 그의 시 음조는 조화롭고 입으로 읽으면 낭낭하여 거문고를 타듯이 귀에 듣기 좋다.

500) "술이 한 단지나 …… 들기 어려우나니": 심약의 〈別苑安成〉에서 나온 구절이다.

같은 몇 마디 말을 자랑스럽게 여겨 왕균501)에게 "나를 알아주는 사람은 드물고 진정으로 감상할 수 있는 사람도 이제 끊어졌습니다. 제가 당신에게 청하는 바는 바로 이 몇 말에 있습니다."라고 하였다.

4-29

數語有何意味, 而自矜若此! 約之才思, 於此可推。乃爲音韻之宗, 以四聲八病、疊韻雙聲等法, 約束千秋風雅, 亦何爲也!

몇 마디의 말이 얼마나 대단한 의미를 담고 있기에 스스로 이렇게 만족하는가! 심약의 재능과 생각은 여기에서 미루어 알 수 있다. 또한 음운의 종주가 되어 사성팔병502)과 첩운503), 쌍성504) 등의 방법으로써 천년 동안 시를 구속하였으니, 도대체 무엇 때문인가!

4-30

李白天才自然, 出類拔萃。然千古與杜甫齊采, 則猶有間。蓋白之得此者, 非以才得之, 乃以氣得之也。從來節義、勳業、文章, 皆得於天, 而足於己。

이백은 하늘이 내린 재능이 일반사람보다 훨씬 뛰어나지만505), 천

---

501) 왕균(王筠): 생졸년은 481~549, 남조 梁의 문학가로 자는 元禮 혹은 德柔이고 琅邪 臨沂(현 산동성 일대) 사람이다. 太子洗馬, 太子詹事 등 여러 관직을 지냈고 그 때마다 관직의 이름을 딴 시문집을 지었다.
502) 사성팔병(四聲八病): 시를 지을 때 성율에서 기피해야할 여덟가지 병폐를 말하는 것으로 남제 영명년간에 문학가 沈約이 주장하였다. 사성팔병은 平頭, 上尾, 蜂腰, 鶴膝, 大韻, 小韻, 旁紐, 正紐 등을 말한다.
503) 첩운(疊韻): 운모가 같은 글자를 나란히 쓰는 것을 말한다.
504) 쌍성(雙聲): 성모가 같은 글자를 나란히 쓰는 것을 말한다.
505) 발췌(拔萃): 여럿 속에서 훨씬 뛰어남. 발군(拔群).

고의 긴 세월동안 두보와 이름을 나란히 하였지만 또한 차이가 있다. 대개 이백이 이러한 말을 얻은 것은 그가 재능을 얻은 것이 아니라 기를 얻었기 때문이다. 종래의 절의, 공업506), 문장은 모두 하늘에서 부여받아 스스로 그것을 충분하게 한 것이다.

▶ 4-31

然其間亦豈能無分劑！雖所得或未至十分, 苟有氣以鼓之, 如弓之括, 力至引滿, 自可無堅不摧, 此在彀率之外者也。

그러나 그 안에 어찌 또한 차이가 없겠는가! 비록 하늘에서 얻은 바가 설령 완전하지 못할지라도 기로써 불어넣는다면, 그것은 마치 활시위를 팽팽히 잡아당겨서 제아무리 견고해도 부수지 못할 것이 없게 되는 것에 비할 수 있으며, 이것은 활을 당기는 법도507) 밖에 있는 것이다.

▶ 4-32

如白〈淸平調〉三首, 亦平平宮豔體耳。然貴妃捧硯, 力士脫靴, 無論懦夫於此, 戰慄趦趄萬狀, 秦舞陽壯士, 不能不色變於秦皇殿上。

예를 들어 이백의 〈청평조〉3수와 같은 것은 또한 일반적인 궁염체508)일 뿐이다. 그러나 양귀비509)가 벼루를 들고, 고력사가 신발

---

506) 훈업(勳業): 공업(功業)과 같은 뜻으로, 두보(杜甫)의 시 강상(江上)에 "훈업을 염려해 자주 거울을 보고, 행장엔 어두워 홀로 누각 기대노라.(勳業頻看鏡 行藏獨倚樓)"라고 한 데서 온 말이다. ≪杜少陵詩集 卷15≫
507) 구율(彀率): 활을 당기는 법을 이름. ≪맹자(孟子)≫〈진심(盡心)〉장에 "羿不爲拙射變其彀率"이란 대문이 보임. "率"은 "律"과 통용함.
508) "술이 한 단지나 …… 들기 어렵다": 출전은 沈約의 〈別范安成〉이다.
509) 양귀비(楊貴妃): 생졸년은 719~756, 중국 당나라 현종(玄宗)의 비(妃)로 이

4-33

則氣未有不先餒者, 寧暇見其才乎! 觀白揮灑萬乘之前, 無異長安市上醉眠時, 此何如氣也! 大之卽舜、禹之巍巍不與, 立勳業可以鷹揚牧野, 盡節義能爲逢、比碎首.

그런 즉 기가 먼저 위축되면 어찌 그 재능을 볼 겨를이 있겠는가! 이백이 만승513)의 천자 앞에서도 의연한 모습이 서울 장안의 시장에서 술 취해 잠잘 때와 다름이 없음을 보면, 기가 얼마만큼 이겠는가! 기를 크게 하면 저 높이 우뚝 솟은514) 순임금이나 우임금도

름은 옥환(玉環), 도교에서는 태진(太眞)이라 부른다. 춤과 음악에 뛰어나고 총명하여 현종의 총애를 받았으나 안녹산의 난 때 죽었다.
510) "고력사가 …… 한 일은": 고력사의 생졸년은 684~762. 중국 당 현종(玄宗) 때의 환관(宦官)으로서 위황후(韋皇后)와 태평공주(太平公主) 세력을 제거하는 데 공을 세워 현종(玄宗)의 두터운 신임을 받았으며, 이를 바탕으로 권세를 부려 당후기에 환관 세도정치의 길을 열었다. 이백(李白)이 어전에 취해 있을 때 환관 고 역사(高力士)가 당 명황(唐明皇)의 명으로 그의 신을 벗겨준 일이 있었는데 역사가 그것을 수치스럽게 여기고 있다가 양귀비(楊貴妃)에게 "그가 지은 〈청평악사(淸平樂詞)〉 가운데 '可憐飛燕倚新粧'이란 구절은 한(漢) 나라의 여우 같은 조비연(趙飛燕)을 귀비에 비유하여 모욕한 것이다."고 참소하여 그의 출세를 저지시켰다는 고사이다.
511) 전율(戰慄): 두려워하고 조심함.
512) 진무양(秦舞陽): 형가 가 진에 들어갈 때에, 지도(地圖)를 갖고 따르던 젊은 협사의 이름이다.
513) 만승(萬乘): ≪맹자≫ 양혜왕(梁惠王) 상에, "만승(萬乘)의 나라에 그 임금을 시해(弑害)하는 자는 반드시 천승(千乘)의 집이다." 하였다. 승(乘)은 수레의 수로 만승은 병거(兵車) 1만 대를 출동시킬 수 있는 대국(大國)을 말한다.
514) 외외(巍巍): 높고 큰 모습을 말한다. 공자가 순임금을 두고 말하기를 "외외하도다! 순임금과 우임금이 천하를 가졌으나 간여하지 않으심이여.(巍巍乎 舜

닦지 못할 것이고, 업적을 세움에 강태공이 목야에서 드날렸고515), 절의를 다함에 능히 봉·비와 같이 목숨을 끊을 수 있다.

▶ 4-34

立言而爲文章, 韓愈所言 '光焰萬丈', 此正言文章之氣也。氣之所用不同, 用於一事則一事立極, 推之萬事, 無不可以立極。

입언하여 문장을 짓고, 한유의 시는 '만장이나 되는 광염을 토해내는 것 같다'516)는 말, 이것은 바로 문장의 기를 말한다. 기의 쓰임은 같지 않고, 기를 한 가지 일에 쓰면 한 가지 일을 지극하게 할 수 있고, 그것을 모든 일에 미루어서 쓰면 모든 것을 지극하게 할 수 있다.

▶ 4-35

故白得與甫齊名者, 非才爲之, 而氣爲之也。而歷觀千古詩人, 有大名者, 捨白之外, 孰能有是氣者乎!

그러므로 이백이 두보와 이름을 나란히 하게 된 것은, 재능이 아니라 기가 그렇게 한 것이다. 천고의 시인 가운데 크게 이름을 떨친 사람을 낱낱이 살펴보면 이백을 제외하고 어느 누가 이러한 기

禹之有天下也而不與焉)"라고 하였다. ≪論語·泰伯≫
515) "강태공이 목야에서 …… 드날렸고": 지명으로 주무왕(周武王)이 은(殷) 나라 주왕(紂王)을 토벌한 곳이다. ≪시경(詩經)≫ 〈대아(大雅) 대명(大明)〉에, "은상(殷商)의 군대가 숲처럼 모여 목야에 진을 치니 우리 군대가 흥기하도다. …… 태사(太師)인 상보(尙父)가 때로 매가 날듯이 하여 저 무왕을 도와 군대를 풀어 상(商)나라를 치도다." 하였다.
516) 광염만장(光焰萬丈): 한유(韓愈)의 〈조장적(調張籍)〉 시에 "이백 두보 문장은 지금도 남아 있어, 세찬 불꽃을 만길이나 내뿜는다.(李杜文章在, 光焰萬丈長)" 한 데서 온 말이다.

를 가졌으랴!

▶ 4-36

<u>盛唐</u>大家, 稱<u>高</u>、<u>岑</u>、<u>王</u>、<u>孟</u>。<u>高</u>、<u>岑</u>相似, 而<u>高</u>爲稍優, <u>孟</u>則大不如<u>王</u>矣。<u>高</u>七古爲勝, 時見沉雄, 時見沖澹, 不一色。其沉雄直不減<u>杜甫</u>。

성당의 대가로는 고적, 장삼, 왕유, 맹호연을 일컫는다. 고적과 장삼은 서로 비슷하지만 고적이 약간 낫다고 할 수 있고, 맹호연은 왕유보다 한참 못하다. 고적의 칠언고시는 훌륭하여 어떤 때는 침웅517)이 드러나고, 어떤 때는 충담518)이 나타나므로 한 가지 색이 아니다. 그 침웅함은 솔직히 두보보다 못하지 않다고 할 수 있다.

▶ 4-37

<u>岑</u>七古間有傑句, 苦無全篇。且起結意調, 往往相同, 不見手筆。<u>高</u>、<u>岑</u>五七律相似, 遂爲後人應酬活套作俑。

장삼의 칠언고시는 군데군데 훌륭한 구가 있지만 전편이 그렇지 않은 것이 아쉽다. 또한 기구와 결구의 뜻이 늘 서로 같아서 직접

---

517) 침웅(沉雄): 진실되고 거짓이 없어 동요하지 않고 진지하면서도 웅장하고 기세가 큰 것을 말한다.
518) 충담(沖澹): 깨끗하고 욕기가 없으며 부드럽고 화기 있음을 뜻하는 말이다. 풍격용어 충담은 감정이 고상하고 생각이 원대하며 몸을 잊고 마음에 법칙이 없는 것이 시에 반영되어 자아내는 미감이다. 사공도의 ≪二十四詩品≫에는 "素處以默, 妙機其微。飮之太和, 獨鶴與飛。猶之惠風, 荏苒在衣。閱音修篁, 美曰載歸。遇之匪深, 卽之愈希。脫有形似, 握手已違。(잠자코 소박하게 사니, 오묘한 기틀이 은미하다. 지극히 조화된 기운 들이마시고, 외로운 학과 함께 날아다닌다. 마치 남풍이 부드럽게 웃어 불어오는 것 같다. 긴 통소의 소리 듣고서, 좋아하면서 싣고 돌아가겠다고 말한다. 그것을 만나면 깊지 않으나, 그것에 다가서면 더욱 희미해진다. 혹 형상이 흡사함 있어도, 손으로 잡으면 이미 어긋난다.)"라고 하였다.

쓴 흔적이 드러나지 않는다. 고적과 장삼의 오언율시와 칠언율시는 서로 비슷하여 결국 후대 사람들의 응수시에 상투적으로 쓰이게 되는 좋지 못한 선례를 만들었다.

▶ 4-38

如高七律一首中, 疊用'巫峽啼猿'、'衡陽歸雁'、'靑楓江'、'白帝城.' 岑一首中疊用'雲隨馬'、'雨洗兵'、'花迎蓋'、'柳拂旌', 四語一意。高、岑五律, 如此尤多。

예를 들면 고적의 칠언율시의 한 수 가운데 '巫峽啼猿', '衡陽歸雁', '靑楓江', '白帝城'을 첩용하고, 잠삼의 한 수 가운데선 '雲隨馬', '雨洗兵', '花迎蓋', '柳拂旌'을 첩용하는 것을 들 수 있다. 실제로 이 각각의 시어들은 같은 뜻이다. 고적과 장삼의 오언율시에는 이러한 것들이 더욱 많다.

▶ 4-39

後人行笈中攜〈廣輿記〉一部, 遂可吟詠遍九州, 實高、岑啓之也。總之以'月白、風淸、烏啼、花落'等字, 裝上地頭一名目, 則一首詩成, 可以活板印就也。

후세 사람들이 이 책에 들어있는 〈광여기(廣輿記)〉한 부를 가져다 마침내 전국을519) 두루 돌아다니며 읊을 수 있다고 하는데, 실제로는 고적과 장삼이 그것을 인도한 것이다. 종합하면 '月白'·'風淸'·'烏啼'·'花落' 등의 글자로 시의 첫머리를 장식하면 명목상 한 수의 시가 완성될 수는 있으나, 아주 판에 박은 듯이 상투

---

519) 구주(九州): 우(禹)임금이 중국을 9주로 나누었던 데서 유래한 말로 중국 전체를 가리킨다.

적인 인쇄로 나아갈 수 있다.

> **4-40**

王維五律最出色, 七古最無味。孟浩然諸體, 似乎澹遠, 然無縹緲幽深思致, 如畫家寫意, 墨氣都無。蘇軾謂: "浩然韻高而才短, 如造內法酒手, 而無材料", 誠爲知言。

왕유의 오언율시는 가장 뛰어나지만, 칠언고시는 가장 맛이 없다. 맹호연의 여러 글은 담원520)한 듯 하지만 그윽한 생각의 깊이가 없어서, 마치 화가가 뜻을 그려내는 데에 있어 묵기가 전혀 없는 것에 비할 수 있다. 소식은 "맹호연의 운은 높은 수준이라 할 수 있지만, 재능이 부족하다. 이는 마치 술을 잘 만드는 방법은 아는데521), 재료가 없는 것에 비할 수 있다."라고 했는데, 정말로 사리에 맞는 말이다.

> **4-41**

後人胸無才思, 易於衝口而出, 孟開其端也。總而論之, 高七古, 王五律, 可無遺議矣。

후대사람들이 깊이 생각하지 않고 쉽게 입 밖으로 내뱉게 된 것은 맹호연이 그 발단이라고 했다. 종합하면 고적은 칠언고시, 왕유는 오언율시에서 남긴 논평이 없다고 할 수 있다.

> **4-42**

王世貞曰: "十首以前, 少陵較難入。百首以後, 青蓮較易

---

520) 담원(澹遠): 물결이 조용하게 움직이는 모양이 안정되어 아득하게 느껴지는 미감으로 안정되어 여운이 계속 느껴지는 심오함이 있는 풍격이다.
521) 내법주(內法酒): 궁중에서 규정된 법도에 따라 빚은 술을 말한다.

厭。" 斯言以蔽李、杜, 而軒輊自見矣。

왕세정은 "두보의 시는 열 수를 읽기 전에 비교적 이해하기가 어렵고, 이백의 시는 백 수를 읽은 후에 비교적 쉽게 물린다."라고 했는데, 이 말은 이백과 두보를 한마디로 말한 것으로 두 사람의 우열522)이 잘 드러나고 있다.

▶ 4-43

以此推之, 世有閱至終卷皆難入, 纔讀一篇卽厭者, 其過惟均。究之難入者可加工, 而卽厭者終難藥也。

이것으로 유추해보면 세상에는 끝까지 읽어도 이해하기 어려운 책이 있고, 겨우 한 편을 읽었으나 질리는 것이 있으니 그 잘못은 똑같다. 결국 이해하기 어려운 것은 공을 더하면 되지만, 금세 질리는 것에는 처방을 내리기 어렵다.

▶ 4-44

白居易詩, 傳爲'老嫗可曉。' 余謂此言亦未盡然。今觀其集, 矢口而出者固多, 蘇軾謂其"局於淺切, 又不能變風操, 故讀之易厭。"

백거이의 시는 '할머니도 쉽게 이해할 수 있다.'523)라고 전해지지

---

522) 헌질(軒輊): '軒'(수레 앞의 높은 부분)과 '輊'(수레 앞의 낮은 부분)로 고저·대소·경중·상하·우열이 있음을 말한다.
523) "늙은 할머니도 쉽게 이해할 수 있다(老嫗可曉)": 중당 백거이는 시를 지을 때 반드시 먼저 노인들에게 듣고나서 그들이 이해하지 못하면 시를 다시 지었다는 일화가 ≪冷齋夜話≫에 전한다. "백낙천은 시를 지을 때마다 한 사람의 노파도 그것을 이해하도록 하였다. '이해 못하겠습니까?'라고 물어보아 '이해하겠습니다.'라고 하면 그것을 기록하고, '이해 못하겠습니다.'라고 하면 다시 그것을 쉽게 고쳤다."(≪甌北詩話≫: 白樂天每作詩, 令一老嫗解之, 問曰解否? 曰解則錄之, 不解則復易之.) 여기에서 그가 얼마나 일반대중이 읽기 쉽

만, 나는 이 말이 모두 옳다고 여기지는 않는다. 지금 그의 문집을 보면 엉겁결에 말한 것이 정말 많고, 소식은 "백거이의 글이 천박함에 빠져있고 또한 풍조를 변화시킬 수 없기에 읽으면 쉽게 싫증이 난다."라고까지 했다.

▶ 4-45

夫白之易厭, 更甚於李。然有作意處, 寄託深遠。如〈重賦〉、〈致仕〉、〈傷友〉、〈傷宅〉等篇, 言淺而深, 意微而顯, 此風人之能事也。

저 쉬운 백거이시가 이백시보다 더 물리기 쉽지만 기탁한 뜻은 심원하다. 예를 들어 〈중부(重賦)〉, 〈치사(致仕)〉, 〈상우(傷友)〉, 〈상택(傷宅)〉과 같은 편들은 말은 쉽지만 뜻이 깊어 의미가 자세히 잘 드러나니, 이것이 바로 시인의 재능인 것이다.

▶ 4-46

至五言排律, 屬對精緊, 使事嚴切, 章法變化中條理井然, 讀之使人惟恐其竟, 杜甫後不多得者。

도록 평이한 시어(詩語)를 사용하여 시를 지었는지 알 수 있다. 명대(明代) 호응린(胡應麟)은 ≪시수(詩藪)≫ 권6에서, "낙천의 시는 세상에서 이르기를 얕고 속되다고 하는데 이는 뜻과 말이 합치되었기 때문이다.(樂天詩, 世謂淺近, 以意與語合也.)"라고 하였는데, 여기에서 "얕고 속되다"고 한 말은 곧 평이하다는 뜻이며, "뜻과 말이 합치되었다"는 것은 그의 시어가 복잡하거나 함축적이지 않은 직설적인 언어라는 뜻이다. 이러한 직설적인 언어 구사가 가장 잘 나타난 시가 바로 풍유시와 〈비파행〉, 〈장한가〉 등이다. 특히 그의 시는 장안(長安)에서 강서(江西) 3~4천리에 이르는 향교, 불사, 객사라든지 일반 서민, 승려, 과부, 처녀들의 입에까지 회자하였다. 절간의 벽에 그의 시가 쓰여지고 〈장한가〉를 외우는 기녀가 술좌석에서 돈을 더 요구할 수 있었던 것도 실은 그의 시가 평이한 언어로 표현되었기 때문이라 할 수 있다.

오언율시에 이르면, 대구가 정밀하여서 전고를 엄정하게 사용하였고 장법의 변화가운데에서 조리가 정연하고, 읽는 사람들로 하여금 그의 이와 같은 경지를 두려워하였으니 두보 이후로 많이 할 수 있는 것이 아니다.

4-47

人每易視白, 則失之矣。元稹作意勝於白, 不及白春容暇豫。
매 사람들은 백거이를 경시했는데, 그것은 잘못된 것이다. 원진524)은 그 뜻에 있어서는 백거이보다 나았으나, 백거이의 여유로움은 원진에 미치지 못하였다.

4-48

白俚俗處而雅亦在其中, 終非庸近可擬。二人同時得盛名, 必有其實, 俱未可輕議也。
백거이는 천속하면서도 아(雅)가 또한 그 가운데에 들어가 있었으니, 결코 천속하다고 하며 쉽게 따라할 수 있는 것이 아니다. 두 사람은 동시에 성대한 이름을 얻었는데, 반드시 그 내용이 있으므로 논의해서는 안 된다.

4-49

李賀鬼才, 其造語入險, 正如蒼頡造字, 可使鬼夜哭。王世貞曰："長吉師心, 故爾作怪, 有出人意表。然奇過則凡, 老

---

524) 원진(元稹): 779~831. 당나라 때의 시인이다. 그는 성품이 강직하고 시를 잘 지었으므로 궁중(宮中)에서 원재자(元才子)라 했고, 백거이(白居易)와 같이 이름이 높아 원백(元白)이라 일컬어졌으며, 또 그들의 시체를 원백체(元白體)라 함. 저서에는 ≪원씨장경집(元氏長慶集)≫이 있다.

過則稚, 所謂不可無一, 不可有二."

이하는 귀재였다. 그는 기험하게 글을 지어 마치 창힐525)이 글자를 만드는 것과 같았으며, 귀신도 밤에 울게 할 수 있을 정도이다. 왕세정526)은 "이하 선생은 일부로 괴이하게 지었고 다른 사람의 의표를 벗어나는 것이 있었다. 하지만 기이함이 지나치면 평범해지고 노련함이 지나치면 유치해지는 법이니, 이른바 하나가 없을 수 없고 둘이 있을 수 없다."라고 말하였다.

▶ 4-50

余嘗謂世貞評詩, 有極切當者, 非同時諸家可比. '奇過則凡' 一語, 尤爲學李賀者下一痛砭也.

나는 일찍이 왕세정의 시평이 지극히 적당한 바가 있으며 같은 시기의 여러 사람이 그에 비할 수가 없다고 했다. '기이함이 넘치면 평범하다'는 이 말은 특히 이하를 배우는 사람이 아픈 훈계로 삼아야 할 것이다.

▶ 4-51

論者謂 "晩唐之詩, 其音衰颯." 然衰颯之論, 晩唐不辭. 若以衰颯爲貶, 晩唐不受也. 夫天有四時, 四時有春秋.

비평가들은 "만당의 시는 그 음이 쇠잔하여 쓸쓸하다."라고 일컫는다. 그러한 평을 만당이 부인하지는 않는다. 하지만 만약 만당

---

525) 창힐(蒼頡): 중국 고대 황제(黃帝) 때의 사관(史官)으로서 한자를 처음으로 만들었다고 하는 전설상의 인물이다.
526) 왕세정(王世貞): 명나라의 문인으로 자는 원미(元美), 호는 봉주(鳳州) 또는 엄주산인(弇州山人)이다. 젊을 때부터 문명(文名)이 높아 가정칠재자(嘉靖七才子)의 한 사람으로 손꼽혔고, 이반룡(李攀龍)과 함께 이왕(李王)이라 불리며 명대 후기 시단을 주도하였다.

의 시가 쇠잔하여 쓸쓸하다고 폄하한다면, 만당은 그것을 받아들이지 않는다. 무릇 하늘에는 사계절이 있고, 사계절에는 봄과 가을이 있다.

▶ 4-52

春氣滋生, 秋氣肅殺。滋生則敷榮, 肅殺則衰颯。氣之候不同, 非氣有優劣也。使氣有優劣, 春與秋亦有優劣乎?

봄의 기운은 만물을 번성하게 자라게 하고, 가을의 기운은 춥고 스산하여 만물을 말라 죽게 한다. 자생하면 번영하고 가을 기운이 초목을 말라죽게 한다.527) 기는 시기에 따라 다르지만 그렇다고 기에 우열이 있는 것은 아니다. 만약 기에 우열이 있다면 봄과 가을에도 역시 우열이 있다는 말인가?

▶ 4-53

故衰颯以爲氣, 秋氣也。衰颯爲聲, 商聲也。俱天地之出於自然者, 不可以爲貶也。

그러므로 쇠잔하여 쓸쓸한 것을 기로 삼는 것이 가을의 기운이다. 또한 그것을 소리로 삼은 것이 상성528)이다. 모두 하늘과 땅의 자연에서 나오는 것이니 폄하해서는 안 된다.

---

527) 소살(肅殺): 가을 기운이 초목을 말라 죽게 함. 전국 시대 초(楚)나라 시인 송옥(宋玉)의 〈구변(九辯)〉 첫머리에 "슬프다, 가을 기운이여. 쓸쓸하게 초목은 바람에 흔들려 땅에 지고 쇠한 모습으로 바뀌었네.(悲哉秋之爲氣也 蕭瑟兮 草木搖落而變衰)"라는 명구가 나온다.
528) 상성(商聲): 오음(五音)의 하나. 상(商)이 사시(四時)로 치면 가을에 해당하므로 추성(秋聲)을 상성(商聲) 이라고 한다.

4-54

又<u>盛唐</u>之詩, 春花也。桃李之穠華, 牡丹芍藥之姸豔, 其品華美貴重, 略無 儉薄之態, 固足美也。

또한 성당의 시는 봄꽃이다. 복숭아꽃과 배꽃의 농염함과 모란과 작약의 아름다움은 그 기품이 화려하고 아름답고 고귀하고 중하여, 조금도 차갑고 파리하고 박한 모양이 없이 아름답다고 하기에 충분하다.

4-55

<u>晚唐</u>之詩, 秋花也。江上之笑蓉, 籬邊之叢蔔, 極幽豔晚香之韻, 可不爲美乎?

만당의 시는 가을꽃이다. 강가의 연꽃, 울타리 주변529) 국화에서 풍기는 지극히 그윽하고 짙은 향의 운을 아름답지 않다고 할 수 있겠는가?

4-56

夫一字之褒貶以定其評, 固當詳其本末, 奈何不察而以辭加人, 又從而爲之貶乎!

저 한 글자로 그 논평을 포폄하자면, 마땅히 그 처음과 끝을 상세하게 알아야하는데, 자세히 살피지도 않고 어찌 다른 사람을 논평

---

529) 리변(籬邊): 은일(隱逸)의 삶을 그리워하는 뜻을 담고 있다. 진(晉)나라 은사 도연명의 〈잡시(雜詩)〉에서 "동쪽 울 밑에서 국화를 따다가 유연히 남산을 보노라.(採菊東籬下, 悠然見南山)" 하였으며, 남조(南朝) 양(梁)나라 은사 도홍경(陶弘景)의 〈조문산중하소유부시이답(朝問山中何所有賦詩以答)〉에 "산 중에는 무엇이 있느뇨. 산 위에는 흰 구름이 많아라. 그저 나 혼자 즐길 뿐, 그대에게 줄 수는 없도다.(山中何所有 嶺上多白雲 只可自怡悅 不堪持贈君)" 하였다.

하고, 또한 폄하할 수 있단 말인가!

▶ 4-57

則執'盛'與'晚'之見者, 卽其論以剖明之, 當亦無煩辭說之紛紛也已。

그런 즉 성당과 만당의 견해를 가진 사람은 논평할 때 잘 분석하여 밝히고, 마땅히 또한 쓸데없고 이러저러한 말이 없어야 할 뿐이다.

▶ 4-58

開宋詩一代之面目者, 始於梅堯臣、蘇舜欽二人。自漢、魏至晚唐, 詩雖遞變, 皆遞留不盡之意。卽晚唐猶存餘地, 讀罷掩卷, 猶令人屬思久之。

송시의 진면목은 매요신과 소순흠 두 사람에 의해 비로소 시작되었다. 한·위에서 만당에 이르기까지 시는 계속 변했지만, 못 다한 뜻을 남겨 두었다. 만당은 오히려 여지가 있는데 시를 다 읽고 책을 덮더라도, 사람들로 하여금 계속하여 생각하게 한다.

▶ 4-59

自梅、蘇變盡'崑體', 獨創生新, 必辭盡於言, 言盡於意, 發揮鋪寫, 曲折層累以赴之, 竭盡乃止。

매요신과 소순흠이 서곤체530)를 다하여 독창적으로 새로운 것을

---

530) 곤체(崑體): 서곤체 시를 말한다. 송초 양억, 유균, 전유연 등 이들이 서로 주고받은 시를 모아 《西崑酬唱集》이라 했는데, 여기에서 '서곤'이라는 명칭이 유래되었다. 대우와 전고를 매우 중시하고 섬세함과 아름다운 표현을 숭상하여 겉으로는 지극히 화려하지만 안으로는 내용이 없고 공허한 것이 특징이다.

열 때는 반드시 문사는 말에서 다하였고, 말은 뜻에서 다하였으며, 묘사가 곡절함을 층층이 더하여 이를 다하게 된 후에야 비로소 그쳤다.

▶ 4-60

才人伎倆, 騰踔六合之內, 縱其所如, 無不可者, 然合蓄渟泓之意, 亦少衰矣。

재능있는 사람의 기량은 모든 곳을 자유롭게 넘나들어, 할 수 없는 것이 없었다. 그리하여 함축적이고 깊은 뜻도 쇠함이 적었다.

▶ 4-61

<u>歐陽修</u>極服膺二子之詩, 然<u>歐</u>詩頗異於是。以二子視<u>歐陽</u>, 其有'狂'與'狷'之分乎。

구양수는 두 사람의 시를 마음으로 신봉하였으나, 구양수의 시는 그들의 시와는 자못 다르다. 두 사람의 것과 구양수를 비교한다면 아마 '狂'과 '狷'의 구분이 있을 것이다.'531)

---

531) "'狂'과 '狷'의 구분이 있을 것이다.": 광(狂)은 기개가 높은 반면 말을 함부로 하여 언행이 일치하지 못하는 자이고, 견(狷)은 의지가 굳어 나쁜 일을 하지 않는 반면 고집이 세어 변통하지 못하는 자를 이른다. 향원(鄕原)은 사이비 유덕자(有德者)로, 세속에 영합하여 무식한 사람들로부터 존경을 받는 자이다. ≪논어(論語)≫ 자로(子路)에 공자가 말하기를, "중도의 선비를 얻어 더불 수 없다면 반드시 광자(狂者)나 견자(狷者)와 더불어 할 것이니, 광자는 진취적이고 견자는 하지 않는 바가 있다.(不得中行而與之 必也狂狷乎 狂者進取 狷者有所不爲也)" 하였다. 또한 양화(陽貨)에 공자가 "향원은 덕의 적이다.(鄕原德之賊也)" 하였으며, ≪맹자≫ 진심 하(盡心下)에 "공자는 사이비를 미워하셨으니, 향원을 미워함은 덕을 어지럽힐까 두려워해서이다." 하였다.

4-62

古今詩集，多者或數千首，少者或千首，或數百首。若一集中首首俱佳，並無優劣，其詩必不傳。

고금의 시집은 많게는 수 천 수, 적게는 천 수 혹은 수 백 수가 있다. 만약 예를 들어 어느 한 시집 중에 모든 시가가 우열이 없으면 그 시는 반드시 전해지지 않게 될 것이다.

4-63

又除律詩外，若五七言〈古風〉長篇，句句俱佳，並無優劣，其詩亦必不傳。

또한 율시를 제외하고 만약 오언장편과 칠언〈고풍〉장편 고체시532)가 매 구마다 모두 아름다워 우열이 없다면, 그 시 역시 반드시 전해지지 않을 것이다.

4-64

即如杜集中，其率意之作，傷於俚俗率直者頗有。開卷數首中，如爲南曹小司寇作"惟南將獻壽，佳氣日氤氳"等句，豈非累作乎？

예를 들어 두보의 시집에는 가볍게 지은 작품으로 천속하고 솔직한 것들이 자못 들어있다. 앞 권 몇 수 가운데 예를 들어 남조533) 소사구534)을 위해 지은 "남산에서 장수를 축복하니 좋은 기운이

---

532) 고풍(古風): 시체(詩體)의 하나로, 근체시(近體詩)에 상대되는 고체시(古體詩)를 말한다. 오언(五言)과 칠언(七言)을 많이 애용하는데, 대우(對偶)를 요구하지 않으며 평측(平仄)이나 용운(用韻) 면에서도 비교적 자유롭다.

533) 남조(南朝): 남북조시대의 강남의 왕조인 宋·齊·梁·陳을 말함.

534) 소사구(小司寇): 주대(周代)에 형벌을 맡은 벼슬. 사구(司寇) 다음 하급에 해당되는 직급이다.

날로 가득하네." 등의 구는 어찌 누추한 것이 아니겠는가?

▶ 4-65

又如〈丹靑引〉, 眞絶作矣, 其中學書須學衛夫人, 但恨無過王右軍, 豈非累句乎！

또한 두보의 〈단청인〉535)과 같은 작품은 절묘한 작품이라고 할 수 있지만 그 가운데의 "글씨를 배우기는 처음 위부인536)에게 배웠는데, 왕희지537)를 넘지 못한 것이 한이 되었다."와 같은 것은 어찌 누추한 구절이 아니겠는가?

---

535) 〈단청인(丹靑引)〉: 본래 제목은 두보의 〈丹靑引贈曹將軍霸〉시로 원문은 "丹靑引贈曹霸將軍, 將軍魏武之子孫, 於今爲庶爲靑門. 英雄割據雖已矣, 文采風流今尙存. 學書初學衛夫人, 但恨無過王右軍. 丹靑不知老將至, 富貴于我如浮雲. 開元之中常引見, 承恩數上南熏殿. 凌烟功臣少顔色, 將軍下筆開生面. 良相頭上進賢冠, 猛將腰間大羽箭. 褒公鄂公毛髮動, 英姿颯爽猶酣戰. 先帝天馬玉花驄, 畫工如山貌不同. 是日牽來赤墀下, 迥立閶闔生長風. 詔謂將軍拂絹素, 意匠慘澹經營中. 斯須九重眞龍出, 一洗萬古凡馬空. 玉花却在御榻上, 榻上庭前屹相嚮. 至尊含笑催賜金, 圉人太僕皆惆悵. 弟子韓幹早入室, 亦能畫馬窮殊相. 干惟畫肉不畫骨, 忍使驊騮氣凋喪. 將軍畫善蓋有神, 偶逢佳士亦寫眞. 卽今漂泊干戈際, 屢貌尋常行路人. 途窮反遭俗眼白, 世上未有如公貧. 但看古來盛名下, 終日坎壈纏其身！" 이와 같다.
536) 위부인(衛夫人): 진(晉) 나라 위항(衛恒)의 종녀이며 이구(李矩)의 아내로 이부인(李夫人)이라고도 하는데, 종요(鍾繇)의 필법을 전수받아 예서(隷書)와 정서(正書)를 잘 써, 왕희지(王羲之)·왕헌지(王獻之)가 모두 그에게서 글씨를 배웠으므로 글씨를 잘 쓰는 부인으로 칭하게 되었다.
537) 왕우군(王右軍): 진(晉)나라 때 명필(名筆) 왕희지(王羲之)를 가리키는바, 그의 벼슬이 우군 장군(右軍將軍)에 이르렀기에 이렇게 부르는 것이다. 그가 삼월 삼짇날 당시의 명사(名士) 41명과 회계(會稽) 산음(山陰)에 있는 난정(蘭亭)이란 정자에 모여 물굽이에 잔을 띄워 술을 마시는 유상곡수(流觴曲水)를 즐기고 〈난정기(蘭亭記)〉라는 명문(名文)을 남겼다.

4-66

譬之於水, 一泓澄然, 無纖翳微塵, 瑩淨徹底, 清則清矣, 此不過澗沚潭沼之積耳, 非易竭, 卽易腐敗, 不可久也。

이것을 물에 비유하면, 먼지나 가리는 것이 없어 너무 깨끗한 것과 같다. 맑디 맑은데 이와 같은 것은 작은 못에 괴여있는 물에 불과해서, 쉽게 없어지지 않으면 쉽게 부패하여 오래갈 수 없기 마련이다.

4-67

若大海之水, 長風鼓浪, 揚泥沙而舞怪物, 靈蠢畢彙, 終古如斯, 此海之大也。百川欲不朝宗, 得乎?

큰 바다에 있는 물은 강한 바람이 파도를 치게 하고, 모래 진흙이 괴물처럼 춤을 추며, 신령스러운 꿈틀거림이 모두 모여서 오랜 시간 계속 이와 같으니, 이것이 바로 바다가 큰 것이다. 수많은 냇물이 바다538)로 흘러가지 않을 수 있겠는가?

4-68

詩文集務多者, 必不佳。古人不朽可傳之作, 正不在多。蘇、李數篇, 自可千古。

시문집을 많이 짓는 것에 힘쓰는 것은 꼭 좋은 것은 아니다. 옛사람이 지어 전하는 불후의 작품들은 바로 많이 짓는 것에 힘쓰지 않음에 있다. 소무와 이릉의 몇 편은 천고의 시간동안 전해 내려

---

538) 조종(朝宗): 제후와 백관이 제왕(帝王)을 찾아가서 조회하는 것을 말하는데, 보통 온갖 물줄기가 바다로 흘러 들어가는 것을 비유할 때 표현하는 말이다. ≪서경≫〈우공(禹貢)〉에 "마치 백관이 임금에게 조회하듯, 장강(長江)과 한수(漢水)가 바다로 모여 든다.(江漢朝宗于海)"라는 말이 나온다.

왔다.

4-69

後人漸以多爲貴, 元、白 ≪長慶集≫實始濫觴。其中頹唐俚俗, 十居六七。若去其六七, 所存二三, 皆卓然名作也。

후대사람들은 점차적으로 다작하는 것을 귀하게 여긴 풍조는, 실제로 원진과 백거이의 ≪장경집(長慶集)≫에서부터 시작되어 널리 퍼졌다.539) 그 가운데에 저속하고 천박한 것은 열에 예닐곱이 되었는데, 만약 그 예닐곱을 제외하면 남은 두서너 개는 모두 뛰어난540) 작품이라 할 수 있다.

4-70

宋人富於詩者, 莫過於楊萬里、周必大。此兩人作, 幾無一首一句可采。陸遊集佳處固多, 而率意無味者更倍。由此以觀, 亦安用多也!

송대 사람 가운데에 시를 많이 지은 사람은 양만리541)와 주필

---

539) 남상(濫觴): 일의 시초란 뜻이며, "강이 처음 민산에서 시작될 때 그 근원은 잔에 넘칠 만큼이다[江始出於岷山 其源可以濫觴]."란 말이 있다. ≪家語·三恕≫

540) 탁연(卓然): 의기(意氣) 가 높아짐을 뜻하는데, 두보(杜甫) 의 음중팔선가(飮中八仙歌) 에 "초수는 닷 말 술을 마셔야 바야흐로 탁연해져서, 고상하고 웅걸한 담론이 온 좌중을 경탄케 하네[焦遂五斗方卓然 高談雄辯驚四筵]." 한 데서 온 말이다. ≪杜少陵集 卷2≫

541) 양만리(楊萬里): 생졸년은 1127~1206. 자는 延秀, 호는 誠齋이다. 吉州 吉水(현 강서성 일대) 출신이다. 고종 소흥 24년(1154) 進士로 贛州司戶參軍이 되었다. 여러 관직을 거치다가 3년에 죄를 지어 知贛州로 폄적되었으나 부임하지 않고 은거하였다. 그의 시는 전원의 맛이 나며 유머와 해학이 가미되어 통속적이며 이해하기 쉽다. 저서로는 ≪誠齋集≫에 시 4천 200여 수가 전한다.

대542) 만한 사람이 없었다. 이 두 사람의 작품은 한 수 한 구가 취할 만한 것이 거의 없다. 육유의 문집은 훌륭한 곳이 정말로 많지만, 경박하여 맛이 없는 것은 훨씬 더 많다. 이로부터 추측해보면 또한 어찌 많은 작품을 짓는 데에 힘을 쏟겠는가!

▶ 4-71

<u>王世貞</u>亦務多者，覓其佳處，昔人云"排沙簡金，尙有寶可見。"至<u>李維楨</u>、<u>文翔鳳</u>諸集，動百卷外，益彼哉不足言矣！
왕세정 역시 많은 작품을 쓰는데 힘을 기울인 사람이다. 그의 훌륭한 곳을 찾는다면 옛 사람이 말한 "수많은 모래 속에서 금을 체로 거르면, 때때로 금과 같은 보석이 보이기도 한다."라고 할 수 있다. 이유정543)과 문상봉544)의 시집에 있어서는 백 권을 훌쩍 넘으니 피차 더욱 말할 것이 없구나!545)

▶ 4-72

作詩文有意逞博，便非佳處。猶主人勉强遍處請生客，客雖滿座，主人無自在受用處。

---

542) 주필대(周必大): 생졸년은 1126～1206, 남송의 문학가이다. 자는 자충(子充) 혹은 홍도(弘道)이고, 자칭 평원노수(平園老叟)라고도 했다. 여릉(廬陵) 사람으로 고종 소흥 11년(1151)에 진사가 되었고 또 박학굉사과(博學宏詞科)에 합격하여 건강부(建康府)의 교수를 지냈다. 이후 두루 관직을 역임하여 우승상(右丞相)에 이르렀고 익국공(益國公)에 봉해졌다. 저서에 ≪平圓集≫200권, ≪二老堂詩話≫1권, ≪近體樂府≫등이 있다. 그는 박학다식했고 시문을 잘 지었는데 시의 풍격은 담박하고 우아했다.
543) 이유정(李維楨): 1547~1626. 자는 木寧이고 ≪大泌山房集≫134권이 있다.
544) 문상봉(文翔鳳): 자는 天瑞이고 명나라 말기 사람이다.
545) 피재(彼哉): ≪論語·憲問≫: "或問子産, 子曰: '惠人也' 問子西, 曰: "彼哉彼哉'(어떤 이가 자산에게 묻자, 공자는 '혜인이다'라고 대답했다. 자서에 대해 묻자, 공자는 '彼哉彼哉')"라고 말했다. 여기서는 말할 가치가 없다는 의미이다.

시와 문장을 지을 때 자신의 지식이 넓음을 드러낸다면 이것은 좋은 것이 아니다. 마치 주인이 억지로 곳곳에서 낯선 손님을 초대하여 손님이 비록 가득 찼지만, 주인 스스로 그들을 받아들일 수 없는 것과 같다.

▶ 4-73

多讀古人書, 多見古人, 猶主人啓戶, 客自到門, 自然賓主水乳, 客不知誰主誰賓。

옛사람의 글을 많이 읽고 옛사람을 자주 만난다는 것은, 마치 주인이 문을 열어 손님이 스스로 들어와서 자연히 주인과 손님이 하나가 되어, 누가 주인이고 누가 손님인지를 알 수 없는 것과 같다.

▶ 4-74

此是眞讀書人, 眞作手。若有意逞博, 搦管時翻書抽帙, 搜求新事、新字句, 以此炫長, 此貧兒稱貸營生, 終非己物, 徒見蹴踏耳。

이것이 진정으로 글을 읽는 사람이고 진정으로 글을 짓는 사람이다. 지식의 넓음을 드러낼 수 있다는 것은 글을 지을 때 책을 뒤져서 새로운 전고나 새로운 자구만을 찾아서 이것으로 자신의 대단함을 자랑하는 것이니, 이것은 가난한 아이가 남의 것을 빌려 삶을 영위하다 결국 자신의 물건이 아니어서 한 날 내팽개져 칠 따름이다.

▶ 4-75

應酬詩有時亦不得不作。雖是客料生活, 然須見是我去應酬他, 不是人人可將去應酬他者。

응수시를 짓지 말아야 할 때가 있다. 비록 손님으로 지내는 것이지만 반드시 알아야 하는 것은, 내가 그 사람에게 응수하는 것이지 모든 사람이 그에게 응수할 것이 아니라는 점이다.

▶ 4-76

如此, 便於客中見主, 不失自家體段, 自然有性有情, 非幕下客及捉刀人所得代爲也. 每見時人, 一部集中, 應酬居什九有餘, 他作居什一不足.

이렇게 해야만 객이 안에서 주인을 보고 자신의 바탕을 잃지 않고 자연스럽게 자신의 성정이 있게 되는 것이지, 대장 휘하의 객이나 칼을 든 사람이 대신 할 수 있는 것이 아니다. 매번 요즘 사람들을 보면 문집 중에 응수시가 열이면 아홉 수 이상이고, 자신의 작품이 열이면 그 중에 하나도 있기도 쉽지 않다.

▶ 4-77

以題張集, 以詩張題, 而我喪我久失. 不知是其人之詩乎? 抑他人之詩乎?

표제를 시집에 늘여놓고 시를 표제에 늘어놓기만 하니, 내 스스로가 나를 잃은 지 오래이다. 그것이 자신의 시인가? 아니면 남의 시인가? 나는 이것을 모르겠다.

▶ 4-78

若懲噎而廢食, 盡去應酬詩不作, 而卒不可去也. 須知題是應酬, 詩自我作, 思過半矣.

만약 목이 메일까546) 겁나서 먹는 것 자체를 전폐한다면, 응수시를 모두 버리고 짓지 않아야 하는데 결국 짓지 않을 수 없다. 반드시 제목을 응수로 해서 시를 내가 지어야한다라는 것을 안다면 생각은 이미 반쯤 한 것이다.

4-79

遊覽詩切不可作應酬山水語。如一幅畫圖, 名手各各自有筆法, 不可錯雜。又名山五嶽, 亦各各自有性情氣象, 不可移換。
유람시는 절대로 산수시에 응수하여 지어서는 안 된다. 한 폭의 그림을 예로 들어보면, 뛰어난 작가들은 저마다 스스로의 필법을 가지고 있어서 섞여서는 안 되는 것과 같다. 또한 명산 오악547)은 각각 저마다의 성정과 기상이 있어서 바꾸어서는 안 된다.

4-80

作詩者以此二種心法, 默契神會, 又須步步不可忘我是遊山人, 然後山水之性情氣象、種種狀貌、變態影響, 皆從我目所見、耳所聽、足所履而出, 是之謂遊覽。
시를 짓는 사람은 이 두 가지를 마음의 법도로 스스로 깊이 깨닫고548) 정신을 모으며, 또한 매번 내 자신이 산을 유람하는 사람이라는 것을 잊어서는 안 된다. 그런 연후에 산과 물의 성정과 기상, 여러 모습과 변화의 양상을 모두 내 스스로의 눈으로 보고 귀로 듣고 발로 직접 다녀서 나온 것을 바로 유람이라고 하는 것이다.

---

546) 일(噎): 목이 메이다. 목이 막히다.
547) 오악(五嶽): 중국의 다섯 가지 큰 산을 가리킨다. 중국에서는 동악(東嶽)인 태산(泰山), 서악(西嶽)인 화산(華山), 남악(南嶽)인 곽산(霍山), 북악(北嶽)인 항산(恒山), 중악(中嶽)인 형산(衡山)을 오악이라 한다.
548) 묵계(默契): 사물의 이치를 자세히 관찰하여 마음속으로 깊이 깨달다는 뜻이다.

> 4-81

且天地之生是山水也, 其幽遠奇險, 天地亦不能一一自剖其妙, 自有此人之耳目手足一歷之, 而山水之妙始洩, 如此方無愧於遊覽, 方無愧於遊覽之詩。

또한 천지에서 태어난 것이 산수이다. 그윽하고 기험한 것은 천지도 스스로 그 오묘함을 분석할 수 없다. 작자 스스로의 눈과 귀, 손과 발이 한번 거치고 나면, 비로소 산수의 오묘함이 드러난다. 이와 같아야 바야흐로 유람하는 것에 부끄럽지 않고 유람시도 부끄러움이 없을 것이다.

> 4-82

何景明與李夢陽書, 縱論歷代之詩而上下是非之。其規夢陽也, 則曰:"近詩以盛唐爲尙。宋人似蒼老而實疏鹵。元人似秀俊而實淺俗。今僕詩不免元習, 而空同近作間入於宋。"

하경명이 이몽양에게 보낸 편지글 속에서 역대의 시를 논하여 그것의 우열과 옳고 그름을 가렸다. 하경명이 이몽양에 대해 말한 부분을 살펴보면 "근래의 시는 성당을 숭상한다. 송대 사람의 시는 고아하고 힘찬 듯하나 실제로는 질박하고, 원나라 사람의 시는 빼어난 듯하나 실제로는 천속하다. 지금 나의 시는 원대의 습관을 벗어나지 못하지만, 이몽양549)의 시는 송대와 가까운 면이 보인다."라고 하였다.

---

549) 공동(空同): 명(明)나라의 문학가(文學家)인 이몽양(李夢陽)의 호이다. 이몽양은 시문(詩文)에 능하여 명나라 십재자(十才子)의 으뜸이라 일컬어진다. 저서로는 ≪이공동집(李空同集)≫이 있다.

4-83

夫尊初、盛唐而嚴斥宋、元者, 何、李之壇坫也, 自當無一字一句入宋、元界分上。

저 초당과 성당을 존숭하고 송과 원을 엄격히 배척하는 자는 하경명과 이몽양의 단점550)이고, 스스로 마땅히 한 글자 한 구절도 송과 원의 영역에 들어가서는 안 된다고 하였다.

4-84

乃景明之言如此, 豈陽斥之而陰竊之, 陽尊之而陰離之邪? 且李不讀唐以後書, 何得有宋詩入其目中而似之邪耶?

그런데 하경명의 말이 이와 같으니 어찌 겉으로는 양을 배척하면서 음을 숨기고, 속으로 양을 존숭하면서 음을 떼놓으려 하는가? 또한 이몽양이 당대 이후의 책을 읽지 않는다면, 어찌 송시를 체득하여 그것과 비슷하게 될 수 있겠는가?

4-85

將未嘗寓目, 自爲遙契吻合, 則此心此理之同, 其又可盡非邪? 旣已似宋, 則自知之明且不有, 何妄進退前人邪? 其故不可解也。

일찍이 눈으로 보지도 않고서 스스로 부절처럼 일치되었다551)고 한다면, 이 마음과 이치가 같은 것을 모두 틀렸다고 말할 수 있겠는가? 이미 송과 비슷해졌다면 스스로의 식견이 밝음이 없음을 자

---

550) 단점(壇坫): 맹회(盟會)의 장소를 이름.
551) 계(契): 부절, 목판 등에 문자나 문구를 쓰고 중앙에 계인을 눌러 둘로 나누어서 각각 이를 가지고 있다가 나중에 서로 맞추어 증거로 삼는 것. 여기서는 그러한 부절이 꼭 맞듯이 섭섭의 말과 한 치도 틀리지 않고 일치한다는 뜻이다.

각한 것인데, 어찌 망령되이 앞시대 사람을 나아가고 물러나게 할 수 있는가? 나는 그 까닭을 이해할 수 없다.

▶ 4-86

竊以爲李之斥唐以後之作者, 非能深入其人之心, 而洞伐其髓也, 亦僅髣彿皮毛形似之間, 但欲高自位置, 以立門戶, 壓倒唐以後作者。而不知已飮食之, 而徒隸於其家矣!

내가 볼 때 이몽양이 당대 이후의 작자를 배척한 것은 그 사람 마음속에 깊이 들어가서 그 정수를 공격한 것이 아니다. 역시 형식적으로 겉만 약간 모방할 수 있으면서, 단지 자신의 지위를 높여서 문호를 세우고자 당 이후의 시인을 낮춘 것이다. 이는 남아있는 음식을 먹는다면, 그 집에서 일해야 하는 것을 모르는 것과 같구나!

▶ 4-87

李與何彼唱予和, 互相標榜。而其言如此, 亦見誠之不可揜也。由是言之, 則凡好爲高論大言, 故作欺人之語, 而終不可以自欺也夫!

이몽양과 하경명은 한 명이 노래 부르면 다른 한 명이 화답하여 서로를 칭송하여 선양했지만552), 그들의 말이 이러하다면 진실은 가릴 수가 없음을 알 수 있다. 이로 미루어 보건데, 무릇 탁상공론

---

552) 표방(標榜): ≪後漢書≫ 권67 당고열전 서(黨錮列傳序)에 "세상에서 그 풍도를 흠모하는 자들이 마침내 서로 표방(標榜)하면서 천하의 명사들을 지목하여 호칭하였는데, 첫째는 삼군(三君)이요, 다음은 팔준(八俊)이요, 다음은 팔고(八顧)요, 다음은 팔급(八及)이요, 다음은 팔주(八廚)라고 하였으니, 이는 옛날의 팔원(八元)이나 팔개(八凱)와 비슷한 것이었다."라는 말이 나온다. 표방은 칭송하며 선양한다는 뜻이다.

을 즐기는 까닭에 남의 속이는 말을 한다. 하지만 결국 자기자신은 결코 속일 수 없도다!

▶ 4-88

從來論詩者, 大約伸唐而絀宋。有謂唐人"以詩爲詩, 主性情, 於≪三百篇≫爲近。宋人以文爲詩, 主議論, 於≪三百篇≫爲遠。"何言之謬也！唐人詩有議論者, 杜甫是也, 杜五言古, 議論尤多。

종래의 시를 논하는 사람은 대개 당을 높이고 송을 낮추었다. 그래서 "당대 사람은 시로써 시를 삼고, 성정을 주로 삼았으며 ≪시경≫에 가까웠다. 송대 사람은 산문으로 시를 썼고, 의론을 중시했으며, ≪시경≫에서 멀어졌다."라고 했는데 이 얼마나 잘못된 말인가! 당대 사람의 시에 의론이 있는 것은 두보의 시를 들 수 있다. 두보의 오언고시는 의론이 매우 많다.

▶ 4-89

長篇如〈赴奉先縣詠懷〉、〈北征〉及〈八哀〉等作, 何首無議論！而以議論歸宋人, 何歟？ 彼先不知何者是議論, 何者爲非議論, 而妄分時代邪？

장편인 〈赴奉先縣詠懷〉·〈北征〉·〈八哀〉등과 같은 작품에 의론이 없는 것이 어디 있는가! 또한 의론을 송대 사람을 돌리는 것은 무엇 때문인가? 먼저 무엇이 의론인지, 무엇이 의론이 아닌지도 모르면서, 어찌 망령되이 시대를 구분하는 것인가?

▶ 4-90

又 ≪三百篇≫中,〈二雅〉爲議論者, 正自不少。彼先不知 ≪三百篇≫, 安能知後人之詩也！

또 ≪시경≫중에 있는 〈소아〉와 〈대아〉편은 의론을 쓴 것이 매우 많다. 먼저 저 ≪시경≫모르고서 어찌 후세 사람들이 시를 알겠는가!

▶ 4-91

如言宋人以文爲詩, 則李白樂府長短句, 何嘗非文！杜甫〈前、後出塞〉及〈潼關吏〉等篇, 其中豈無似文之句！

만약 송나라 사람이 문장을 시로 지었다면553), 이백의 악부 장단구는 어찌 문이 아니겠는가！두보의 〈전·후출색〉554)와 〈동관리〉555)같은 편은 그 안에 어찌 산문에 가까운 구절이 없겠는가！

▶ 4-92

爲此言者, 不但未見宋詩, 並未見唐詩。村學究道聽耳食,

---

553) "문장을 시로 지었다(以文爲詩)": 韓愈로부터 채용한 '문장을 적듯 詩를 짓는 법'(以文爲詩)을 써서 시를 창작하게 됨으로써 詩律의 규칙을 깨었고, 시를 적어 議論하고 시를 적어 일을 서술하는 그러한 "以文爲詩"가 되었다는 것이다. 송시의 중요한 특징 중의 하나이다.

554) 〈전·후출색(前·後出塞)〉: 〈전출색〉9수와 〈후출색〉5수의 연작시는 모두 안록산의 난을 전후로 군사들의 변새에서의 생활을 묘사하고 있다. '出塞'이라는 한 대 악부형식을 빌려 병사가 종군하는 전과정을 묘사한 것으로 영토 확장을 위한 전쟁이 잘못되었음을 풍자하고 있다. 〈후출색〉5수는 전체적으로 동란 중에 젊은이들이 공명심에 불타 군에 입대하여 동북쪽의 수비대로 편성되어 출정하지만 부질없이 늙어만 가는 모습과 그들의 안타까운 심정을 노래하고 있다.

555) 〈동관사(潼關吏)〉: "士卒何草草, 筑城潼關道。大城鐵不如, 小城萬丈餘。借問潼關吏: 修關還備胡。要我下馬行, 爲我指山隅。連雲列戰格, 飛鳥不能逾。胡來但自守, 豈复憂西都？丈人視要處, 窄狹容單車。艱難奮長戟, 千古用一夫。哀哉桃林戰, 百萬化爲魚！請囑防關將, 愼勿學哥舒！"

竊一言以詫新奇, 此等之論是也。
이러한 말을 하는 자는 비단 송시를 보지 못했을 뿐 아니라, 또한 당시도 보지 못한 것이다. 이는 마치 촌사람이 학구열로 인해 길에서 주워들은 것으로, 한마디로 말하면 새롭고 신기하게 표절한 것을 자랑하는 것과 같다.

▶ 4-93
五古, 漢、魏無轉韻者, 至晉以後漸多。唐時五古長篇, 大都轉韻矣, 惟杜甫五古, 終集無轉韻者。畢竟以不轉韻者爲得。
오언고시가 한·위시기에는 전운하지 않았고, 진나라 이후에 점차 많아졌으며, 당대에서는 장편의 오언고시는 대부분 전운했다. 오직 두보만이 오언고시의 운을 끝까지 전운하지 않았다. 마침내 전운하지 않는 것을 장점으로 여겼다.

▶ 4-94
韓愈亦然。如杜〈北征〉等篇, 若一轉韻, 首尾便覺索然無味。且轉韻便似另爲一首, 而氣不屬矣。
한유 역시 그러했다. 예를 들면 두보의 〈북정〉과 같은 편에서 만약 한 번 전운한다면, 수련과 미련이 완전히 맛이 없어지는 것을 느낄 수 있다. 또한 전운하게 되면 다른 작품과 비슷해져서 기운이 연결되지 않았다.

▶ 4-95
五言樂府, 或數句一轉韻, 或四句一轉韻, 此又不可泥。樂府被管絃, 自有音節, 於轉韻見宛轉相生層次之妙。

오언악부는 혹은 많은 구에서 한 번 전운하고, 혹은 4구마다 한 번 전운하는데 이 또한 뒤섞여서는 안 된다. 악부556)는 관악기와 현악기에 의해서 음절이 있고, 전운으로 인해 곡절함이 생기고, 층차의 오묘함이 드러났다.

▶ 4-96

若寫懷、投贈之作, 自宜一韻, 方見首尾聯屬。宋人五古, 不轉韻者多, 爲得之。

이를테면 정회를 읊은 시나 지어서 보낸 시와 같은 작품은 운을 하나로 해야만 비로소 수미가 연속되게 드러난다. 송나라 사람의 오언고시는 전운하지 않은 것이 절로 많은데, 제대로 이루어진 것으로 삼았다.

▶ 4-97

七古終篇一韻, 唐初絶少, 盛唐間有之。杜則十有二三, 韓則十居八九。逮於宋, 七古不轉韻者益多。

칠언고시에 있어 끝까지 한 가지 운으로 끝까지 가는 경우는 당대 초기에는 매우 적었고, 성당에는 간혹 있었다. 두보에 오면 열이

---

556) 악부(樂府): 중국의 시체(詩體)로 원래는 음악을 맡아보던 관청 이름이었으나, 거기서 채집·보존한 악장과 가사 및 그 모방 작품을 악부(樂府) 또는 악부시(樂府詩)라 하게 되었다. 관청으로서의 악부는 전한(前漢) 무제(武帝: 재위 BC 140~BC 88) 때에 비롯하며, 이연년(李延年)이 협률도위(協律都尉)가 되어 사마상여(司馬相如) 등에게 시부(詩賦)를 짓게 하였다. 이는 100여 년 동안 존속하다가 애제(哀帝) 때 폐지되고 태악(太樂)에 통합되었다. 악부시의 범위는 매우 광범위하여 본사(本辭)가 되는 것으로는 정사(正史)의 악지(樂志) 등에 실린 작품, 악지 등에 실리지 않은 민간 가요, 악부체(樂府體)로 문인이 창작한 작품 등이 있고, 본사 이외에 이를 모방한 작품과 이민족(異民族)의 가요 등이 포함된다.

면 두셋이 그러하였고, 한유에 오면 십중팔구가 그러하였다. 송대에 이르면 칠언고시 중에 전운하지 않은 것은 더욱 많았다.

▶ 4-98

初唐四句一轉韻, 轉必蟬聯雙承而下, 此猶是古樂府體。何景明稱其音節可歌, 此言得之而實非。

초당은 네 구에서 한 번 전운하였는데, 전운하면 반드시 연속하여 한 쌍으로 이어서 내려왔으니, 이는 고체악부와 같다. 하경명은 그 음절557)을 노래 부를 수 있다고 일컬었는데, 이것은 말은 되지만 실제로는 틀린 것이다.

▶ 4-99

七古卽景卽物, 正格也。盛唐七古, 始能變化錯綜。蓋七古, 直敘則無生動波瀾, 如平蕪一望, 縱橫則錯亂無條貫, 如一屋散錢。

칠언고시는 즉 '경(景)'과 '물(物)'이 정격이다. 성당에 와서야 칠언고시는 비로소 변화하고 서로 뒤섞여질558) 수 있었다. 대개 칠언고시는 직접 서술하는 방식으로 하면 생동감이나 파란을 일으키는 것이 없어 마치 평야를 바라보는 것 같다. 자유롭게 쓰고자 하면 정연한 질서가 없이 어지러워져 마치 온 집에 돈이 흩어져 있는 것과 같다.

---

557) 음절(音節): 청대의 강희 말엽부터 건륭초에 이룩된 동성파는 경세치용의 문장관을 문학적으로 이론화하였다. 동성파의 창설자 방포의 제자인 유대괴가 신기음절을 주장하여 문장이 음절 속에 살아있다는 문장의 예술성을 주장하여 동성파를 크게 발전시키는 교량의 역할을 하였다.

558) 착종(錯綜): 교착총취(交錯總聚)의 준말로, 교착은 서로 뒤섞여 엇걸림을 뜻하고 총취는 종합하여 모음을 뜻한다. ≪周易 繫辭傳上 第10章≫

4-100

有意作起伏照應, 仍失之板。無意信手出之, 又苦無章法矣。此七古之難, 難尤在轉韻也。

시를 짓는데 의식적으로 변화하고 조응하여559) 판에 박혀 상투적인 잘못을 범하고, 무의식적으로 손가는 대로 하니 또한 장법이 없게 되는 것과 같다. 이것이 칠언고시의 어려움이며, 전운은 특히 더 어려운 것이라 할 수 있다.

4-101

若終篇一韻, 全在筆力能擧之, 藏直敘於縱橫中, 旣不患錯亂, 又不覺其平蕪, 似較轉韻差易。

만약 한 운으로 끝까지 가는 경우에는, 오직 필력으로 종횡의 자유로운 가운데서 있는 직접 서술하여 어지러움과 무미건조함을 느끼지 못하게 되니, 전운과 비교해보면 이것이 약간 더 쉬운 것 같다.

4-102

韓之才無所不可, 而爲此者, 避虛而走實, 任力而不任巧, 實啓其易也。

한유의 재능은 매우 뛰어나서 못하는 것이 없었다. 텅빈 것을 피하여 가득한 것으로 나아갔고, 힘에 의지했고 기교를 믿지 않아서, 정말로 그것을 쉽게 인도하였다.

---

559) 조응(照應): 시문 등을 짓는 데 있어 전후(前後)를 대조하여 균형을 잡는 것을 이름.

4-103

至如杜之〈哀王孫〉, 終篇一韻, 變化波瀾, 層層掉換, 竟似逐段換韻者。七古能事, 至斯已極, 非學者所易步趨耳。

두보의 〈애왕손〉560)과 같은 작품은 전 편이 하나의 운으로 변화가 파란만장하고 층층이 바뀌어서, 마치 단락마다 전운한 것 같다. 칠언고시의 재능은 여기에 이르러서 극에 이르렀으니, 배우는 사람이 쉽게 좇아 갈 수 있는 것이 아닐 따름이다.

4-104

〈燕歌行〉學'柏梁體', 七言句句協韻不轉, 此樂府體則可耳。後人作七古, 亦間用此體, 節促而意短, 通篇竟似湊句, 毫無意味, 可勿傚也。

〈연가행〉561)은 '백양체'562)를 본떠 배운 것이다. 칠언의 매 구를

---

560) 〈애왕손(哀王孫)〉: "長安城頭頭白烏, 夜飛延秋門上呼。又向人家啄大屋, 屋底達官走避胡。金鞭斷折九馬死。骨肉不待同馳驅。腰下寶玦青珊瑚, 可憐王孫泣路隅。問之不肯道姓名, 但道困苦乞爲奴。已經百日竄荊棘, 身上無有完肌膚。高帝子孫盡隆准, 龍种自與常人殊。豺狼在邑龍在野。王孫善保千金軀。不敢長語臨交衢, 且爲王孫立斯須。昨夜東風吹血腥, 東來橐駝滿舊都。朔方健兒好身手, 昔何勇銳今何愚。窃聞天子已傳位, 聖德北服南單于。花門剺面請雪恥, 愼勿出口他人狙。哀哉王孫愼勿疏, 五陵佳氣無時無。"

561) 〈연가행(燕歌行)〉: 조비의 시는 다음과 같다. "秋風蕭瑟天氣涼, 草木搖落露爲霜。群燕辭歸鵠南翔。念君客遊多思腸。慊慊思歸戀故鄉, 君何淹留寄他方。賤妾煢煢守空房, 憂來思君不敢忘。不覺淚下沾衣裳, 援琴鳴絃發清商。短歌微吟不能長, 明月皎皎照我床。星漢西流夜未央, 牽牛織女遙相望. 爾獨何辜限河梁。"

562) 백양체(柏梁體): 시체(詩體)의 하나. 한 무제(韓武帝)가 백량대(柏梁臺)를 낙성(落成)했을 때에 신하들을 모아 칠언(七言)으로 연구(聯句)를 짓게 한 것에서 시작된 것. 한 사람이 한 구(句)씩 짓되 한 구절마다 운자(韻字)를 단 것인데, 칠언 고체(七言古體)의 발단이 되었다.

협운563)하여 전운하지 않으니 이러한 악부체라면 가능하다 할 수 있다. 후세 사람들이 칠언고시를 지을 때 가끔 이 시체를 사용하였는데, 리듬은 빠르고 뜻은 간략해서 전체가 결국은 구를 단순히 모아 놓은 것과 같이 조금도 의미가 없었으니, 본받아서는 안 되는 것이라 할 수 있다.

▶ 4-105

二句一轉韻, 亦覺侷促。大約七古轉韻, 多寡長短, 須行所不得不行, 轉所不得不轉, 方是匠心經營處。

두 구에 한 번 전운하는 것도 촉박함을 느낄 수 있다. 대개 칠언고시 전운에 있어서의 많고 적음, 길고 짧음은 그렇게 할 수 밖에 없을 때 하는 것이며, 부득불 전할 수 밖에 없을 때 전하는 것이 바로 장인이 마음속으로 고심하는 부분이다.

▶ 4-106

若曰:'柏梁體'並非樂府, 何不可效爲之? 柏梁體是衆手攢爲之耳, 出於一手, 豈亦如各人之自寫一句乎? 必以爲古而效之, 是以虞廷喜、起之歌, 律今日詩也。

만약 '백량체'564)가 결코 악부가 아니라 말한다면, 왜 그것을 본받아서는 안 되는가? 양백체는 여러 사람의 손으로 만든 것일 뿐이니, 어찌 또한 한 사람의 손에서 나오는 것이 매 사람이 각각 한

---

563) 협운(協韻): 본래 같은 운에 속하지 않는 글자를 동일한 운으로 사용하는 것을 말한다. 곧 운율을 맞춘다는 뜻이다.
564) '백양체(柏梁體)': 서한 무제 元封3년에 柏梁臺를 세울 때, 한무제가 먼저 '日月星辰和四時'라는 구를 지으니 梁孝王 이하 25명의 사람이 여기에 한 구씩 이어서 한편의 시를 지었는데 이것이 바로 '백양체'이다. 칠언고시의 시초로 여기는데 이후 이와 같은 방식으로 지어진 칠언고시를 이렇게 일컬었다.

구를 쓰는 것과 같겠는가? 반드시 옛것을 본받아야 한다면 이것은 순임금의 조정이 기뻐하면서565) 부른 〈갱재가〉를566) 지금의 시로 규율하는 것이다.

▶ 4-107

杜甫七言長篇, 變化神妙, 極慘淡經營之奇。就〈贈曹將軍丹靑引〉一篇論之。起手'將軍魏武之子孫'四句, 如天半奇峰, 拔地陡起。他人於此下便欲接'丹靑'等語, 用轉韻矣。
두보의 칠언장편은 변화가 신묘했고 매우 고심하여 썼다. 〈贈曹將軍丹靑引〉567) 한 편을 가지고 논해보면, 기구 '將軍魏武之子孫'이하 4구는 마치 하늘 한 가운데 기이한 봉우리가 땅에서 뽑아 갑자기 일어나는 것과 같다. 다른 사람이라면 여기에다 '단청' 등

---

565) 우희(虞廷): 순(舜) 임금의 조정으로, 현명한 황제가 다스리는 조정을 말한다.
566) 순(舜) 임금 조정의 창화가(唱和歌)라는 뜻인 갱재가(賡載歌)는 노래를 이어 부르는 것을 말한다. ≪서경(書經)≫ 익직(益稷)에 나오는데, "대신들이 즐거우면 임금이 흥성하고 백관도 화락하리라.(股肱喜哉 元首起哉 百工熙哉)"라는 순 임금의 노래와 이에 고요(皐陶)가 화답한 "임금님이 밝으시면 신하들도 훌륭하여 만사가 안정되리이다.(元首明哉 股肱良哉 庶事康哉)"라는 노래와 또 이어서 부른 "임금님이 잗달게 굴면 신하들도 해이해져서 만사가 실패하리이다.(元首叢脞哉 股肱惰哉 萬事墮哉)"라는 노래를 가리킨다.
567) 〈贈曹將軍丹靑引〉: "將軍魏武之子孫, 於今爲庶爲淸門. 英雄割據雖已矣, 文采風流今尙存. 學書初學衛夫人, 但恨無過王右軍. 丹靑不知老將至, 富貴於我如浮雲. 開元之中常引見, 承恩數上南薰殿. 凌烟功臣少顔色, 將軍下筆開生面. 良相頭上進賢冠, 猛將腰間大羽箭. 褒公鄂公毛髮動, 英姿颯爽猶酣戰. 先帝玉馬玉花驄, 畫工如山貌不同. 是日牽來赤墀下, 逈立閶闔生長風. 詔謂將軍拂絹素, 意匠慘淡經營中. 斯須九重眞龍出, 一洗萬古凡馬空. 玉花却在御榻上, 榻上庭前屹相向. 至尊含笑催賜金, 圉人太僕皆惆悵. 弟子韓幹早入室, 亦能畫馬窮殊相. 於惟畫肉不畫骨, 忍使驊騮氣凋喪. 將軍畫善蓋有神, 偶逢佳士亦寫眞. 卽今漂泊干戈際, 屢貌尋常行路人. 涂窮反遭俗眼白, 世上未有如公貧. 但看古來盛名下, 終日坎壈纏其身."

의 말을 잇고자하여 운을 바꾸었을 것이다.

4-108

忽接'學書'二句, 又接'老至'、'浮雲'二句, 卻不轉韻, 誦之殊覺緩而無謂。然一起奇峰高揷, 使又連一峰, 將來如何撒手?

갑자기 '學書' 이구를 접하고 또 '老至'와 '浮雲' 이 두 구를 접하는데, 역시 운을 바꾸지 않아서 읊으면 매우 느리게 느껴지며 할 말이 없게 된다. 그러나 일단 기이한 봉우리가 일어나 높이 들어섰는데, 다시 또 연속해서 이어놓는다면 그 다음에는 어떻게 손을 놓겠는가568)?

4-109

故卽跌下陂陀, 沙礫石確, 使人褰裳委步, 無可盤桓。故作畫蛇添足, 拖沓迤邐, 是遙望中峰地步。接"開元引見"二句, 方轉入<u>曹將軍</u>正面。

곧 언덕 아래로 떨어짐에 모래자갈과 돌멩이가 굴러 떨어지면 사람들을 비틀거리고 멈출 수 없게 한다. 그리하여 쓸데없는 사족과 구슬을 매달아569) 지연하는570) 것은 중봉을 멀리 바라보는 것이

---

568) 손을 놓겠는가(撒手): 손을 놓다(放手)라는 뜻이다. 승(僧) 청공(清珙) 시에 "望見巘巇多退步 有誰撒手肯承當"의 구가 있음.
569) 건상(褰裳): 치마를 걷어 올리다는 뜻이다. ≪詩經·國風·鄭風≫의 〈褰裳〉 시에 "치마를 걷고 당신께서 사랑으로 나를 사모하신다면, 나는 사랑에 눈멀어 치마를 걷고, 당신을 위해 강(溱)을 건너니, 만일 당신이 나를 사랑하지 않을 진대, 어찌, 사람이 없어 당신만을 따르리이까(子惠思我, 褰裳涉溱, 子不我思, 豈無他人)." / ≪楚辭·九章·思美人≫: "因芙蓉而爲媒兮, 憚蹇裳而留之"라고 되어있다.
570) 이리(迤邐): 구슬이 달려 있는 모양.

다. "開元引見"의 두 구를 접하면 바야흐로 전환하여 조장군(曹將軍)571) 정면으로 들어간다.

4-110

他人於此下, 又便寫御馬'玉花驄'矣。接'淩煙'、'下筆'二句：蓋將軍丹青是主, 先以學書作賓；轉韻畫馬是主, 又先以畫功臣作賓。章法經營, 極奇而整。

다른 사람이라면 여기에서 아마도 '玉花驄'을 썼을 것이다. '淩煙'과 '下筆'의 두구를 접하여, 대개 장군단청이 주면 먼저 '學書'를 객으로 삼는다. 운을 바꾸어 '畫馬'가 주면 또 먼저 '畫功臣'을 객으로 삼는다. 장법을 운용함에 지극히 기이하고 정돈되어 있다.

4-111

此下似宜急轉韻入'畫馬'。又不轉韻, 接'良相'、'猛士'四句, 賓中之賓, 益覺無謂。不知其層次養局, 故紆折其途, 以漸升極高極峻處, 令人目前忽劃然天開也。

이 아래는 마치 급히 전운하여 '畫馬'에 들어가야 할 듯 싶지만 역시 전운하지 않고, '良相'과 '猛士'의 4구를 접하여 손님중의 손님이 되니, 더더욱 할 말이 없어짐을 느끼게 된다. 그 층차가 형세를 만들어 내는 것을 모르기 때문에 그 길이 구부러지고 꺾였지만 점점 매우 높고 험준한 곳에 들어가서는 사람들의 눈앞에 갑자기 하

---

571) 조장군(曹將軍): 조패(曹霸)를 가리킨다. 위(魏)나라 무제(武帝) 즉 조조(曹操)의 후손으로 그림을 잘 그렸는데, 조패의 유명한 그림 솜씨를 읊은 두보(杜甫)의 〈단청인(丹青引)〉에 "잠깐 사이 대궐 안에 진짜 용마를 그려 놓자, 만고의 보통 말들 깨끗이 씻겨 없어졌네.[須臾九重眞龍出 一洗萬古凡馬空]"라고 한 내용이 있다. 《杜少陵詩集 卷13》

늘이 열리는 것을 보게 된다.

> 4-112

至此方入畫馬正面, 一韻八句, 連峰互映, 萬笏凌霄, 走中峰絶頂處, 轉韻接'玉花'、'御榻'四句, 峰勢稍平, 蛇蟺遊衍出之.

이제 비로소 '畫馬'의 정면에 이르면, 하나의 운으로 된 여덟 구가 일련의 봉우리처럼 서로 비추며 수많은 산572)에 구름을 넘어가니, 이것이 바로 중봉의 절정이다. 전운하여 '玉花'와 '御榻' 4구에서 나온다.

> 4-113

忽接'弟子韓幹'四句. 他人於此必轉韻, 更將韓幹作排場. 仍不轉韻, 以韓幹作找足語. 蓋此處不當更以賓作排場, 重複掩主, 便失體段.

갑자기 '弟子韓幹'573)의 4구를 접한다. 다른 사람이라면 여기에서 반드시 전운하여 한간을 들어 올렸을 것이다. 하지만 여전히 전운하지 않았으며 한간(韓幹)으로 보충어로 삼았다. 대개 이 곳은 마땅히 손님을 위해 겉치레에 신경을 써서는 안 되는 것이며, 거듭해서 주인을 숨기는 것은 바로 자신의 본바탕을 잃고 훼손하는 것이다.

---

572) 만홀(萬笏): 모여있는 수많은 산을 말한다.
573) 한간(韓幹): 당 현종(唐玄宗) 때 사람으로 인물화(人物畫)와 말의 그림을 잘 그렸다. 처음에는 조패(曹霸)를 사사(師事)하였으나 뒤에 스스로 일가(一家)를 이루어 독보적 존재가 되었으며, 옥화총(玉花驄)·조야백(照夜白) 등의 말 그림이 특히 유명하다. ≪尙友錄≫

> 4-114

然後永歎將軍善畫, 包羅收拾, 以感慨係之篇終焉。章法如此,
極森嚴, 極整暇。

그런 연후에 장군이 그림을 잘 그리는 것에 감탄하고 종합적으로 모아 감개를 엮어서 끝을 맺는다. 장법이 이와 같으니 지극히 삼엄하고574) 지극히 정돈되어 있어 빈틈이 없었다.

> 4-115

余論作詩者, 不必言法。而言此篇之法如是, 何也？不知杜
此等篇, 得之於心, 應之於手, 有化工而無人力, 如夫子從
心不踰之矩, 可得以敎人否乎！

내가 시를 짓는 것을 논할 때 반드시 법을 말할 필요는 없다. 이 편의 법이 이와 같다고 말하는 것은 무엇 때문인가? 두보는 이와 같은 편을 마음먹은 대로 자유자재로 한 것이며, 인위적으로 사람의 힘으로 한 것이 아니니 마치 공자가 마음먹은 대로 행하여도 법도에 어긋나지 않은 것과 같다. 이와 같은 것을 모르고 남을 어찌 남을 가리킬 수 있겠는가!

> 4-116

使學者首首印此篇以操觚, 則窒板拘牽, 不成章矣。決非章
句之儒, 人功所能授受也。

---

574) 삼엄(森嚴): 나무가 빽빽하고 서 있는 모양이 매우 엄격하게 보인다는 다는 뜻이다. 삼엄과 관련된 전고 진(晉)나라 때 두예(杜預)가 박학 다통(博學多通)하여 모르는 것이 없었으므로, 그를 무고의 병기(兵器)가 없는 것 없이 삼연히 늘어서 있는 데에 비유한 말이고, 두 공부(杜工部)는 공부 원외랑(工部員外郞)을 지낸 두보(杜甫)를 가리킨다.

배우는 사람으로 하여금 매 편마다 이처럼 붓을 잡고 시문을 짓기를575) 모방한다면, 막히고 매여서 글을 이룰 수가 없다. 결코 장구에 얽매이거나 사람이 인위적으로 주고받을 수 있는 것이 아니다.

▶ 4-117

蘇轍云:"〈大雅〉綿之八九章, 事文不相屬, 而脈絡自一, 最得爲文高致。" 轍此言譏白居易長篇, 拙於敍事, 寸步不遺, 不得詩人法。

소철576)은 "≪詩經·大雅·綿≫의 제8장과 제9장은 사실과 문사가 서로 연계되지 않지만 맥락이 하나에서 나왔고, 시문 창작의 최고 경지를 체득했다."라고 말하였다. 소철의 이 말은 백거이의 장편시가 서사보다 못하여 조금의 여지도 없는 시인의 법을 체득하지 못하였음을 비난한 것이다.

▶ 4-118

然此不獨切於白也。大凡七古必須事文不相屬, 而脈絡自一。
그러나 이것이 어찌 백거이에게만 해당되겠는가! 칠언고시는 반드시 사와 문이 서로 부합하지 않으면서도 맥락이 하나여야 한다.

---

575) 조고(操觚): 붓을 잡고 시문(詩文)을 짓는다는 뜻이다. 진(晉)나라 육기(陸機)의 〈문부(文賦)〉에 "혹은 고(觚)를 잡고 빨리 짓는가 하면, 혹은 호(毫)를 잡고 더디게 짓기도 한다.(或操觚以率爾 或含毫而邈然)" 하였고, 그 주에 "고는 나무인데, 옛날 사람들이 그것으로 붓을 삼았다." 하였다. ≪六臣註文選 卷17≫

576) 소철(蘇轍): 북송의 문학가로 자는 자유(子由)이고 호는 영빈(潁濱)이며 소식의 아우이다. 벼슬은 대중대부(大中大夫)에 이르렀다. 당송팔대가의 한 사람으로 문장에 뛰어났다.

4-119

唐人合此者, 亦未能概得, 惟杜則無所不可。亦有事文相屬, 而變化縱橫, 略無痕跡, 竟似不相屬者, 非高、岑、王所能幾及也。

당나라 사람 중에 이에 부합한 사람은 쉽게 만날 수 없다. 오직 두보만이 할 수 없는 것이 없었다. 두보는 또한 사실과 문사가 서로 연계되어도 변화무쌍하고 종횡무진하여 조금도 흔적을 남기지 않았기에, 결과적으로 서로 연계되지 않은 것 같았을 뿐이다. 고적과 장삼과 왕유가 이를 수 있는 경지가 아니었다.

4-120

七言絶句, 古今推李白、王昌齡。李俊爽, 王含蓄。兩人辭、調、意俱不同, 各有至處。李商隱七絶, 寄託深而措辭婉, 實可空百代無其匹也。

칠언절구는 고금으로 이백과 왕창령577)을 친다. 이백의 시는 준상하고 왕창령의 시는 함축적이다. 두 사람은 문사와 가락과 뜻이 모두 다르지만 각기 지극한 면이 있다. 이상은의 칠언절구는 기탁함이 깊고 문사가 완약578)하여 실제로 백대 동안이나 그와 필적할

---

577) 왕창령(王昌齡): 생졸년은 698~755?, 자는 소백(少伯)이고 강령(江寧: 江蘇省 南京) 출신이다. 727년 15세에 진사에 급제하여 비서성 교서랑(秘書省校書郞)이 되었고, 734년 박학굉사(博學宏詞)의 시험에 합격하여 범수(氾水: 河南省 成皐縣)의 위(尉)가 되었다. 그러나 소행이 좋지 못하다 하여 강령의 승(丞), 다시 용표(龍標: 湖南省 黔陽)의 위(尉)로 좌천되었다. '王江寧', '王龍標'로 불리고, 詩天子, 七絶聖手라고도 일컬어진다. 안녹산(安祿山)의 난으로 고향으로 돌아갔으나 자사(刺史)인 여구효(閭丘曉)에게 죽음을 당하였다. 그의 시는 구성이 긴밀하고 착상이 청신하며, 특히 칠언절구에서 뛰어난 작품이 많다. 대표저서로는 ≪王昌齡全集≫(5권), ≪詩格≫, ≪詩中密旨≫1권 등이 있다.

만한 자가 없었다.

▶ 4-121

王世貞曰:"七言絶句, 盛唐主氣, 氣完而意不盡;中、晩唐主意, 意工而氣不甚完, 然各有至者。"

왕세정579)이 "칠언절구는 성당에선 기를 주로 하여, 기는 완전하

---

578) 완약(婉約): 《國語》에서 말하는 "婉約其辭", 《書法要錄》에서 말하는 "婉約流利"라 할 수 있으며, 곧 말에 있어서는 온순하고 은근함을, 서체로 말하자면 우아하고 유려함을 일컫는다. "婉"은 본래 '宛'이라는 뜻으로 쓰이며 여러 가지 뜻이 있다. 《說文》에는 "婉, 順也. 從女, 宛聲"이라 하였으니, "婉"의 본뜻이 "여자가 순종한다"라는 의미이며, 순종은 여성의 미덕이고, 눈을 즐겁게 하고 거스르지 않음이 여자의 아름다움이므로, 婉은 美, 好, 悅目(눈을 즐겁게 한다.)으로 전의하여 사용할 수 있다. 또한 "宛"에 대하여 『說文』에 "宛, 屈草自覆也"라 하였으니, 그 뜻은 봄풀이 막 돋아나나 햇빛이 충분하지 못하여 가늘고 유약하니 스스로 엎어지는 모양을 말한다. 宛에 女가 붙으니 여자의 고분고분함, 순종함을 뜻한다. 이로써, "婉"의 어원은 여성의 부드러움, 순종, 연약하여 스러질듯한 이미지들에서 나온 것이라 풀이할 수 있겠다. 다음으로 "約"에 대해 살펴보면, "約"은 본래 얽매다, 제한하다는 뜻으로 《說文》에는 "約, 纏束也"라 하였고, 그것은 隱約, 綽約으로 전의될 수 있으며, 너무 밖으로 드러내지 않으면서 보일 듯 감춘 듯한 것이다. 몽롱하면서도 아련한 아름다움을 말하며, 이를 사물에 있어서는 은약이라 하고 사람에 있어서는 작약이라 한다. 작은 대상을 그려낼 때 어렴풋한 느낌을 갖게 하고, 주로 비흥의 수법을 써서 곡절있고 깊고 은밀함을 나타내어 그 여음이 오래 남아있게 한다. 梁榮基는 《詞學理論綜考》에서 婉約詞는 남녀간의 사랑과 이별, 풍경묘사를 주된 내용으로 하며, 주로 여성의 심태를 서정적으로 노래하는 방식을 취한다고 하였다.

579) 왕세정(王世貞): 생졸년은 1526~1590, 자는 원미(元美), 호는 봉주(鳳洲)·엄주산인(弇州山人), 강소성[江蘇省] 태창[太倉] 사람이며, 우도어사(右都御使) 왕서(王忬)의 아들이다. 가정연간(嘉靖年間)에 진사가 되었으며, 형부주사(刑部主事)를 제수받았다. 관직은 남경[南京]의 형부상서(刑部尙書)까지 올랐다. 아버지가 엄숭(嚴嵩)에 의해 박해를 당하자 장시(長詩)를 지어 엄씨 부자의 죄악을 고발해, 세상의 칭송을 받았다. 일찍이 이반룡(李攀龍)과 함께 복고파인 '후7자'(後七子)의 주요인물이 되었으며, 이반룡이 죽자 20년간 문단을 이끌었다. 문장은 반드시 진(秦)·한(漢)을 본받고 시는 반드시 성당(盛

였으나 뜻이 완전하지 못하다. 중당과 만당은 의를 주로 하여 의는 공교로웠으나 기가 완전하지는 않다. 하지만 각각 지극함이 있다."라고 말했다.

▶ 4-122

斯言爲能持平。然盛唐主氣之說，謂李則可耳，他人不盡然也。宋人七絶，種族各別，然出奇入幽，不可端倪處，竟有秩駕唐人者。若必曰唐、曰供奉、曰龍標以律之，則失之矣。

이 말은 공평한 말이다. 그러나 성당이 기(氣)를 주로 한다는 설은 이백의 경우에는 맞는 것이지만, 다른 사람의 경우에도 모두 그런 것은 아니다. 송대의 칠언절구는 종족마다 각각 달랐지만 기험함을 벗어나 그윽함으로 들어가 실마리를 알 수 없었으니, 결국 당나라 사람을 뛰어넘는 점이 있다. 만약 당대 이백과 왕창령580)을 말하는 것으로 그것을 구속한다면 그것을 잃어버리는 것이다.

▶ 4-123

杜七絶輪囷奇矯，不可名狀。在杜集中，另是一格。宋人大概學之。宋人七絶，大約學杜者什六七，學李商隱者什三四。

두보의 칠언절구는 높고 교묘하여581) 형용할 수가 없다. 두보의

唐)을 모범으로 삼을 것을 주장하면서, 문학복고운동에 힘을 기울였다. 주요 저서로는 ≪藝苑卮言≫, ≪弇州山人四部稿≫174권 등이 있다.
580) 용표(龍標): 당(唐)나라의 시인인 왕창령(王昌齡)의 별호이다. 왕창령이 일찍이 범수위(氾水尉)로 있다가 좌천되어 용표위(龍標尉)로 갔었다. 이백(李白)의 시에 이르기를, "버들꽃은 다 떨어지고 두견새는 우짖는데, 말 들으니 용표가 오계 지나간다 하네.(楊花落盡子規啼, 聞道龍標過五溪)" 하였다.

문집 가운데에서도 또 다른 하나의 격이 있는데, 송나라 사람들은 대체로 그것을 배웠다. 송대 사람의 칠언절구는 대개 두보를 배우려는 자는 열에 예닐곱이었고, 이상은을 배우려는 자는 열에 서넛이었다.

▶ 4-124

七言律詩, 是第一棘手難入法門。融各體之法、各種之意, 括而包之於八句。是八句者, 詩家總持三昧之門也。乃初學者往往以之爲入門, 而不知其難。

칠언율시가 입문하기가 제일 어렵다. 여러 종류의 법칙과 각종 뜻을 융합하고 총괄하여 그것을 8구 안에 포함시킨다. 이 8구의 칠언율시는 시인들이 마음을 집중하여 깊은 뜻으로 들어가는582) 문이다. 처음 배우는 사람은 늘 그렇게 입문하려고 하지만 그 어려움을 알지 못한다.

▶ 4-125

三家村中稱詩人, 出其稿, 必有律詩數十首。故近來詩之亡也。先亡乎律。律之亡也, 在易視之而不知其難。

외지고 후진 시골에서도 시인이라고 일컬어지는 사람이 그 원고를 쓰는데 있어 반드시 율시 수 십 구가 있다. 이 때문에 근래의 시가 망한 것은 먼저 율시에서 망했다. 율시가 망한 것은, 율시를 쉽게 보고 그 어려움을 몰랐기 때문이다.

---

581) 륜균(輪囷): 높고 큰 것.
582) 삼매(三昧): 불교의 용어로 온갖 잡념을 떠나 오직 하나의 대상에만 정신을 집중하여 바른 지혜를 얻고 대상을 올바르게 파악하게 되는 경지를 뜻한다.

▶ 4-126

難易不知, 安知是與非乎？ 故於一部大集中, 信乎拈其七言八句一首觀之, 便可以知其詩之存與亡矣。

어렵고 쉬운 것도 모르는데, 어찌 옳고 그름을 알겠는가? 그러므로 하나의 큰 문집가운데서 손 가는 대로 칠언 팔구 한 수를 골라서 보면, 그 시가 좋은지 나쁜지를 알 수 있다.

▶ 4-127

五言律句, 裝上兩字卽七言。七言律句, 或截去頭上兩字, 或抉去中間兩字, 卽五言：此近來詩人通行之妙法也。

오언율구에 두 글자를 더하면 칠언이다. 칠언율구는 앞머리 두 자를 제거하던지 중간의 두 자를 제거하면 오언이다. 이것은 근래의 시인들에게 통용된 오묘한 법이다.

▶ 4-128

又七言一句, 其辭意算來只得六字。六字不可以句也, 不拘於上下中間嵌入一字, 而句成全。句成而詩成, 居然膾炙人口矣！

또한 칠언 한 구는 그 뜻으로 셈해보면 단지 여섯 자만을 얻었으나 여섯자는 구가 될 수 없을 경우에, 상하중간에 한 글자를 넣어 구속받지 않으면, 구가 완전히 이루어진 시이니, 뜻밖에 인구에 회자되었다.

▶ 4-129

又凡詩中活套, 如'剩有'、'無那'、'試看'、'莫敎'、'空使'、'還令'等救急字眼, 不可屈指數, 無處不可扯來, 安頭找脚。

無怪乎七言律詩, 漫天遍地也!

또한 무릇 시 가운데에 상투적인 말, 예를 들어 '剩有', '無那', '試看', '莫敎', '空使', '還令'이니 하는 것과 급한 상황을 모면할 수 있는 글자는 셀 수 없이 많다. 어느 곳에서나 끄집어 와서 머리와 다리에 대고 있으니, 칠언율시가 천지에 가득한 것이 이상할 것이 없도다!

▶ 4-130

夫'剩有'、'無那'等字眼, 古人用之, 未嘗不是玉尺金針。無如點金成鐵手用之, 反不如牛溲馬勃之可奏效。噫, 亦可歎已!

무릇 '剩有', '無那' 같은 글자를 옛사람들이 사용해서 좋은 표준이 아닌 적이 없었다. 이를테면 남의 쇠붙이를 가져다가 황금으로 만드는 것에583) 손을 대서 만들지 못하게 하는 것보다는, 비록 비루하지만 쓸모있는 것을 쓰는 것이 효과적인 것이다. 아, 또한 탄식할 일이로구나!

---

583) 점금성철(點金成鐵): 황정견이 내놓은 이른바 ≪점철성금(点鐵成金)≫을 말한 것으로 시의 구법을 거론하면서 아울러 전인의 것을 빌려 재창조를 한다는 이른바 '탈태환골(奪胎換骨)'과 '점철성금(點綴成金)'의 방법을 제출하였다. 바로 남의 시를 빌려다가 자기 것으로 만든다고 시론이다. "詩意는 무궁한데 사람의 재주는 한정이 있다. 한정이 있는 재주를 가지고 무궁한 詩意를 추구하려든다면 도연명이나 두보라 할지라도 잘 해내지는 못한다. 그러나 그 詩意를 바꾸지 않고서 자기 말을 만드는 것을 換骨法이라 하고 그 뜻을 엿보아 그것을 형용하는 것을 奪胎法이라 한다.(詩意無窮, 而人之才有限. 以有限之才, 追無窮之意, 雖淵明、少陵, 不得工也. 然不易其意而造其語, 謂之換骨法, 窺入其意而形容之, 謂之奪胎法.)"

> **4-131**

五言排律, 近時作者動必數十韻, 大約用之稱功頌德者居多。其稱頌處, 必極冠冕闊大, 多取之當事公卿大人先生高閥扁額上四字句, 不拘上下中間, 添足一字, 便是五言彈丸佳句矣！

근래 오언 배율584) 시를 짓는 사람은 걸핏하면 수 십 운이나 되며, 대개 '가공송덕'이라고 하는 사람이 매우 많았다. 그 '頌'585)이라고 일컫는 것은 필히 극력 관모는586) 넓고 크며, 대다수의 경우 공경대부이나 높은 집안의 편액에 4자구를 취하여 상하중간에 구애받지 않고 한 글자를 끼워 넣었으니, 이것이 마치 활시위의 활처럼 날쌘 오언시의 좋은 구절587)이 아니겠는가!

> **4-132**

排律如前半頌揚, 後半自謙, 杜集中亦有一二。今人守此法, 而決不敢變。善於學杜者, 其在斯乎？

배율의 전반부는 '頌揚'이고 후반부는 '自謙'으로, 두보집 가운데에도 한 두 개가 있다. 지금 사람들은 이 법을 지켜서 결코 변화하려고

---

584) 배율(排律): 율시의 중간 대구의 부분이 늘어난 것인데, 장률(長律)이라고도 한다. 의례적 응수에 맞는 중후한 시체이다. 오언이 정격(正格)이며, 칠언은 수도 적고 통상 시체의 분류에는 들어가지 않는다.
585) 송(頌): 주(周)왕조와 노(魯)·송(宋) 두 나라가 제사에서 신령을 찬미하기 위해 썼던 무가(舞歌)이다. 본뜻은 '나타냄(形容)'으로, 또한 춤을 빌어 노래의 정감을 표현한 것이다. 청대(淸代)의 완원(阮元)은 《석송(釋頌)》에서 '송(頌)'을 무시(舞詩)라고 했다. 왕국유(王國維)는 《설주송(說周頌)》에서 '설주(송)頌'은 '풍(風)·아(雅)'의 악곡에 비해 박자가 완만하다고 했다.
586) 관모(冠冕): 벼슬아치를 말함.
587) 가구(佳句): 시의 작법이나 시어 모든 면에서 완벽한 조화를 이루는 시구를 말한다. 한시 비평의 방법으로서 중국에서는 '佳句' 혹은 '妙句'를 따내는 곧 '摘句褒貶'이 흥행했다.

하지 않는다. 두보를 잘 배운다는 것이 어찌 여기에 있겠는가?

▶ 4-133

學詩者, 不可忽略古人, 亦不可附會古人。忽略古人, 麤心浮氣, 僅獵古人皮毛。要知古人之意, 有不在言者, 古人之言, 有藏於不見者。

시를 배우는 사람은 옛사람을 무시해서는 안 되고, 견강부회해서도 안 된다. 옛사람을 무시하는 것은 경솔하고 세심하지 못한 것이다. 다만 옛사람의 겉모습만을 본뜨는 것이다. 옛사람의 뜻은 말 밖에 숨어 있다는 것을 알아야 한다.

▶ 4-134

古人之字句, 有側見者, 有反見者。此可以忽略涉之者乎?

옛사람의 말은 안 보이는 곳에 숨겨져 있다. 옛사람의 자와 구는 옆에서 보는 것도 있고 반대로 볼 것도 있는데, 이러하니 홀시하여 대할 수 있겠는가?

▶ 4-135

不可附會古人: 如古人用字句, 亦有不可學者, 亦有不妨自我爲之者。不可學者, 卽 ≪三百篇≫中極奧僻字, 與 ≪尙書≫〈殷盤〉、〈周誥〉中字義, 豈必盡可入後人之詩?

옛사람에 견강부회해서 안 되는 것은 다음과 같다. 이를테면 옛사람이 자구를 쓰는 것에는 배울 수 없는 것도 있고 스스로 그렇게 하는데 해가 되지 않는 것도 있다. 배울 수 없는 것이란 바로 ≪시경≫가운데의 무척 오묘한 벽자와 ≪상서≫의 〈殷盤〉·〈周誥〉편588)에 나오는 글자와 같은 뜻이니, 이것이 어찌 반드시 후세 사람들의 시에 들어갈 수 있겠는가?

▶ 4-136

古人或偶用一字, 未必盡有精義, 而吠聲之徒, 遂有無窮訓詁以附會之, 反非古人之心矣。

옛사람이 우연히 한 글자를 사용했다고 해서 반드시 거기에 정밀한 뜻이 담겨있는 것은 아닌 것인데, 진상도 모르는 채 남을 따라 하는 무리들은 결국 의미를 잘 파악해보지도 않고 부회만 하니, 오히려 고인의 마음에서 벗어난 것이다.

▶ 4-137

不妨自我爲之者, 如漢魏詩之字句, 未必一一盡出於 ≪三百篇≫, 六朝詩之字句, 未必盡出於漢、魏, 而唐及宋、元, 等而下之, 又可知矣。

자신을 스스로 그렇게 하는데 방해가 되지 않는 것은, 이를 테면 한·위대 시의 자구가 모두 ≪시경≫에서 나온 것은 아니고, 육조시의 자구가 반드시 당·송·원 등 그 이후에 나온 것은 아니고 또한 같은 것임을 알겠다.

▶ 4-138

今人偶用一字, 必曰本之昔人, 昔人又推而上之, 必有作始之人。彼作始之人, 復何所本乎? 不過揆之理、事、情, 切而可, 通而無礙, 斯用之矣。

---

588) 〈殷盤〉、〈周誥〉: 모두 ≪서경≫의 편명으로 은반은 반경(盤庚) 상·중·하편을 말하며, 주고는 주서(周書)의 〈대고(大誥)〉·〈강고(康誥)〉·〈주고(酒誥)〉편을 말한다.

지금 사람은 어떤 한 글자를 사용함에 반드시 옛 사람을 근본으로 한다고 말한다. 옛 사람도 역시 미루어 올라가면 그 전에 시작을 한 사람이 반드시 있다. 저 처음에 시작한 사람은 다시 무엇을 근본으로 하는 것인가? 이, 사, 정을 잘 헤아려서 부합하면 괜찮은 것이고, 통하여 막히는 것이 없다면 그것을 사용하면 되는 것이다.

▶ 4-139

昔人可創之於前, 我獨不可創於後乎? 古之人有行之者, 文則司馬遷, 詩則韓愈是也。苟乖於理、事、情, 是謂不通。不通則杜撰。杜撰, 則斷然不可。

옛날 사람들은 문장을 창작하기 전에 만들어낼 수 있었는데, 나는 어째서 후세에 창작할 수 없단 말인가! 옛날 사람들중에 이러한 작품을 만들 수 있는 사람이 있었는데, 산문으로는 사마천이 있고, 시로는 한유가 바로 그러했다. 진실로 리, 사, 정에 어긋나면 이것은 통하지 않다고 말하는 것이다. 통하지 않아서 두보가 편찬하여 그것이 분명해졌다.

▶ 4-140

苟不然者, 自我作古, 何不可之有! 若腐儒長風, 句束而字縛之, 援引以附會古人, 反失古人之眞矣。

근거나 출처가 확실하지 않은 것은 단연코 안 되는 것이다. 캐캐묵은 선비들의589) 구구한 견해는 자와 구가 모두 얽매이고 구속받으며 억지로 끌어다가 옛사람에 견강부회할 뿐이니, 오히려 옛사람의 진면목을 잃어버리는 것이다.

---

589) 부유(腐儒): 쓸데없는 선비. 캐캐묵은 사고방식을 가져서 쓸모없는 유림이나 학자를 말한다.

찾아보기

가

가도 / 216
가의 / 118
가정(嘉靖) / 125
강구의 노래 / 35
강엄 / 26
강총 / 169
갱재가 / 283
거연(巨然) / 140
건안 / 18, 33, 43, 46
격앙가 / 36
격양가(擊壤歌) / 151
고계 / 125
고력사 / 250
고병 / 228, 230
고시십구수 / 24, 40
고악부 / 99
고적 / 28, 77, 110, 215, 253, 289
공수 / 172
공자 / 23, 78, 98, 181, 190, 287
公將奈何 / 244
공후인 / 243
광여기(廣輿記) / 254
교거부(郊居賦) / 248
교연 / 225

구궁남보 / 35
구양수 / 31, 51, 127, 217, 222, 263
궁음 / 173

나

낙유원가(樂遊園歌) / 65
노기 / 219
노동 / 216
노반 / 172
녹피옹(鹿皮翁) / 187

다

단청인 / 265
달기 / 185
담원춘 / 125
당우 / 38
당태종 / 236
大經大法 / 97
대아 / 213
대학 / 131
도연명 / 209, 213, 241, 246
동원(董源) / 140
두목 / 29

두보 / 29, 44, 51, 64, 65, 66, 78, 118, 140, 182, 186, 202, 204, 205, 206, 207, 211, 213, 215, 250, 252, 258, 264, 275, 276, 277, 278, 281, 287, 291

라

륭경(隆慶) / 125

마

매요신 / 30, 51, 217, 262
맹교 / 216
맹린 / 188
맹자 / 128, 182
맹호연 / 28, 77, 253, 255
명량(明良) / 151
문상봉 / 268
미녀편 / 243, 244

바

반악 / 242
백거이 / 256, 257, 258, 267, 288
백양체 / 281
백이 / 78
범성대 / 31, 59, 60
변아 / 23
변풍 / 22

봉비(逢比) / 169

사

사구 / 134
사기 / 203
사달 / 89
사령운 / 25, 241, 243, 245
사마천 / 118, 203
사법 / 85
사법(死法) / 83
사성팔병 / 249
사조 / 26, 241
삼대 / 39
삼불후 / 222
삼황오제 / 235
상서 / 296
상음 / 173
서경 / 182
서곤체 / 262
서분보다도 / 125
설도형 / 27
소무 / 24, 25, 40, 149, 152
소순흠 / 30, 51, 217, 262
소식 / 51, 55, 97, 118, 208, 210, 211, 212, 213, 217, 255, 257
소철 / 288
손자 / 212
송지문 / 28
순임금 / 251

시경 / 17, 18, 22, 24, 25, 38, 70,
　　　126, 149, 150, 151, 152,
　　　154, 158, 159, 182, 221,
　　　235, 275, 296
신명 / 212
신시 / 99
신혼별 / 245
심약 / 219, 242, 248
심전기 / 28
심형 / 27

아

안연지 / 26
애왕손 / 281
양귀비 / 250
양기 / 125
양만리 / 267
양유기 / 109
엄우 / 228, 229, 230
易經 / 120
연가행 / 281
오기 / 212
오악 / 271
오장 / 82
온유돈후 / 41, 42
왕균 / 249
왕망 / 100
왕부(王符) / 202
왕세정 / 125, 232, 256, 259, 268,
　　　290

왕안석 / 51, 98
왕유 / 28, 77, 139, 209, 253, 255,
　　　289
왕찬 / 194
왕창령 / 289, 291
왕헌지 / 109
왕희지 / 67, 68, 109, 265
우서 / 180
우임금 / 128, 129, 251
원호문 / 31, 59, 60
원화 / 53
위부인 / 265
위응물 / 246
유신 / 26, 247
유우석 / 29, 226
유장경 / 59, 106
유정 / 41
유종원 / 29
유진옹 / 228, 230
유하혜 / 78
유협 / 223, 224, 225
육가장(陸賈裝) / 201
육경 / 203
육구몽 / 29, 57
육기 / 25
육운(陸雲) / 197
육유 / 31, 59, 60, 268
율려 / 173
殷盤 / 296
음갱 / 27
이덕유 / 226

이릉 / 24, 25, 40, 149, 152
이림보 / 219
이몽양 / 19, 147, 231, 272, 274
이반룡 / 59, 125, 147, 228, 232
이백 / 28, 118, 209, 249, 250, 251, 252, 256, 276, 289, 291
이상은 / 29, 155, 289, 292
이유정 / 268
이윤 / 78
이하 / 29, 259
입언 / 222

조장군(曹將軍) / 285
종성 / 125
종영 / 223, 224, 225
좌구명 / 118
좌사 / 43, 242
周誥 / 296
주필대 / 267
주희 / 133
직하학사 / 138
진관 / 217
진무양 / 251
진문공 / 236
진자앙 / 19

자

자연 / 81
잠루(岑樓) / 71
장경집(長慶集) / 267
장뢰 / 217
장삼 / 28, 77, 215, 253, 289
장우 / 125
장자 / 169
장적 / 216
저광희 / 246
전기 / 59
전후칠자 / 161, 166
정아 / 23
정위 / 79, 82, 87
정풍 / 22
제환공 / 236
조식 / 41, 243, 245

차

창힐 / 259
천가시 / 86
청평조 / 250
초사 / 70
초풍 / 165, 166

타

탕혜휴 / 225, 233
投畀 / 42

파

포사 / 185
포조 / 25, 44, 242, 247

풍아 / 23, 45, 130, 171, 203, 205
피일휴 / 57, 155, 227

하

하경명 / 231, 272, 273, 274, 279
하손 / 27
한고조 / 236
한유 / 29, 51, 52, 53, 54, 55,
         118, 127, 208, 210, 211,
         212, 216, 217, 252, 277,
         279, 280
巷伯 / 42
허명 / 79, 87
활구 / 134
활법(活法) / 83
활법 / 85
황정견 / 51, 217
황초 / 18
후예 / 109

저자 약력

섭섭(葉燮)은 1627년에 태어나서 1703년에 죽었다. 자(字)는 성기(星期)이고, 호(號)는 이휴(已畦)이며, 강소성 가선(嘉善) 사람이다. 강희제(康熙帝) 9년에 진사가 되었고 벼슬이 보응지현(寶應知縣)에 이르렀으나 탄핵을 받아 고향으로 돌아왔다. 돌아와 오현(吳縣)의 횡산(橫山)에 살았다. 그래서 사람들이 그를 횡산선생(橫山先生)이라고 불렀다. 그는 두보(杜甫), 한유(韓愈), 소식(蘇軾)을 시종(詩宗)으로 삼았다. 왕사진(王士禛)은 그는 옛것을 잘 녹여 일을 성취하여 스스로 일가를 이루었다. 주요저작에는 《이휴문집(已畦文集)》20권, 《이휴시집(已畦詩集)》10권, 《왕문적류(汪文摘謬)》1권, 《원시(原詩)》내외편 1권이 있다.

역자 약력

이태형(李泰衡) 울산에서 태어나 서울대 중문과 석사를 졸업하고 한국외대 중문과 박사과정을 마쳤다. 여러 대학에서 강의하였고 현재 한국고전번역원에서 근무하고 있다. 세부전공은 중국고전시가이고 특히 송사(宋詞)에 관심이 많다. 그동안 번역한 책으로는 《중국학술사상》, 《우리말로 읽는 송사300수》, 《구염의 논사절구》, 《신기질사집》, 《돈황곡자사집》등이 있고, 학술논문은 40편이 있다.

역주 원시(譯註原詩)

초판 인쇄 2012년 12월 10일
초판 발행 2012년 12월 20일

저　　자 | 섭섭(葉燮)
역　　자 | 이태형
펴 낸 이 | 하운근
펴 낸 곳 | 學古房

주　　소 | 서울시 은평구 대조동 213-5 우편번호 122-843
전　　화 | (02)353-9907 편집부(02)353-9908
팩　　스 | (02)386-8308
홈페이지 | http://hakgobang.co.kr/
전자우편 | hakgobang@chol.com
등록번호 | 제311-1994-000001호

ISBN　　978-89-6071-284-3　93820

값 : 17,000원

■ 파본은 교환해 드립니다.